흘러넘치게 하라

흘러넘치게 하라

지은이	이규현
초판 발행	2012년 5월 30일
19쇄 발행	2025. 2. 12
등록번호	제3-203호
등록된 곳	서울시 용산구 서빙고로 65길 38 두란노빌딩
발행처	사단법인 두란노서원
영업부	02-2078-3333 080-749-3705
출판부	02-2078-3477

책 값은 뒤표지에 있습니다.
ISBN 978-89-531-1764-8   03230

편집부에서 독자의 의견을 기다립니다.
tpress@duranno.com   http://www.Duranno.com

두란노서원은 바울 사도가 3차 전도여행 때 에베소에서 성령 받은 제자들을 따로 세워 하나님의 말씀으로 양육하던 장소입니다. 사도행전 19장 8-20절의 정신에 따라 첫째 목회자를 돕는 사역과 평신도를 훈련시키는 사역, 둘째 세계선교(TIM)와 문서선교(단행본·잡지) 사역, 셋째 예수문화 및 경배와 찬양 사역, 그리고 가정·상담 사역 등을 감당하고 있습니다. 1980년 12월 22일에 창립된 두란노서원은 주님 오실 때까지 이 사역들을 계속할 것입니다.

Let it overflow!

흘러넘치게 하라

이규현 지음

두란노

차례

추천의 글 06
프롤로그 12

Part 1 처음 사랑을 회복하며
    Day 01 모든 것은 눈뜸으로 시작된다 요 3:1~3 **20**
    Day 02 날마다 회복을 경험하라 계 2:1~7 **38**
    Day 03 하나님을 알아 가는 즐거움보다 큰 것은 없다 시 34:8 **56**
    Day 04 예배에 승부를 거는 신앙은 다르다 요 4:23~24 **74**
    Day 05 십자가 안에서 담금질을 받아야 한다 갈 2:20 **90**

Part 2 깊은 영성으로 나아가며
    Day 06 깨어 있는 영성이 나를 살린다 엡 6:18~20 **110**
    Day 07 기쁨의 영성으로 신앙의 날개를 달고 느 8:10 **126**
    Day 08 일상의 영성에 뿌리를 내리라 골 3:18~25 **142**
    Day 09 마리아의 영성으로 마르다의 사역을 눅 10:38~42 **160**
    Day 10 건강한 영적 체질로 바꾸라 딤전 4:6~8 **174**

Part 3 풍성한 삶을 기대하며

    Day 11 건강한 신자는 늘 목마르다 시 63:1~4 **192**
    Day 12 신앙은 길이가 아니라 깊이다 시 1:1~6 **208**
    Day 13 바닥을 긁지 말고 흘러넘치게 하라 요 10:10 **224**
    Day 14 축복의 강은 반드시 이곳으로 흐른다 수 6:15~16 **238**
    Day 15 성령이 이끄시는 공동체 행 2:14~18 **256**

에필로그 **274**

추천의 글

수영로교회는 지금으로부터 37년 전인 1975년 6월 1일에 창립되었습니다. 그리고 하나님의 은혜로 계속 성장하는 축복을 받았습니다.

그런데 남들이 보면 마치 제가 목회를 잘해서 부흥한 것으로 여길 수 있을 것입니다. 하지만 주님은 "이 교회는 네가 아니라 내가 세웠다. 그리고 이 교회가 부흥하는 것은 네가 목회를 잘해서가 아니고 내가 내 양들을 모아 주기 때문이다"라고 하셨습니다.

이 주님의 음성을 들은 후부터 저는 주님을 당회장으로 모시며 교육전도사의 심정으로 충성을 다해 받들어 섬겨 왔습니다. 이 부족한 종이 은퇴하기까지 계속 부흥되게 하신 하나님의 은혜에 감사드립니다.

그런데 더욱더 감사한 것이 있습니다. 말씀의 은혜가 충만한 이규현 목사님을 후임으로 하나님께서 보내 주신 것입니다. 우리 성도들은 물론 우리 교역자들 모두에게 큰 은혜입니다.

특별히 누구보다 저 자신이 이 목사님의 깊은 묵상을 통해 우러나온 설교에 큰 은혜를 받고 있습니다. 다른 지역으로 집회 인도를 다니느라 이 목사님의 설교를 듣지 못할 때면 집에 돌아와 제일 먼저 그간의 설교들을 내려받아 듣곤 합니다.

이규현 목사님의 은혜로운 설교를 이제 책으로 출간하여 함께 은혜 받게 된 것을 기쁘게 생각합니다. 특별 기도회를 통해 성도들을 일깨웠던 그 감동의 순간들을 독자 여러분과 나눈다고 생각하니 기대가 큽니다. 이 설교집이 한국 교회 부흥에 크게 기여하게 될 줄 믿습니다.

정필도 수영로교회 원로목사

추천의글

　이규현 목사님은 그동안 호주 시드니 새순교회에서 기적의 사역을 이루셨습니다. 열정적으로 이민 목회를 감당하는 동안 한국 교회를 향한 사랑 역시 더욱 불타올랐습니다. 그리고 이제는 수영로교회의 새 항해사가 되어 조국 교회를 섬기고 있습니다.

　이 목사님은 사람을 향한 진지한 사랑과 주님을 향한 영의 깊은 숨결을 지닌 분이십니다. 뿐만 아니라 그가 지닌 깊은 영성으로 부흥의 새 시대를 성공적으로 열어 가고 있습니다.

　이 책 《흘러넘치게 하라》는 그의 사랑과 영성의 은혜가 어우러진 영혼의 내비게이션이라고 할 수 있습니다. 이 책을 붙잡는 사람마다 처음 사랑에서 깊은 영성으로 향하는 새 은혜의 여정이 열리고 풍성히 흘러넘칠 것입니다.

부디 15일간의 투자로, 평생 은혜를 경험하는 복된 모험에 동참하기를 강력히 추천합니다.

이동원 지구촌교회 창립/원로목사, 지구촌 미니스트리 네트워크 대표

추천의 글

이 책에는 사랑하는 성도들을 향한 목자의 심정이 담겨 있습니다. 어떻게 하든지 성도들을 말씀의 푸른 초장으로 인도하여 풍성한 삶을 살기를 원하는 목양의 애틋함이 장마다 스며 있습니다. 이것은 성도들의 삶의 현장에서 함께 웃고 함께 우는 영적인 동고동락이 있기에 뿜어질 수 있는 사랑 깊은 마음이 표현된 것입니다.

"내 양을 먹이라"는 주님의 부르심에 혼신을 다해 몸 된 교회를 건강하게 세워 오신 이규현 목사님은 성경에 대한 깊은 묵상과 통찰과 적용으로, 듣는 이들을 말씀에 가까이 다가앉게 하고, 가슴을 뜨겁게 하고, 눈을 뜨게 합니다. 깨어 있는 영성과 진리의 능력으로 세상을 변화시킬 제자들을 세우는 말씀의 은혜가 넘치는 목사님입니다.

흘러넘치는 그리스도인의 삶, 날마다 조금씩 더 예수님을 닮아 가며 구원을 이뤄 가는 신앙 여정에 이규현 목사님의 말씀은 언제나 나침반처럼 주님을 찾고 주님을 향해 움직이고 주님을 가리키고 있습니다. 그 올곧은 말씀의 방향이 성령의 바람을 타고 가면 갈수록 주님과 더 가깝도록 성도들을 은혜의 깊은 바다로 이끌어 줍니다.

이제 막 예수님의 사랑에 눈을 뜬 초신자로부터, 처음 사랑뿐 아니라 하나님을 알아 가는 즐거움을 다시 회복하고 싶은 성도, 단단한 믿음의 근육과 깊은 영성을 지닌 건강한 성도로 성장하고 성숙하기 원하는 모든 하나님의 자녀에게, 이규현 목사님과 함께하는 '예수님을 닮아 가는 말씀 여행'을 권합니다.

오정현 사랑의교회 담임목사

프롤로그

바닥을 긁지 말고
흘러넘치게 하라

　수영로교회에 부임한 직후부터 했던 3주간의 특별새벽기도회 설교를 모아 이 책을 만들게 되었습니다. 그전까지 꽤 오랜 세월 동안 해외에서 목회를 하다 보니 한국 교회와는 거리를 두고 있던 셈이었습니다. 한국으로 복귀하면서 말씀을 통해 섬기는 교회는 물론이고 한국 교회와의 반가운 해후를 나눌 수 있어 감사했습니다. "깊은 영성, 풍성한 삶"이라는 주제로 성도들과 감격적인 만남을 가졌습니다. 약간은 낯설어진 한국 목회에 대한 두려움과 설레임이 있었지만, 닻을 올리며 선포한 말씀들은 한국 교회에 대한 염려와 애정을 담아 회복을 갈망하는 마음을 실었다고 할 수 있습니다.

　목회를 하면서 늘 가지는 의문은 한 신자의 영적 성장이 멈추지 않고 언제까지 지속될 수 있는가 하는 것입니다. 뜨겁게 신앙생활을 시작했던 신자가 어느 순간부터 시큰둥해진 모습으로 정지 상태에 빠지는 것을 종종 목격할 때가 있습니다.

무엇을 하든지 새롭게 시작할 때는 기대감과 가슴 뛰는 흥분이 있습니다. 특히 처음 사랑은 다른 어떤 경험보다 강렬한 것입니다. 사랑의 경험 정도에 따라 다르지만 사랑은 삶을 흔들어 놓을 만큼 영향력이 큰 것입니다. 신앙은 하나님과의 황홀한 만남으로 시작됩니다. 신앙은 하나님과의 열애에 빠지는 것입니다. 다른 어떤 것도 끼어들 수 없을 만큼 친밀함 안으로 들어가게 합니다.

하나님과의 사랑에 빠져들면 그다음부터 하나님과 관련된 모든 것이 다 좋아집니다. 주일이 기다려지고 아무리 예배를 드려도 지루하지 않고 하나님의 말씀을 듣는 시간만큼 달콤한 시간이 없습니다. 하나님과의 영적인 경험은 억제될 수 없는, 모든 것을 압도하는 이끌림의 단계로 들어가게 만들고도 남습니다.

문제는 시간이 흐르고 신앙생활이 익숙해지면서 찾아오는 현상입니다. 그때부터 영적인 기대감이 줄어드는 것입니다. 유진 피터슨 목사는 "정기적으로 축하하는 일을 반복한다는 것은 위험을 내포하고 있다. 구원 자체가 의식화되고 제도화될 위험이 있다"고 했습니다. 아무리 좋은 것이라도 반복하면 형식주의가 찾아올 수 있습니다. 하나님과의 사랑의 관계가 희미해지고 하나님과 관련된 것들만 수북히 쌓여 가면서 인위적 행사와 프로그램 속에 파묻히게 되면 신앙의 피상성에 빠지게 될 가능성이 높아집니다.

신앙이 형식화되면 내용보다 겉모양에 치중하게 되고 신앙의 편리주의에 젖어들게 됩니다. 그때 신앙의 진정성이 약화되면서 외형을 꾸미고 강화하려는 바리새주의적 신앙에 빠져듦에 따라 신앙의 생명력을 잃고 종교화되어 버릴 수 있습니다.

영적 정기 검진이 필요합니다. 우리 자신도 모르게 영적인 에너지가 엉뚱한 곳으로 새어 나가거나 허약한 부분을 방치하면 서서히 영적 기력을 잃고 한순간에 주저앉을 수 있기 때문에 영적 검진과 재고 파악이 반드시 필요합니다.

특히 경계해야 하는 것은 영적 건조증과 피로 증세입니다. 이전이나 지금이나 한국 교회 성도들의 열심은 칭찬할 만합니다. 그런데 어느 순간부터 활력이나 야성이 약화되어 가고 있습니다. 나이가 들면서 뼈의 골밀도에 문제가 생기듯 영적 골다공증 현상이 드러나고 있습니다.

한국 교회는 그동안 각종 훈련, 세미나 등 해보지 않은 것이 없습니다. 유행처럼 일어났다 사라지는 것들이 많았습니다. 늘 새로운 것을 개발하는 데는 한계가 있습니다.

또 내성이 생기면 다른 약이 잘 통하지 않는 것처럼 영적 세계에서도 그런 현상이 일어날 수 있습니다. 자연히 기대감이 떨어지고 영적 몰입도에 문제가 생겨나고 신앙이 겉돌 수가 있는 것입니다.

해법을 찾아야 합니다. 다양한 프로그램과 방법론으로의 접근보다는 본질적인 것에 대한 집중력이 필요한 때입니다. 하나님께서는 우리의 회복에 관심을 가지고 계십니다. 회복을 위해 기본적인 것들을 다시 붙들어야 합니다. 언제나 모든 문제는 기본을 무시했을 때 일어납니다. 오늘날 교회가 앓는 병은 '예수결핍장애'라는 레너드 스위트의 말이 와 닿습니다. 다른 어떤 것보다 십자가의 원색적 복음을 다시 힘있게 붙들어야 할 때입니다.

복음의 약화는 모든 것을 허물어지게 하는 요인입니다. 십자가에 관련된 교리적 접근만으로는 부족합니다. 십자가에 도금하는 것이 아니라 원색적 십자가의 도를 실천해야 합니다. 십자가와 부활의 투박한 복음 안에 우리의 영혼이 담금질되는 경험을 해야 합니다. 구원의 감격이 되살아나고, 회개의 부르짖음이 강력하게 터져 나오며, 성령의 기름 부으심이 강물처럼 넘쳐나야 합니다.

신앙생활은 마른 행주를 쥐어짜는 듯한 억지가 아닙니다. 흘러넘쳐야 합니다. 신앙생활이 단지 생존을 위한 버티기가 아닙니다. 예수님은 또 다른 하나의 종교를 만들기 위해 오신 분이 아닙니다.

외적인 열심 이상으로 내적인 세계에 관심을 가져야 합니다. 모든 위기는 내부적인 것으로부터 찾아옵니다. 예배 순서가 아니라 예배가 중요합니다. 프로그램 참여보다 내면의 영성을 세워 가야 합니다.

신앙은 겉모양이 아니라 마음의 문제입니다. 보이는 것의 싸움이 아니라 보이지 않는 세계의 일에 관련된 것입니다. 컴퓨터 기능 중 '삭제'(delete) 기능이 참 중요합니다. 적절하게 지우는 작업을 정기적으로 해줘야 합니다. 신앙생활을 잘하는 비결 역시 불필요한 것을 제거하고 삶을 단순화시키고 하나님과의 고강도 주파수를 맞추는 것입니다.

예수님에 대한 집중력이 관건입니다. 초점 맞추기 싸움입니다. 영적 집중력을 높여야 합니다. 예루살렘 교회에 갈등이 일어났을 때 사도들은 본질에 집중하기로 결단했습니다. 말씀과 기도는 사도들에게만이 아니라 신앙의 본질적인 부분입니다. 하나님과의 깊은 교제보다 귀중한 일은 없습니다. 문제가 복잡할수록 작업을 단순화하고 인간적인 힘을 빼야 합니다. 자신의 연약함을 인정하고 오직 하나님만 잠잠히 바라보아야 합니다.

주님은 마르다의 접대보다 당신의 발치에 앉아 있는 마리아의 모습을 귀

중히 여기셨습니다. 주님을 위한 사역도 귀하지만 주님의 발치에 앉는 우선순위를 놓치면 우리의 사역은 천박해지고 오래가지 않아 지치게 됩니다. 영적 빈털터리가 되어 '희생자 증후군'에 빠져 시험 속에서 허우적거리게 됩니다.

분주함보다 영적 독거가 요구되는 시대입니다. 우리에게는 선한 것이 하나도 없습니다. 모든 선한 것은 하나님으로부터 내려온다고 믿습니다.

신앙생활은 흘러넘쳐야 합니다. 즐겁고 신나야 정상입니다. 행복에 겨워 춤을 춰야 합니다. 구원을 받았다는 것 하나만 해도 황홀한 것입니다. 신자는 땅을 딛고 살지만 천상의 삶을 사는 사람입니다. 하나님을 향한 사랑의 고백과 함께 감격의 눈물이 마르지 않아야 합니다. 눈물의 회복이 절실합니다.

교회 안에 의외로 희생자 증후군에 빠진 사람이 많습니다. 제도적 틀 안에서 직분 때문에 혹은 남들의 인정과 박수에 기대어 겨우 버텨 내는 신앙생활로는 승리의 삶을 살 수 없습니다. 파도가 출렁이는 역동성이 영혼에 일어나야 합니다. 넘치는 열정으로 주를 위해 자신의 삶을 기꺼이 산화하고자 하는 제자도 정신이 회복되어야 합니다.

억지로 신앙생활을 하면 안 됩니다. 옆에서 누가 보면 미쳤다고 해야 내가 정상적으로 예수를 믿는 것입니다. 한순간도 재미없게 예수를 믿지 말아야 합니다. 인생은 예수 맛으로 사는 것입니다. 아무리 둘러봐도 이것보다 더 좋고 신나는 것이 없다는 고백이 영혼 깊숙한 곳에서부터 터져 나와야 제대로 된 신앙생활이라고 할 수 있습니다. 세월이 흐를수록 더 기대가 되고 가슴 떨리는 신앙생활로 회복되기를 갈망합니다.

이 책에서 다룬 주제들은 그동안 한국 교회에서 비껴나 있는 동안 한국 교회를 바라보면서 느낀 소회(所懷)들이 다분히 묻어 있습니다. 회복을 위한 길을 찾고 싶은 마음과 한국 교회가 다시 살아나야 한다는 간절한 심정을 담았습니다.

끝으로 이 책이 나오도록 애를 써 주신 두란노와 수영로교회의 편집 실무진에게 감사를 드립니다. 무엇보다 이 책이 나올 수 있도록 순전한 마음으로 생애 전체를 주를 위해 아름답게 올려 드리며 그 기회를 열어 주신 정필도 목사님께 감사의 마음을 전해 드립니다. 또 새벽마다 열화 같은 환대로 부족한 종을 맞이해 주고 말씀을 경청해 주신 성도들이 있었기에 이 책이 가능했다고 믿고 감사를 드립니다. 무엇보다 이 종을 한국 교회로 파송해 준 시드니 새순교회 성도들의 성숙한 배려에도 감사의 마음을 전합니다. 부족하지만 이 책이 좀 더 많은 사람들에게 주님과의 첫사랑 회복과 더 깊고 풍성한 영적 세계로 나아가는 데 조금이라도 도움이 되기를 바라며 모든 영광을 하나님께 돌립니다.

2012년 5월

이규현

Day 01 모든 것은 눈뜸으로 시작된다 요 3:1~3

Day 02 날마다 회복을 경험하라 계 2:1~7

Day 03 하나님을 알아 가는 즐거움보다 큰 것은 없다 시 34:8

Day 04 예배에 승부를 거는 신앙은 다르다 요 4:23~24

Day 05 십자가 안에서 담금질을 받아야 한다 갈 2:20

Part 1
처음 사랑을 회복하며

Day 01

모든 것은 눈뜸으로 시작된다

●

그런데 바리새인 중에 니고데모라 하는 사람이 있으니
유대인의 지도자라 그가 밤에 예수께 와서 이르되
랍비여 우리가 당신은 하나님께로부터 오신 선생인 줄 아나이다
하나님이 함께하시지 아니하시면 당신이 행하시는
이 표적을 아무도 할 수 없음이니이다
예수께서 대답하여 이르시되 진실로 진실로 네게 이르노니
사람이 거듭나지 아니하면 하나님의 나라를 볼 수 없느니라

요한복음 3장 1~3절

영안이 열려야 시작이다. 영안으로 보면 승리의 길이 보인다. 승리의 삶이란 최악의 상황에서도 최상이신 하나님을 바라보는 것이다. 남들은 다 죽겠다고 해도 하나님을 바라보는 사람들은 관점과 전망이 다르기에 그 입에서 감사가 나온다. 무엇을 보느냐에 따라 우리 인생의 결과가 달라진다.

무엇을 보느냐가 중요하다

인생은 무엇을 보느냐에 좌우됩니다. 주시하는 대상과 그 방식에 따라 삶의 향방이 달라지기 때문입니다. 무엇을 어떻게 보느냐가 그 인생의 깊이와 수준을 결정합니다.

예를 들어, 공부 잘하는 학생은 시험에 나올 만한 문제를 미리 봅니다. 하지만 그렇지 못한 학생은 시험지를 받고 나서야 봅니다. 마찬가지로 사업을 잘하는 사람 역시 다른 사람보다 한발 먼저 봅니다. 그것도 아주 많이 앞서는 것이 아니라 조금 빨리 보는 것으로 시의적절하게 사업을 잘 꾸려 갑니다.

바둑에서도 마찬가지입니다. 하수는 당장 코앞의 수만 보는 데 반하여 고수는 저 멀리 몇 수 앞을 내다봅니다. 이런 고수들은 바둑이 끝난 후에도 자기가 어떻게 두었는지를 기억하기 때문에 복기(復棋)가 가능합니다. 그만큼 보는 눈이 날카로운 것입니다.

대개 탁월한 리더십을 가진 사람은 사물을 보는 눈이 남다릅니다. 인생을 지혜롭게 사는 사람 역시 눈앞의 현상뿐 아니라 그 이면의 핵심을 볼 줄 압니다.

하지만 그렇지 못한 사람도 상당히 많습니다. 곧 죽을 길인데도 무조건 달려가는 사람이 있는 것입니다. 우둔한 그의 눈에는 기세등등한 온갖 위험 요소가 전혀 보이지 않기 때문입니다.

이처럼 무엇을 보느냐는 인생의 무게와 깊이를 결정짓는 척도입니다. 무엇을 보느냐에 따라 인생의 수준이 달라지고, 무엇을 보느냐에 따라 죽고 사는 길이 열립니다. 사람은 오직 자신이 본 대로 따를 수밖에 없으며, 보지 못한 것을 좇을 수 없습니다.

　우리는 중요한 깨달음을 얻을 수 있습니다. 오늘 나의 인생은 내가 지금껏 보았던 것들을 따른 결과라는 것입니다. 지금의 내 신앙생활 역시 이제까지 보았던 것들을 좇은 결실이라 하겠습니다.

영안이 열려야 시작이다

　신앙생활은 영안, 즉 영의 눈이 열리는 것입니다. 영으로 보는 삶은 육의 세계만을 보는 삶과는 완전히 다릅니다. 육안으로 보이는 눈앞의 세계에 갇혀 살지 않고 전혀 다른 세상을 보며 살아가는 것이 신앙입니다.

　신앙에 따라 보는 것이 다르기에 겉모습이 똑같은 사람일지라도 그들의 삶의 내용이 완전히 다를 수 있습니다. 영의 세계와 육의 세계 두 가지가 서로 상이하기 때문입니다. 똑같이 숨을 쉬고 밥을 먹으며 생활할지라도 그 삶의 질이 전혀 상반됩니다.

　같은 조류라 해도 닭과 독수리의 시야가 어찌 같겠습니까? 닭은 바로 눈앞에 놓인 모이만 겨우 쪼아 먹지만, 높이 나는 독수리는 그 시야가 넓고 시력이 좋아서 닭보다 어마어마한 세계를 볼 수 있습니다.

　우리 역시 마찬가지입니다. 만약 우리의 영안이 열리지 않으면 육의 눈으로만 살아가야 합니다. 시력에 따라 사물이 달리 보이는 것처럼, 영안이 열려 있는가 그렇지 않은가에 따라 서로 다르게 보며 완전히 다른 인생을 살게 될 것입니다.

　그런데 영안이 열리는 일은 교회를 다닌 햇수가 얼마인지, 학위가 있는지 여부와 상관이 없습니다. 교회를 10년을 다니고 아무리 지성인이라 해도 영안을 뜨지 못할 수 있습니다. 신자라면 영의 개안 수술을 받아 광활한 영의 세계를 향해 나아가야 합니다.

영안이 열리지 않으면 아무것도 할 수 없다

니고데모를 한번 떠올려 봅시다. 그는 예수님이 사시던 시대의 당대 최고 지성인이었습니다. 성경도 그렇게 증언합니다. "바리새인 중에 니고데모라 하는 사람이 있으니 유대인의 지도자라"(요 3:1). 그는 산헤드린 공의회의 의원으로서 최고의 종교인이었고 엘리트 중의 엘리트였습니다.

그런 니고데모가 예수님과 대화하는 장면에서 무지를 드러내고 있습니다. 사회적으로는 상당한 지성인이고 수준 높은 사람이지만, 영의 세계에 관해서는 완전히 까막눈입니다. 예수님의 말씀을 알아듣지 못하고 동문서답을 하고 있습니다. 지성으로만 성경을 대하면 영성이 열리지 않습니다. 제가 이전에 사역했던 교회에 이어령 교수님이 방문한 적이 있습니다. 함께 식사를 하면서 대화를 나누는데, 그분은 평생 문학을 연구하며 성경에 대해서도 해박한 지식을 가지고 있었습니다. 그런데 식사 도중, 때마침 이 교수님이 집필하신 오래된 책 중에 성경에 관련된 글에 대해 언급을 했더니, "그때는 잘 모르고 막 썼습니다"라고 답하셨습니다. 그때는 예수를 믿지 않던 시절에 문학적으로만 접근한 글들이라는 말로 들렸습니다. 요즘은 목사님들의 설교를 들으며 많은 것을 새롭게 깨닫는다는 말씀을 하셨습니다. 겸손하고 정직한 표현입니다.

우리에게 영안이 열리는 일은 대단히 중요합니다. 영적인 세계가 열리지 않았는데 무엇을 어찌할 수 있겠습니까? 봉사하든 교제하든 여러모로 주님의 일을 한다고 해도 그저 관련된 일을 하는 것이지 정작 주님의 일은 아닙니다. 영안이 열리지 않으면 우리는 아무것도 할 수 없습니다.

내 눈을 열어 주소서!

하나님의 백성은 보이지 않는 세계에 주목해야 합니다. "우리가 주목하는 것은 보이는 것이 아니요 보이지 않는 것이니 보이는 것은 잠깐이요 보이지 않는 것은 영원함이라"(고후 4:18). 신자라면 이 땅에서 벌어지는 일이나 외적인 일뿐만 아니라 그 이면의 보이지 않는 곳에서 벌어지는 일, 즉 하나님이 하시는 일과 사탄이 하는 일이 얼마나 다른가를 볼 줄 알아야 합니다. 보이지 않는 세계를 꿰뚫어 보는 눈이 열려야 비로소 하나님의 나라를 위해 살 수 있습니다.

육신의 눈에 보이는 세계만을 바라보며 산다면 그야말로 헛수고를 하게 됩니다. 육신의 눈만 뜨고 사는 사람은 죽도록 육신의 일을 하다가 사탄의 유혹에 빠져 허송세월을 하느라 인생을 손해 보고 불행한 삶을 삽니다. 보이는 세계는 지극히 작은 것에 불과할 뿐입니다.

그런데 언뜻 보면, 이 세상은 눈에 보이는 것들 중심으로 돌아가는 것 같습니다. 그러나 그렇지가 않습니다. 사실은 눈에 보이지 않는 것에 의해 만사가 움직입니다. 눈에 보이는 모든 것은 보이지 않는 것의 통제를 받기 마련입니다. 한 송이의 꽃을 떠올려 봅시다. 그것을 볼 때 단지 꽃송이만 봅니까? 아닙니다. 그 꽃을 피워 낸 나무도 볼 수 있습니다. 그럼 나무만 봅니까? 그 나무 아래 뿌리도 볼 수 있습니다. 뿌리만 봅니까? 그 뿌리를 감싸고 있는 땅이 보입니다. 땅만 보입니까? 땅 속에 감추어진 각종 영양소, 비료,

수분도 떠올리지 않겠습니까? 더불어 그 나무를 비춰 주는 빛, 그 빛을 만들어 내는 태양, 그 나무를 가꾸고 돌보는 손길, 그 꽃을 바라보며 시를 짓는 시인을 생각할 수도 있습니다.

무엇보다 그 생명을 자라나게 하는 신비롭고도 설명 불가능한 세계가 있음을 우리는 알아차려야 합니다. 나무를 자라게 하는 생명의 역사, 비록 설명되지 않고 보이지도 않지만, 이 모든 것을 가능하게 만든 원천을 찾아 거슬러 올라가면 언제나 하나님을 만나게 됩니다. 이처럼 단 한 송이의 꽃에서도 하나님을 볼 수 있는 이가 바로 영의 사람입니다.

영안이 열리지 않으면 영적인 역사가 아무리 크게 일어난다 해도 세상 그 어떤 것도 볼 수 없습니다. 마르틴 루터(Martin Luther)는 "온 세상 만물이 다 하나님의 강대상이다"라고 말했습니다. 이 말은 하나님께서 모든 것을 통해 우리에게 말씀하신다는 뜻입니다. 이처럼 아주 작은 사물과 사건 속에서도 하나님을 만나고 경험하는 것이 바로 신앙생활입니다.

예수님과 니고데모의 대화 상황으로 돌아가 봅시다. 그는 예수님의 말씀을 알아들을 수 없었습니다. 영안이 가려진 탓에 하나님의 나라를 보지 못했던 것입니다. 영안이 열리지 않으면 신앙은 물론 영적인 일에 참여할 수 없습니다.

영안이 열려야만 예배자가 될 수 있습니다. 하나님은 영이십니다. 영이신 하나님께 어찌 우리의 육안으로만 예배드릴 수 있겠습니까? 오직 영의 세계가 열린 사람만이 하나님께 예배드릴 수 있고, 그 예배 가운데 하나님의 임재를 느낄 수 있습니다.

또한, 영의 세계를 본 사람만이 기도할 수 있습니다. 눈앞의 현상들만 바라보는 사람은 기도할 이유가 없습니다. 자기 힘으로, 자기 노력으로 살아가도 별 문제 없이 그럭저럭 견딜 것 같아 보이기 때문입니다.

가룟 유다를 보십시오. 그는 늘 엉뚱하게 반응합니다. 마리아가 옥합을 깨뜨릴 때 화를 냈습니다. 왜 그렇습니까? 영의 세계에서 일어나는 일을 전혀 알지 못했기 때문입니다. 거룩한 예배가 진행되는 가운데서 그는 딴 생각에 몰두해 있었습니다.

영안이 열리면 모든 것이 새롭게 해석됩니다. 삶의 지경이 넓어집니다. 하나님의 역사에 동역하는 기쁨을 누릴 수 있습니다. 눈을 뜬 자만이 하나님의 동역자가 될 수 있습니다.

신앙은 영적 전쟁이다

영적 세계를 보는 눈이 열리지 않으면 영적 전쟁을 할 수 없습니다. 신앙생활은 영적 전쟁입니다. 영적 세계에는 사탄의 세력 또한 존재합니다. 무언가 영적으로 중요한 일이 일어날 때는 반드시 사탄의 저항과 방해를 경험하게 됩니다. 특별히 은혜를 받으려고 할 때에는 사탄의 방해가 더 심해집니다. 에베소서 6장은 우리의 싸움이 혈과 육의 싸움이 아니라고 합니다. 즉, 영의 싸움입니다. 우리가 영적 전쟁에서 실패하는 이유는 사탄의 실체를 보지 못하기 때문입니다. 주님은 공생애 시작부터 사탄과 정면으로 맞서 대치하셨습니다. 반면 영안이 닫힌 가룟 유다는 어땠습니까? 불행히도 그는 사탄의 도구로 전락하고 말았습니다.

우리가 영적 전쟁을 하려면 영의 세계를 볼 수 있어야 합니다. 영안이 열려야 하나님의 일, 사탄의 일을 구분할 수 있습니다. 분별력이 없으면 가룟 유다처럼 사탄의 동역자가 될 수 있습니다.

사탄은 다양한 모습으로 우리에게 찾아옵니다. 사탄이 머리에 뿔을 두 개 달고 "나 사탄이다" 하고 외치며 나타난다면 분별하기가 쉽겠지요. 그러나 그렇지가 않습니다. 사탄은 매우 교묘해서, 광명한 천사의 모습으로 다가오기도 합니다. 성도들이 전혀 경계심을 가지지 않고 당하도록 온갖 술수를 동원해서 미혹하기 때문에 항상 조심해야 합니다.

아담과 하와가 어떻게 타락했는지를 떠올려 봅시다. 사탄은 하와의 눈을 이끌어 육체적인 데 주목하게 했고, 그다음에는 선악과를 아주 보암직하게 만들었습니다. 이처럼 육체의 눈에 갇혀 있는 사람은 사탄에게 사로잡히기 십상입니다. 지금 이 순간에도 사탄은 우리의 눈을 속이기 위해 동분서주합니다.

육의 사람은 결코 사탄을 분별할 수 없습니다. 그래서 영안이 열리지 않은 사람은 사탄의 노예가 되어 무기력하게 끌려다니면서 거룩함과 거리가 먼 인생을 살게 됩니다. 성경도 이 위험성을 지적합니다. "그런즉 너희는 하나님께 복종할지어다 마귀를 대적하라 그리하면 너희를 피하리라"(약 4:7). 기억하십시오. 우리의 영안이 열려야 사탄의 모든 전략을 이해하고 대적해 승리할 수 있습니다. 이 말씀을 마음에 새기고, 주님의 은혜로 영안이 열리기를 소망하며, 주가 주신 길로 나아가야 합니다.

영안이 열리면
해석이 달라진다

당신은 거듭난 신자인가?

영안이 열리기 위해서는 거듭남이 중요합니다. 이에 관해 주님은 이렇게 말씀하셨습니다. "예수께서 대답하여 이르시되 진실로 진실로 네게 이르노니 사람이 거듭나지 아니하면 하나님의 나라를 볼 수 없느니라"(요 3:3).

거듭나야 하나님의 나라를 볼 수 있습니다. 즉, 영안이 열립니다. 거듭나지 않으면 영안이 열리지 않고, 영적 세계의 일이 아예 시작되지도 못합니다. 영적으로 출생하지도 않았는데 무엇을 어찌하겠습니까? 아무것도 할 일이 없습니다.

과연 우리는 어떻습니까? 오늘날 거듭나지 않고 교회에 다니는 분들이 상당히 많습니다. 남들도 다 그러니까 괜찮다고 생각하기 쉽습니다. 그러나 신앙생활은 처음부터 올곧게 뿌리내려야 합니다.

저는 새가족반을 매우 중요하게 여깁니다. 호주에서 사역할 때도 마찬가지였습니다. 저는 그곳에서 사역을 마치는 날까지도 계속 새가족반을 섬겼습니다. 등록하는 분이 처음 믿는 분이든 타 교회에서 오신 직분자이든 꼭 그 과정을 밟도록 했습니다. 왜냐하면, 제대로 믿지 않는 신자들과 직분자들이 너무 많기 때문입니다. 이로 인해 교회가 어려움을 겪는 경우가 많이 있습니다.

새가족 공부 초기 단계에서부터 복음을 제시하고 영접 기도를 하는 시간을 가지기도 합니다. 이때 오래 신앙생활을 한 직분자임에도 예수를 믿겠다고 일어나는 분들이 있습니다. 부흥회를 할 때도 강사가 "이 시간, 예수님을 믿기로 결단하신 분은 일어나십시오" 하면 그때마다 단골로 일어나는 분들이 계십니다.

믿음의 문제가 있는 것입니다. 자신이 구원받았는지에 대한 확신이 전혀 없이 교회를 다닌 것입니다. 거듭남에 대한 확신이 없으니까 자꾸 결단만 반복합니다.

우리나라에서는 신자라고 밝히면 흔히 "어느 교회에 다니느냐"고 묻습니다. 예수 믿는 것과 교회 다니는 것을 같이 취급합니다. 그러나 유구한 기독교 역사를 지닌 서구 사회에선 좀 다릅니다. 그들은 "당신은 거듭난 신자입니까"(Are you a born-again Christian?)라고 묻습니다. 다니는 교회가 아니라 거듭남의 여부를 묻습니다.

중생의 체험이 중요하지, 직분이 중요하지 않습니다. 무슨 봉사를 하고 있느냐가 아니라, 정말로 거듭나 새로운 생명을 얻고 예수 그리스도의 십자가를 만났느냐를 확인해야 합니다.

이것이 확인되지 않으면 기도가 터지지 않습니다. 온전한 예배를 경험할 수 없습니다.

혹시 가족 가운데 이런 분이 계신다면 물과 성령으로 거듭나도록 기도해 주시기 바랍니다.

거듭나야 영안으로 볼 수 있다

한편 우리가 영적으로 거듭날 때는 신기한 경험을 하게 됩니다. 바로, 영의 세계를 보는 능력이 생겨납니다. 설령 어린아이라 해도 예외는 아닙니다. 성경의 인물들 역시 그랬습니다.

다윗은 어린 시절부터 영의 세계를 보았고, 곰과 사자의 발톱에서 건져 내시는 하나님을 목격했습니다. 골리앗에게 달려가는 소년 다윗은 비록 어리지만 영의 세계에서 어떤 일이 일어나는지, 하나님께서 어떤 일을 행하시는지 이미 깨우친 사람입니다. 또 사무엘도 어려서부터 하나님의 음성을 들었습니다.

비록 어린아이일지라도 거듭나면 영의 세계를 보는 반면, 나이가 아무리 많아도 거듭나지 않으면 하나님의 세계를 볼 수 없음을 성경이 증거합니다. 거듭나지 못해 영의 세계를 보지 못하는 것은 너무도 안타까운 일입니다.

거듭남의 은혜는 대단히 중요합니다. 성경은 우리가 주님을 영접할 때 물과 성령으로 거듭난다고 했습니다. 우리 주 예수 그리스도의 영이 임하기 위해서는 반드시 십자가의 깊은 은혜에 잠기는 경험을 해야 합니다. 십자가를 통해 하나님과 접촉이 일어나 영의 세계 안으로 들어가면 하나님의 무한한 은혜의 지평이 열리는 역사를 체험하게 됩니다.

영안이 열리면 보이는 것이 다르다

영안이 열린 믿음의 사람에게 비전이 열립니다. 믿음으로 말미암아 영안이 열리는 것입니다. 성경은 이렇게 기록하고 있습니다. "이는 우리가 믿음으로 행하고 보는 것으로 행하지 아니함이로라"(고후 5:7). 믿음으로 보는 세계와, 믿음이 없는 사람이 보는 세계는 전혀 다릅니다.

구약의 선지자들은 미리 보는 사람들이었습니다. 오늘 이 시대의 그리스도인들 역시 선지자적 삶을 살아가고, 선지자적 안목을 가져야 합니다. 다른 사람들은 무슨 일이 일어나는지 관심을 두지 않는다 해도, 하나님의 사람은 시대를 통찰하며 미래의 관점에서 현재를 바라보고 하나님 앞에 나아가 기도해야 합니다.

반드시 기억할 것은 그리스도인은 뒤따라가는 사람이 아니라는 것입니다. 믿음의 눈이 열리면 비전의 사람이 됩니다. 그리스도인은 세상을 이끌어 가는 사람이어야 합니다. 그런 면에서 그리스도인은 어디에 있든지 리더십의 역할을 감당해야 합니다. 그리스도인은 먼저 본 자입니다. 먼저 본 자는 꿈을 가진 사람입니다. 우리는 주님께서 주시는 꿈을 꾸며 사는 자들입니다. 기도하는 것 자체가 하나님께서 행하실 것을 꿈꾸는 일입니다. 아직 이루어지진 않았지만, 앞으로 이루어질 일을 바라보며 믿음으로 기도할 수 있게 됩니다. 말씀을 볼 때 눈이 열리는 것을 느낄 수 있습니다. 말씀을 깨닫는다는 것은 곧 눈이 밝아지는 것을 말합니다. 말씀을 읽고 깨닫는 사람은 지혜의 문이 열리는데 그것이 바로 눈이 열린 자의 모습입니다.

믿음은 해석에서 차이가 난다

믿음으로 눈이 열리면 모든 것에 대한 해석이 달라집니다. 똑같은 것을 봐도 해석이 다릅니다. 왜 그렇습니까? 보는 눈이 달라졌고, 관점이 변했기 때문입니다. 어떤 일도 그저 우연히 일어난 사건이 아니라 하나님의 기막힌 섭리의 손길 아래 있다는 사실을 깨우칩니다. 당연히 다른 인생을 살게 됩니다. 해석이 인생을 바꾸는 일이 일어나는 것입니다.

요셉의 삶이 대표적입니다. 살면서 그는 힘들고 어려운 일들을 수없이 만났습니다. 그러나 그는 인생의 풍파에 굴복하지 않았고 마침내 승리했습니다. 승리 비결이 무엇입니까? 보이지 않는 하나님의 손길을 신뢰하며 따른 것입니다.

'영안이 열리는 것'은 현상 너머를 보는 것입니다. 요셉은 결코 눈앞의 일에 급급하지 않았습니다. 애굽의 총리가 된 후에 자신을 노예로 팔아넘겼던 형들을 만났을 때도 복수하지 않았습니다. 만약 요셉의 영안이 열리지 않았다면 어떻게 됐을까요? 아마도 총리가 될 수 없었을 것이고, 〈복수혈전〉에 버금가는 이야기의 주인공이 되었을지 모릅니다.

요셉의 눈은 과거의 상처에 머무는 것이 아니라 그를 어루만지시는 하나님의 손길에 머물렀습니다. 그는 이렇게 고백할 수 있었습니다. "당신들은 나를 해하려 하였으나 하나님은 그것을 선으로 바꾸사 오늘과 같이 많은 백성의 생명을 구원하게 하시려 하셨나니"(창 50:20).

여기서 "당신들은 나를 해하려 하였으나"라는 구절은 하나의 현상을 가리킵니다. 즉 피해를 입은 일이 실제 일어난 사건입니다. 그러나 요셉은 그 현상 자체에 붙들려 있지 않았습니다. 요셉의 인생이 실패로 끝나지 않을 수 있었던 이유입니다.

"하나님은 그것을 선으로 바꾸사." 이것은 영안으로 보고 해석할 때 가능한 일입니다. 이것이 바로 형제들의 삶과 다른 요셉의 삶을 만들었습니다.

만약 요셉의 영안이 열리지 않았다면 '해 당한 것', '상처받은 것'만 보았을 것입니다. 그러나 요셉의 눈은 상처를 보는 것에만 머물지 않았습니다. 더 크고 놀랍게 섭리하시는 보이지 않는 하나님의 손길을 보았습니다. 상처를 회복시키시는 하나님의 손길까지 보았습니다.

나의 현재 모습은 어떻습니까. 안타깝게도, 오래된 상처를 끌어안고 사는 분이 계시지 않습니까? 어쩌면 주변의 어떤 사람이 떠오르기도 할 것입니다. 상처로 인해 원망하고, 불평하고, 악으로 가득 찬 마음 때문에 괴로워하고 있다면 환경의 변화가 아니라 관점의 변화가 필요합니다.

영안이 열리면 상황이 달라집니다. 현재의 고난들로 인하여 보지 못하고 있는 것들이 많습니다. 요셉은 숨겨진, 보이지 않는 하나님의 손길을 생생하게 보면서 고난을 재해석하는 일에 탁월했습니다. 그것이 승리의 비밀입니다.

긍정적 해석가

요셉은 자기 삶에 일어났던 여러 사건을 주님의 뜻 안에서 제대로 해석했습니다. 하지만 눈앞의 고난을 제대로 해석하지 못하는 사람도 있습니다. 그런 사람은 고통의 문제를 해결하지 못해 상처 속에 살게 됩니다.

주님의 뜻에 따라 영적으로 해석하면 고통이 끝납니다. 요셉은 영안으로 바라보았기 때문에 자기 상처에 매몰되지 않았습니다. 고난에 감춰진 하나님의 기막힌 계획들을 간파한 요셉에게서 그 어떤 원망이나 불평의 흔적도 발견할 수 없습니다.

만약 그가 상처받았다면 형들이나 보디발의 아내를 가만두지 않았을 것입니다. 하지만 그는 총리가 되어 얻은 힘을 원수 갚는 일에 사용하지 않고 용서로 승화시켰습니다. 하나님과 그 섭리의 손길을 보았기 때문입니다.

기억하십시오. 영안이 열린 사람은 환경을 탓하지 않습니다. 우리에게 닥치는 고난 그 자체를 문제 삼지 않습니다. 오히려 문제는 고난을 해석하는 눈입니다.

누가 고난을 긍정적으로 받아들일 수 있습니까? 영안이 열린 사람입니다. 믿음이 영안을 뜨게 하고, 영적 세계가 활짝 열리면 우리 삶의 모든 사건이 한낱 우발적 혹은 돌발적 해프닝이 아니라 하나님의 오묘한 섭리 가운데 일어났음을 깨닫게 됩니다. 그러면 어떤 상황 속에서도 감사할 수 있습니다.

히브리서 11장에 나오는 믿음의 영웅들은 보는 것이 달랐습니다. 다른 이들이 보지 못한 것을 보았습니다. 그들이 믿음의 삶을 살 수 있는 힘이 바로 본 것 때문이라고 말씀합니다.

방주를 짓던 120년간 모든 사람이 조롱과 손가락질을 퍼부었지만, 노아는 중도에 포기하지 않고 믿음의 길을 끝까지 걸었습니다. 남들이 보지 못한 심판의 날을 미리 본 것입니다.

믿음의 눈이 열리면 오늘 우리 삶의 모든 상황을 긍정적으로 받아들이는 능력을 지니게 됩니다. 그러면 인생이 달라집니다. 원망과 불평이 사라지고, 매일의 삶에 감사가 넘쳐나게 됩니다.

영안으로 보면
승리의 길이 보인다

말씀과 기도로 영혼에 불을 켜라

말씀을 가까이하고 기도에 힘써야 합니다. 이를 소홀히 하면 자연히 영적 시력이 떨어집니다. 눈이 어두워지면 영적 문맹자로 살게 됩니다. 영안이 어두워지는 것은 불행한 일입니다.

시대를 이끌던 영적 지도자였지만 영안이 어두워진 엘리 제사장의 경우가 그렇습니다. 그는 한나가 하나님 앞에 엎드려 간절히 기도하다가 얼굴이 붉어진 것도 모르고 낮술을 마셔 취했다고 책망합니다. 영적 지도자라도 영안이 어두워지면 별수 없습니다. 분별력이 없어진 사람은 한심한 삶을 살게 됩니다. 영과 육의 일이 분별 안 되면 캄캄한 밤에 불빛 없이 홀로 걷는 것과 같습니다.

신자에게 분별력은 매우 중요합니다. 구별된 삶을 살려면 반드시 분별력이 있어야 합니다. 분별력은 말씀과 기도를 통해 자라게 됩니다. 성숙한 신자라면 누구나 하나님의 관점에서 세계를 바라보는 분별력을 갖게 됩니다. 주님이 내 속에 빛으로 임하심으로, 눈앞의 어둠이 걷히고 영적 분별력이 회복되는 것입니다.

뇌성마비를 앓는 송명희 시인의 아름다운 찬송시를 기억할 것입니다.

나 가진 재물 없으나 나 남이 가진 지식 없으나
나 남에게 있는 건강 있지 않으나 나 남이 없는 것 있으니

나 남이 못 본 것을 보았고 나 남이 듣지 못한 음성 들었고
나 남이 받지 못한 사랑 받았고 나 남이 모르는 것 깨달았네.

이 시의 화자는 아무것도 가진 게 없다고 고백합니다. 그에게는 재물도, 지식도, 건강도 없습니다. 남이 가진 것을 하나도 갖지 못했습니다. 하지만 그는 원망하거나 속상해 하지 않습니다. 오히려 남이 없는 것을 갖고 있고, 남이 보지 못한 것을 보았다며 감사의 노래를 부릅니다.

그렇다면 '남이 못 본 것'이란 과연 무엇일까요? 바로 하나님, 하나님의 은혜, 하나님의 역사, 하나님의 손길입니다. 하나님이 섭리하시는 영적 세계의 모든 사건과 기적을 바라볼 수 있으니 이처럼 아름다운 시가 솟아나는 것입니다.

은혜 안에서 영안이 열리면 하나님이 하시는 일들이 보입니다. 그래서 더욱 겸손하게 되고, 매사에 감사하게 됩니다. 이것은 나의 의지로 무엇을 보는 것과는 다른 것입니다. 내가 보는 것이 아니라 하나님께서 보여주시는 것을 내가 보는 것입니다.

하나님의 손길을 바라보아야 한다

승리하는 삶이란 최악의 상황에서도 최상이신 하나님의 손길을 바라보는 인생입니다. 그러면 낙심하지 않습니다. 남들은 다 꺾여 쓰러져도 그리스도인들의 입에선 감사가 터져 나와야 정상입니다.

우리는 스스로 신앙인이라고 자부하지만, 실제로는 물질세계에 갇힌 채 육체의 눈만 부릅뜨고 살 때가 많습니다.

그러나 이제는 달라져야 합니다. 하나님께서 우리의 영안을 열어 주심으로, 잠깐 있다 사라지는 것이 아니라 영원한 것을 바라볼 줄 알아야 합니다. 보이는 것이 보이는 것이 아닙니다. 눈앞의 현상이 아니라 더 나은 내일을 내다보는 눈을 지녀야 합니다. 신령한 눈을 뜨고 영적 해석가가 되어야 합니다.

오늘 일어난 사건이나 문제 때문에 낙심하거나 좌절하지 마십시오. 오히려 하나님께서 눈을 더 크게 열어 주시기를, 독수리처럼 창공을 날게 해 주시기를, 그리하여 보다 높은 곳에서 보다 넓은 세계를 조망하며 주가 주신 분별력을 마음껏 발휘할 수 있기를 기도합시다. 믿음으로 주님께서 우리 인생 가운데 행하실 위대한 일들을 꿈꾸길 원합니다.

성경은 "믿음은 바라는 것들의 실상이요 보이지 않는 것들의 증거"(히 11:1)라고 말씀합니다. 바로 이런 믿음을 허락해 주실 것을 기대합시다. 그래서 기도 응답의 날개를 달고 영적 세계를 마음껏 비상하는 은혜가 있기를 바랍니다.

Day 02

날마다 회복을 경험하라

에베소 교회의 사자에게 편지하라 오른손에 있는 일곱 별을 붙잡고 일곱 금 촛대 사이를 거니시는 이가 이르시되 내가 네 행위와 수고와 네 인내를 알고 또 악한 자들을 용납하지 아니한 것과 자칭 사도라 하되 아닌 자들을 시험하여 그의 거짓된 것을 네가 드러낸 것과 또 네가 참고 내 이름을 위하여 견디고 게으르지 아니한 것을 아노라 그러나 너를 책망할 것이 있나니 너의 처음 사랑을 버렸느니라 그러므로 어디서 떨어졌는지를 생각하고 회개하여 처음 행위를 가지라 만일 그리하지 아니하고 회개하지 아니하면 내가 네게 가서 네 촛대를 그 자리에서 옮기리라 오직 네게 이것이 있으니 네가 니골라 당의 행위를 미워하는도다 나도 이것을 미워하노라 귀 있는 자는 성령이 교회들에게 하시는 말씀을 들을지어다 이기는 그에게는 내가 하나님의 낙원에 있는 생명나무의 열매를 주어 먹게 하리라

요한계시록 2장 1~7절

신앙생활을 하다 보면 첫사랑을 잊고 형식주의에 빠져 지내기 쉽다. 우리가 기억해야 할 첫 번째 계명은, "네 마음을 다하고 목숨을 다하고 뜻을 다하여 주 너의 하나님을 사랑하라"(마 22:37)는 것이다. 주가 주신 첫사랑을 회복하기 위해서는 날마다 은혜를 기억하고 감사하며 빨리 돌이키려는 노력이 필요하다.

겉으로 모범적인 교회

요한계시록 2장은 소아시아의 일곱 교회 중 에베소 교회에 주신 말씀입니다. "내가 네 행위와 수고와 네 인내를 알고 또 악한 자들을 용납하지 아니한 것과 자칭 사도라 하되 아닌 자들을 시험하여 그의 거짓된 것을 네가 드러낸 것과 또 네가 참고 내 이름을 위하여 견디고 게으르지 아니한 것을 아노라"(계 2:2~3). 당시 에베소 교회는 매우 모범적인 교회였습니다. 이단들로부터 진리를 수호하는 일에도 아주 열심이었습니다. 겉으로 보기에 에베소 교회는 부족함이 없고, 자타가 공인하는 좋은 교회였습니다.

실상은 달랐습니다. 4절을 보니, '그러나'(but)라는 단어로 시작됩니다. 이어서 "너를 책망할 것이 있나니 너의 처음 사랑을 버렸느니라"고 하고, 5절에서는 "그러므로 어디서 떨어졌는지를 생각하고 회개하여 처음 행위를 가지라 만일 그리하지 아니하고 회개하지 아니하면 내가 네게 가서 네 촛대를 그 자리에서 옮기리라"고 말씀하십니다. 무서운 경고입니다. 회개하여 처음 행위로 돌아가지 않으면 촛대를 옮기겠다는 것은, '아예 없애 버리겠다'는 뜻입니다. 에베소 교회가 다른 것을 다 잘해도 회개하지 않으면 살아남지 못하리라는 주님의 엄중한 경고가 여기 담겨 있습니다.

이런 경고의 말씀에는 밑줄을 그어야 합니다. 마치 100개의 시험 문제 중에서 99개를 맞아도 단 한 문제를 틀리면 0점이 된다는 말과 같습니다. 99개를 맞을지라도 한 문제 때문에 그것으로 끝이라니 이 얼마나 심각한 상황입니까? 에베소 교회는 어쩌다 이런 책망을 받게 되었을까요? 그들의 신앙은 언제부터 시들해지기 시작한 것일까요? 사실 신앙은 하루아침에 식지 않습니다. 나도 알아차리지 못하는 가운데 영적인 잠을 자게 됩니다.

요한계시록 2장에 나오는 '교회'에 적용할 대상은 바로 우리 자신입니다. 교회에 주신 말씀을 오늘 우리 각자에게 적용해 보아야 합니다.

요한계시록 2장은 그냥 소홀히 넘어갈 말씀이 아닙니다. 주님의 음성에 깊은 관심을 두고 귀 기울여 자신을 살피는 거울로 삼아야 합니다. '첫사랑을 회복하지 않으면 촛대를 옮겨 끝내 버리겠다'고 하시는 심각한 경고를 듣고, 각자의 현재 신앙 상태를 잘 점검해야 합니다.

이때 기억해야 할 것이 있습니다. 주님은 외형적으로 무엇을 하느냐, 얼마나 많은 일을 하느냐, 어느 정도 중요한 일을 하느냐를 묻지 않으십니다. 대신 그분은 우리 마음의 상태를 확인하라고 하십니다. 마음은 없는데 그저 머리로만 주님을 섬기고 있지는 않는지, 그래서 우리의 몸과 마음이 따로 놀지는 않는지 살펴보아야 합니다. 두렵고 떨리는 마음으로 경고의 말씀을 들어야 합니다.

처음의 상태로 다시 컴백하라

주님의 책망 말씀이 있는 부분을 살펴봅시다. 주님은 "처음 사랑, 처음 행위로 돌아가라"고 말씀하십니다. 과연 처음 사랑을 회복하라는 말씀은 무슨 뜻일까요? 추측할 수 있는 사실은, 에베소 교회가 한때 뜨거웠다는 점입니다. 세상 그 어느 교회보다도 사랑으로 불타올랐는데, 어느 순간 문제가 발생했음을 알 수 있습니다.

실제로 에베소 교회의 사정이 그러했습니다. 적어도 겉으로는 평온해 보였고, 모두가 자부심을 가지고 있었습니다. 이단을 배척하고, 진리를 지키는 일에 누구보다 열심이었습니다. 칭찬을 받을 만합니다. 그러나 안으로 들어가 보면 주님과의 관계에 심각한 문제가 있었습니다.

라오디게아 교회도 마찬가지였습니다. 처음엔 믿음의 열정이 대단했으나, 나중에는 미지근하게 되어 주님의 책망을 받았습니다. 주님께서 차지도 덥지도 않아 토하여 내치겠다고 하실 지경까지 갔습니다. 거의 최악의 상태까지 내려간 것입니다.

처음엔 누구나 뜨겁고 열정적입니다. 오히려 너무 열심이어서 걱정할 정도입니다. 새가족들도 보면, 처음 와서 주님을 믿고 성령의 불을 받아 감탄스러울 정도로 열심히 활동합니다. 온 교회와 나라를 혼자서 다 살려 낼 것만 같습니다. 예배 때마다 일찍 와서 맨 앞자리에 앉고, 봉사도 열심히 합니다.

그런데 시간이 갈수록 조금씩 달라집니다. 열심의 강도가 약해지고, 주님을 따라가는 속도가 느려집니다. 그러다 점차 뒤로 물러나게 됩니다. 가끔 공 예배에 빠지더니, 나중에는 보이지 않게 되는 것입니다.

사실 한 달, 두 달, 1년, 2년은 누구나 다 열심을 낼 수 있습니다. 중요한 것은 세월이 흘러도 변함없이 하나님 앞에 나아가는 첫사랑, 믿음을 유지하는 일입니다. 이것이 관건입니다.

나도 모르게 찾아오는 형식주의

에베소 교회에 대한 주님의 지적은 바로 이 부분에 관한 것이었습니다. 즉, '이제 너희가 머리로만 신앙생활을 한다'는 말씀입니다. 그들은 어느 순간 자신도 모르게 믿음이 점점 식어 버렸습니다. 세월이 흐를수록 아는 것이 많아지고 경험과 경륜이 쌓이다 보니 모든 것에 익숙해져 그만 시들해지고 만 것입니다. 이처럼 익숙해지는 것이 문제입니다.

익숙해지는 것은 성숙이 아닙니다. 이를 꼭 구분해야 합니다. 일반적으로는 익숙해짐에 따라 관록이 생기는 것을 좋은 일로 여기지만, 신앙생활에서는 전혀 다릅니다. 신앙의 관록을 자랑하며 어제 받은 은혜로 오늘을 살아가려고 하면 그때부터 문제가 생깁니다. 가슴이 싸늘해지고 머리만 남는 것입니다. 이때 고개를 드는 것이 바로 신앙의 형식주의입니다.

신앙의 형식주의가 찾아오면 어느 순간 영적 활기를 잃습니다. 예전처럼 활동하기는 하는데 그 안에 생명력이 없어집니다. 무얼 해도 무덤덤하고, 얼굴에서 기쁨이 사라집니다. 얼굴에는 모든 것을 다 해보았다는 표정을 짓습니다. 그러면서 상황과 사람에 대한 판단과 정죄만 늘어납니다. 열심히 하려고 하는 사람에게 찬물을 끼얹고 분위기를 깨는 역할을 하기도 합니다. 가슴은 식고 머리로만 신앙생활을 하게 되는 것입니다.

순종의 삶은 사랑의 가슴에서 나오는 열정으로라야 가능합니다. 순종의 뿌리는 사랑입니다. 신앙의 본질은 하나님과의 관계이고 관계의 핵심은 사랑입니다. 가슴 속에 사랑의 불이 꺼지지 않아야 형식주의 신앙을 극복할 수 있습니다.

의례적인 모습 깨뜨리기

만약 누군가 자신의 영혼이 어두움 가운데 잠식당하고 있는데 이를 인식조차 하지 못한다면 얼마나 안타까운 일입니까? 지금 한국 교회의 문제 안에 찾아든 분위기입니다. 폭풍처럼 휘몰아치던 부흥의 시대가 어느 순간부터 서서히 식어 가고 있습니다. 모두가 다 믿기는 믿고 행하기는 하지만, 내

심으론 주님과의 첫사랑이 식어 버려 매사에 무덤덤합니다. 우리 안에 뜨거운 구원의 감격이 살아 있지 않습니다. 의례적인 그리스도인, 형식적인 그리스도인이 늘어난 것입니다. 겉으로는 다 갖추었지만, 그 안에 진짜 있어야 할 것이 없습니다.

우리가 처음 사랑을 되찾기 원하시는 이유는, 이것을 붙잡지 않으면 죽기 때문입니다. 한국 교회를 살리는 길 역시 다른 무엇보다 처음 사랑을 회복하는 일입니다.

제가 호주에 있을 때, 기회가 있을 때마다 한국엘 꽤 자주 다녀갔습니다. 여러 교회를 다니며 설교를 하기도 했습니다. 그런데 이때마다 느껴지는 분위기가 있었습니다. 계속 한국에 머물 때는 몰랐는데, 외국에 있다가 한 번씩 들어오니 느낌이 달랐습니다. 교회마다 있어야 할 것을 다 갖추었고 예배 순서 중 그 무엇도 빠짐이 없는데, 저는 늘 허전함, 무엇인가 부족함을 느꼈습니다. 지금 돌이키면 그 부족한 것은 바로 처음 신앙의 열정, 구원을 받았을 때의 첫사랑의 순수한 영성이었습니다.

열정과 영성을 지키기 위해서는, 서서히 무너지는 자신의 믿음을 포착할 수 있는 영적 민감성이 있어야 합니다. 유럽의 교회가 황폐화된 것은 하루아침의 일이 아닙니다. 제가 머물던 호주 역시 마찬가지입니다. 한때 호주의 교회들은 골목마다 세워져 있었습니다. 지금도 곳곳의 좋은 자리에 교회가 있습니다. 그러나 안타깝게도, 그 안은 텅텅 비었습니다. 심지어 술집으로 변한 교회도 있습니다. 건물을 구입한 새 주인이 외관을 바꾸지 않고 교회의 모습을 그대로 남겨 둔 채 술집을 경영하기도 합니다. 들어보니, 강대상이 있던 자리의 테이블은 돈을 더 많이 받으며 영업한다고 합니다. 참

혹한 일입니다. 한때는 신앙의 불꽃을 뜨겁게 피우며 모든 것을 바쳐 세웠을 교회였을 텐데, 지금은 술꾼들의 놀이터가 되고 만 것입니다. 건재한 교회라 해도 대개 할머니들만 겨우 교회를 지키고 있습니다. 그중 몇몇 교회는 신자가 점점 줄어들어 한인 교회나 다른 소수민족에게 건물을 임대하거나 매각하는 안타까운 현실입니다.

영적 민감성이 있어야 자신의 신앙의 상태를 정직하게 점검할 수 있습니다. 영적 민감성이 약화되면 영적 무딤 증세가 심화됩니다. 어느 순간부터 예배에 대한 기대감 없이 그저 앉아 있게 됩니다. 처음 구원의 감격에 빠졌을 때, 뜨거운 열정에 불타올라 자신이 몸 안에 있는지 몸 바깥에 있는지 알 수 없을 만큼 황홀한 순간들을 경험할 때와는 전혀 다른 모습이 되고 맙니다. 그때는 주일을 손꼽아 기다렸고, 교회에 와 앉기만 해도 영혼을 감싸는 말로 다할 수 없는 은혜에 사로잡혀 신앙생활을 했는데 말입니다.

주일 예배 한 번만 놓쳐도 그냥 보름이 지나갑니다. '주일 한 번쯤이야'라는 태도는 아주 위험한 상태입니다. 주일 예배 시간에 은혜 받지 못하면 과연 어디에서 은혜를 받을 수가 있겠습니까?

신자의 삶의 중심은 주일 예배입니다. 예배로 살고 예배로 죽는다고 해도 과언이 아닙니다. 한 주간 동안 세상에서 사망의 음침한 골짜기를 다녔더라도 주일에는 부활을 경험할 수 있어야 합니다. 무엇보다 주일 예배는 정말 중요합니다. 물론 일상의 예배에서도 은혜 받을 수 있지만, 주일 예배에서 은혜 받으면 일상의 전 영역이 그 은혜의 영향력 안에 있게 됩니다. 사실상 우리의 영혼이 죽고 사는 문제가 바로 이 예배에 달려 있습니다.

형식주의로 인한 무기력증

눈물 흘린 적이 언제였습니까? 만약 기억나지 않는다면 위험 신호가 울린 것입니다. 은혜의 눈물이 말라 버리면 형식적인 예배가 찾아오기 마련입니다. 예배에 참여하고 기도회도 나가고 봉사도 하지만, 진심에서가 아니라 지금까지 해 온 습관으로 하고 있다면 정신 차려야 합니다. 그런 신앙생활에는 생명력이 없기 때문입니다.

자신이 무심코 반복하는 일들에 주의하십시오. 물론 좋은 습관도 반복을 통해 얻습니다. 그러나 반복하는 동안에 나도 모르게 형식주의로 변질될 위험성이 어느 누구에게나 있습니다. 아무리 좋은 예배라 할지라도 습관적으로 반복하다 보면, 자신도 모르게 형식적인 예배자가 될 수 있습니다.

뜨겁게 사랑하여 결혼한 부부라 할지라도 같이 살다 보면 권태기라는 불청객이 찾아올 때가 있습니다. 그때 자칫하면 유혹을 받고 외도를 하게 됩니다. 영적 세계에서도 마찬가지입니다. 영적 권태기에서 외도는 배교로 이어질 수 있습니다. 실제로 얼마나 많은 사람이 이 배교의 길로 가는지 모릅니다. 영적 충만의 상태를 유지하지 못한다면 우상숭배의 유혹은 어디에나 널려 있습니다. 성경은 마지막 때 배교의 역사가 일어날 것을 경고하고 있는데, 이것에 귀를 기울여야 합니다. 무서운 말씀입니다.

신앙의 경륜이 쌓이고 익숙해지기 시작하는 순간부터 자신의 영적 상태를 민감하게 들여다봐야 합니다. 자칫하다간 알맹이가 빠지고 형식만 갖춘 채 왔다 갔다 하게 됩니다.

형식주의자가 되면 그때부터 무기력한 신자가 됩니다. 머리로는 다 아는데 가슴이 움직이지 않습니다. 기도를 해도 틀에 박힌 기도만 합니다. 이래서는 안 됩니다. 혹시라도 내 안에 심겼을지 모를 형식주의의 근원을 제거하기 위해, 예배드릴 때마다 기도해야 합니다. "하나님, 1년 12개월 52주 동안 예배에 대한 목마름을 잃어버리지 않게 하옵소서!" 식상한 채로 예배를 드리는 것은 매우 위험한 일입니다. 자신의 영혼에 켜진 빨간불을 빨리 알아차리고 방치하지 말아야 합니다. 영적으로 잠든 상태 그대로 둔다면 반드시 영적 사고가 일어나게 됩니다.

기억하십시오. 신앙의 형식주의는 누구에게나 찾아올 수 있습니다. 직분이나 경력과 상관없습니다. 나는 안심이라고 할 수 있는 사람은 아무도 없습니다. 오히려 날마다 교회 안에서 살다시피 하는 사람이 더욱 경계해야 합니다. 어떻게 보면 목사인 제가 가장 위험하다고 할 수 있습니다. 늘 깨어 있고자 몸부림치지 않으면 자기가 괜찮은 사람인줄 착각하게 됩니다. 날마다 은혜의 강가에 있으면서도 목이 말라 죽을 수 있는 가능성이 가장 높은 사람이 바로 목사입니다.

예배에 참석하는 것과 예배드리는 일은 별개의 사안임을 인식해야 합니다. 기도회에 참여하는 것과 기도하는 것도 구분할 필요가 있습니다. 기도회 자리를 그저 채우는 것이 아니라, 진정으로 깊은 기도의 경험 안으로 들어가야 합니다. 그렇게 하지 않으면 기도회라는 형식 안에 있긴 한데 영혼은 빈사 상태에 있을 수 있습니다. 영적으로는 부실한데도 기도회나 여러 봉사에 참여했다는 자부심으로 그것을 자랑하고, 자기 의를 내세우기 마련입니다. 새벽 기도 역시 마찬가지입니다. 매일 나오는 사람도 깊은 기도로 나아가지 않으면 그 새벽 기도가 자기 의로 남을 수 있습니다. 그러므로 몸만 자리를 채우는 것이 아니라 진정한 예배자, 기도자가 되어야 합니다.

회복은
하나님의 사랑에 반응하는 것이다

하나님을 사랑하라

아무리 위대한 것이라 해도 그것과 오랜 시간 관련을 맺으면 가끔 진부하게 느껴집니다. 그것이 바로 인간의 본성입니다. 오랫동안 전셋집을 전전하다가 새집을 얻어 들어가면 얼마나 신나고 행복합니까? 처음에는 어깨를 들썩이며 벽과 모퉁이를 이리저리 꾸며 봅니다. 그러나 그 좋은 감정도 그리 오래가지 않습니다.

제가 처음 시드니에 갔을 때 가장 좋았던 것이 있는데, 아름다운 공원과 해변이었습니다. 하지만 처음 얼마 동안만 좋았습니다. 나중엔 그 바다가 그 바다입니다. 상황이나 조건이 변했습니까? 아니, 제 마음이 변한 것입니다. 모든 판단의 과정에서 가장 중요한 것이 바로 마음의 상태입니다.

하나님에 대해서도 마찬가지입니다. 하나님은 언제나 우리를 사랑하십니다. 하나님은 변함이 없는 분이십니다. 하나님의 사랑은 언제나 뜨겁습니다. 문제는 변덕이 심한 우리의 마음입니다. 하나님은 언제나 한결같이 우리를 사랑하시는데 내 마음이 자꾸 변화무쌍하여 '하나님께서 나를 사랑하지 않으시나 보다'라고 생각해 버립니다.

회복의 영역은 마음입니다. 마음 안에서 일어나야 합니다. 주님은 사랑의 회복을 촉구하고 있습니다. 하나님에 대한 사랑을 회복해야 합니다. 첫째 되는 계명은 "네 마음을 다하고 목숨을 다하고 뜻을 다하여 주 너의 하나님을 사랑하라"(마 22:37)입니다. 그냥 사랑하라고 하지 않습니다. 마음을 다하여, 목숨을 다하여, 뜻을 다하여 사랑하라고 하십니다. '너의 마음 반만이라도 괜찮다'거나 '70~80% 정도면 충분하다'고 말씀하지 않습니다. "마음을 다하여"입니다. 영어 성경에서는 '전심을 다하여'(whole heartedness)라고 옮기고 있습니다. 이것은 명령입니다. 명령을 하신 이유는 여기에 우리의 생사가 달려 있기 때문입니다. 명령을 가볍게 여기면 안 됩니다. 다른 모든 것을 다 지켜도 이 말씀을 등한히 한다면 심각한 상태에 빠질 수 있습니다. 첫째 되는 계명에 관한 것을 우리 삶의 첫째 자리에 다시 올려놓아야 합니다. 그것이 바로 신앙을 본 궤도에 올려놓는 일입니다.

신앙은 기억력이다

어떻게 해야 사랑을 회복할까요? 다시 요한계시록 2장에서 "그러므로 어디서 떨어졌는지를 생각하고 회개하여 처음 행위를 가지라"(계 2:5)는 말씀에 집중할 필요가 있습니다. 여기서 중요한 단어는 바로 "생각하고"입니다. 어디에서 떨어졌는지 '생각하라'고 하십니다. 생각하라는 말은 기억하라는 말과 같습니다. 그 어원이 '기억하라'(remember)에 더 가깝기 때문입니다. 주님은 어디에서 떨어졌는지를 기억해 내라고 하십니다.

회개하는 사람은 어떤 사람입니까? 바로 기억해 내는 사람입니다. 대부분 우리 신앙의 문제는 건망증에서 비롯됩니다. 은혜에 대한 건망증, 용서에 대한 건망증, 축복에 대한 건망증 등 영적 기억상실증이 심각한 상황입니다. 우리는 너무 쉽게 그리고 너무 빨리 잊어버립니다. 이것이 바로 죄성의 특성입니다.

출애굽기 14장을 보면 이스라엘 백성이 홍해를 건너는 장면이 나옵니다.

약 2백만의 백성이 출애굽 하면서 바다를 육지같이 걸었던 이 기적을 어떻게 잊을 수 있겠습니까? 마침내 그들은 수백 년간의 노예 생활에서도 벗어났습니다. 전에는 노예였지만, 이젠 바다를 육지같이 건너 자유와 평온을 찾아 떠나게 되었습니다. 그들이 모세와 함께 찬양하고 춤을 추며 기뻐하는 것도 당연합니다.

그런데 15장 후반부를 보니 상황이 달라졌습니다. 사흘 동안 물을 구하지 못하자 원망과 불평이 고개를 들기 시작합니다. 그들이 겪는 출애굽 사건은 낫기 어려운 질병에서 회복했거나 교통사고에서 살아난 정도가 아닙니다. 천지가 개벽하는 것과 같은 역사들이 그들 앞에 펼쳐진 셈인데, 이 기적 같은 일들을 기억하는 기간이 고작 사흘밖에 되지 못했습니다.

성경이 이 사건을 기록한 이유가 무엇일까요? 바로 거울로 삼으라는 의미입니다. 이들처럼, 우리 안에도 영적 건망증이 자리한다는 뜻입니다.

혹시 우리 가운데도 구원의 은혜를 잊고 사는 분이 있는지 모르겠습니다. '나 같은 죄인 살리신 주 은혜 놀라워'가 어느 순간 '너 같은 죄인 살리신 주 은혜 놀라워'로 바뀌지는 않았는지 모릅니다. 구원을 당연하게 여기는 것은 심각한 영적 건망증의 증세입니다. 당연히 영적 기억력을 복원해야 합니다. 그것이 회복으로 가는 길입니다.

감사, 감사, 감사

영어 단어 '감사하다'(thank)는 '생각하다'(think)와 비슷합니다. 감사하는 사람은 생각하는 사람입니다. 감사의 결여는 생각의 부족에서 옵니다. 조금만 생각해 보면 감사할 것들이 수없이 많습니다. 문제는 생각의 게으름입니다. 삶이 너무도 분주한 것이 문제입니다. 특히 오늘날 영적 집중력을 분산시키는 일들이 너무 많습니다.

새벽 기도회에 나와 은혜를 받으려고 해도 잘 되지 않습니다. 1년 중 며칠이라도 시간을 내어 영적 회복을 위해 할애한다는 것이 생각만큼 쉽지 않습니다. 옛날에는 금식도 많이들 했는데, 요즘에는 이조차 너무나 힘들어졌습니다.

아무리 어려운 상황 가운데 있을지라도 기도할 시간을 내야 합니다. 기도할 때 달라고만 하지 말고 이미 주신 것들을 기억하고 감사해야 합니다. 주신 것에 충분히 감사하는 기도를 드리지 못하면 하나님께서 아무리 주셔도 만족하기 어렵습니다. 달라는 기도의 형태는 하나님에 대한 원망과 불평이 늘어날 가능성이 높습니다.

가만히 돌아보면 우리가 받은 은혜는 셀 수 없을 정도입니다. 별로 없는 것 같더라도 기억해 보십시오. "내가 구원을 받다니, 내가 이 자리에 있다니, 내가 하나님의 백성이 되다니, 내게 은혜 받을 수 있는 건강을 주시다니 얼마나 감사한 일인가!"

내가 지금 호흡하고 있다는 것조차 얼마나 큰 은혜인지 모릅니다. 병원에 가 보면 특히 이 점을 뼈저리게 깨닫습니다. 돌아가시기 직전의 분들을 보면 호흡 한 번 하는 것조차도 그렇게 힘들어 하는 것을 볼 수 있습니다.

우리가 이토록 당연하게 받아들이는 '오늘' 이 시간은 어제 돌아가신 분이 그토록 살고 싶어 하던 '내일'이라고 하지 않습니까? 그러나 이 사실을 기억하지 못할 때가 많습니다. 생명과 구원을 주신 하나님의 은혜를 놓쳐 버린다면, 자신의 손에 없는 것들만 기억하고 원망하게 될 것입니다.

혹시 구원의 은혜를 잊어버리고 살고 있습니까? 나를 구원하기 위해 하나님께서 독생자를 십자가에 매달아 죽이기까지 하시며 우리를 사랑하신 은혜를 외면하고 있지는 않습니까? 결코 그럴 수 없습니다. 반드시 기억하며, 묵상하고, 감사하며, 그 구원의 은혜에 다시 한 번 감격하기를 바랍니다.

저는 종종 하나님의 크고 놀라운 은혜가 가슴속에서 파도처럼 일어날 때가 있습니다. 기도할 때, 찬양을 할 때, 말씀을 묵상할 때 혹은 차를 운전하고 갈 때 갑자기 걷잡을 수 없이 눈물이 흐를 때가 있습니다. 절을 소유하고 있던 집안이었던 우리 가정은 제가 초등학교 6학년 때 하나님의 강권적 은혜를 경험하게 되었습니다. 불에 타서 숯이 될 지경이었던 우리 가정을 그 불 가운데서 건져 내셨습니다. 우리 가족을 하나님의 백성으로 구원해 내시고 숯덩이와 같은 우리 가정을 아름다운 조각품으로 조각해 주셨습니다. 저희 아버지가 그 절을 소유할 정도의 집안이었기에, 주님의 은혜가 아니었다면 도무지 구원 얻을 소망이 없는 가정이었습니다. 기적이 일어난 것입니다. 기절초풍할 일이 일어났습니다. 생각하면 할수록 구원의 은혜가 너무도 크고 놀라울 뿐입니다.

여러분은 어떠합니까? 내가 그리스도인이 되었다는 이 사실만큼 감격스럽고 놀라운 축복과 은혜와 기적이 없습니다. 지금도 하루에 수없이 죄를 짓고 또 짓는데도 구원을 거두어 가지 않으십니다. 나의 연약함보다 더 큰 은혜가 나를 덮으시지 않으면 한 사람도 하나님 앞에 서 있을 수가 없을 것입니다. 이런 하나님의 사랑에 응답하지 않는다는 것은 이상한 일입니다. 그럴 수가 없습니다.

회복은 빠를수록 좋다

우리는 살아가며 크고 작은 상처를 입게 마련입니다. 그런데 작은 상처라도, 그것을 방치하면 회복이 어려워지는 경우가 있습니다. 사랑하던 부부도 냉각기가 오래가면 결별로 이어지기 십상입니다. 약간 다투고 조금 티격태격하며 위험한 전조가 시작될 때 빨리 회복해야 합니다.

사탄은 작은 틈새조차 놓치지 않습니다. 내 영혼이 식어 있을 때, 신앙의 감동을 놓쳤을 때, 하나님과의 관계에 문제가 생길 때 특히 유의해야 합니다. 그런 순간들은 그 자체로 끝나는 것이 아닙니다. 사탄이 그 틈새로 밀고 들어와 영적으로 멀어지게 만들기 때문입니다.

대개 우리가 넘어지는 때는 영적인 집중력을 잃어버린 순간입니다. 특히 요즘에는 우리의 영적 감각이 이전보다 많이 무뎌져 있습니다. 영적 집중도가 심각하게 떨어져 있습니다. 그만큼 삶이 분주하고 또 영적 공격의 요소가 너무나 많아진 세상입니다. 자칫하다간 기본을 유지하기조차 어렵습니다. 혹시 영적으로 문제가 있다고 여겨지면 빨리 결단해야 합니다. 영적 비상선포를 해야 합니다. 늦출수록 위험수위가 올라가게 됩니다.

혼자 힘으로 어려우면 주변의 신앙 좋으신 분들에게 협조를 요청해야 합니다. 단 일주일이라도 정상적인 기도 생활을 하지 않으면 무언가 세상에 내 마음을 빼앗긴 상태로 보아야 합니다.

특히 저는 목회자이기 때문에 일주일 동안이나 영적 공백기에 빠진다면 낭패입니다. 말씀 준비나 예배 인도에 문제가 생기게 됩니다. 성도들이 당장은 눈치를 못 채더라도 그런 상태가 목사에게 얼마나 위험한 순간인지를 본인은 잘 알고 있습니다. 때로 지치고, 영적인 문제가 생기고, 매너리즘에 빠지고, 형식적이 되고, 마음에 감동이 살아나지 않으면 하나님 앞에 적극적으로 매달릴 수밖에 없습니다. "하나님, 살려 주세요. 내 영혼을 불쌍히 여겨 주세요!" 살살 빕니다. 영이 다시 살아나야 강단에 서서 말씀을 전할 수 있고 목회가 가능해지는 것입니다.

성도들도 마찬가지입니다. 영적인 감기에 걸리기 시작하면 온갖 문제와 병, 시험이 각종 증상과 함께 따라붙기 마련입니다.

성경의 인물들도 예외는 아니었습니다. 다윗의 밧세바 사건은 그냥 우연히 일어난 돌발적 사건이 아닙니다. 다윗은 믿음의 사람이요 하나님의 사랑하시는 사람이었지만, 인생의 정점에 올라 더 이상 전쟁에 나갈 필요도 없이 마음의 여유를 부리고 느슨해지자 내면세계가 조금씩 무너지기 시작했습니다. 바로 이런 상황에서 사건이 터진 것입니다. 이를 두고 고든 맥도날드(Gordon Mcdonald)는 "서서히 무너진 것이다. 내면세계의 붕괴가 일어났다"고 말했습니다. 분명히 징후가 있었겠지만 크게 개의치 않고 그냥 두었더니 한순간 밧세바 사건이 터지고 말았습니다.

이런 이유로 영적 회복은 빠를수록 좋다는 것을 거듭 강조합니다. 하루라도 빨리 주님께로 돌이켜야 합니다. '이게 아닌데…' 싶으면 얼른 돌이키십시오. 우리는 날마다 치열한 영적 전쟁을 벌이는 중입니다. 그러니 매일 은혜를 받아야 합니다. 매일 십자가를 묵상해야 합니다. 그렇지 않으면 자신이 기도하는지, 잡념에 사로잡혀 있는지, 조는지조차 분별할 수 없게 됩니다.

하나님과의 밀애를 갈망하라

요한계시록 3장 20절에서 주님은 "볼지어다 내가 문 밖에 서서 두드리노니 누구든지 내 음성을 듣고 문을 열면 내가 그에게로 들어가 그와 더불어 먹고 그는 나와 더불어 먹으리라"고 말씀하십니다. 이 구절을 복음 전할 때, 구원 초청할 때 자주 사용하는데, 사실은 기존 신자에게 주신 말씀입니다. 예수를 믿긴 믿지만, 주님을 문밖에 세워 두고 교제가 끊겨진 상태에 있는 냉담한 신자에게 해당되는 말씀입니다. 주님은 우리와 사랑의 교제를 나누기 원하십니다. 신앙의 핵심은 하나님과의 교제 가운데서 누리는 임재의 즐거움입니다. 임재의 즐거움보다 더 큰 것은 없습니다. 우리는 예배를 드릴 때마다 온몸을 에워싸는 감동과 기쁨으로 춤을 추는 은혜가 있어야 합니다.

주님과 나누었던 뜨거운 첫사랑의 기억과 구원의 황홀한 경험만큼 우리를 흔들어 놓는 것은 없습니다. 주님을 위해 죽고 주님을 위해 살고 싶었던 그때의 기억을 돌이켜 보아야 합니다. 아가서에 나오는 대로 '사랑은 죽음같이 강합니다'(아 8:6). 이 죽음 같은 강력한 사랑에 빠져드는 경험을 갈망해야 합니다.

하나님과의 밀애를 경험한 적이 있습니까? 마리아가 자신의 전부인 향유 옥합을 주님의 발 앞에 깨뜨렸습니다. 그리고 여인으로서 자신에게 소중한 머리카락으로 주님의 발을 닦는 깊은 사랑을 보여 주었습니다. 그 사랑 앞에는 돈의 수치도, 여인의 체면도 다 사라지고 오직 주님과 자신만이 남아 있습니다. 사랑에 빠지지 않고는 일어날 수 없는 일입니다. 그야말로 완전한 예배였습니다.

누가복음 19장에 삭개오라는 사람이 나옵니다. 그가 주님을 만난 장면에서 후끈한 사랑의 열기를 느낄 수 있습니다. 그는 자기 재산의 절반을 나눠 주겠다고 약속했고, 토색한 것을 네 배나 갚겠다고 다짐했습니다. 그리고 주님을 만나는 순간 기뻐 뛰며 춤을 췄습니다. 삭개오에게 이렇게 신난 적이 이전에 없었습니다. 복음을 만난 하나님의 사람들은 이렇게 즐거워합니다.

예배가 무엇입니까? 주님과 사랑에 빠지는 것입니다. 기도가 무엇입니까? 주님과 나누는 사랑의 접촉입니다. 헌신이 무엇입니까? 사랑하는 분에 대한 열정의 표현입니다. 신앙생활은 시시한 것이 아닙니다. 무덤덤하게 신앙생활을 하는 것은 불가능합니다. 왜냐하면, 주님께서 우리를 무덤덤하게 사랑하지 않으시기 때문입니다.

첫사랑을 회복해야 합니다. 신앙의 활기를 되찾아야 영적 능력이 우리 안에서 흘러나오게 될 것입니다. 우리의 머리뿐 아니라 가슴이 뜨거워질 것입니다.

주님과의 관계가 깊어지면 순종의 삶은 아주 쉬워지게 됩니다. 순종은 전적으로 사랑의 힘입니다.

예배 안에서, 기도 안에서, 일상의 삶 속에서 주님과의 관계 회복을 위해 늘 애를 써야 합니다. 찬송가 한 구절을 불러도 심령이 감동되며, 자신의 영혼을 감싸고 도는 하나님의 은혜가 하늘로부터 임하는 역사를 체험하길 바랍니다.

혹시 미지근한 신앙을 품은 분이 있다면 기도와 예배의 자리에서 불이 붙는 역사가 있기 바랍니다. 매일 새로운 은혜를 경험하시기 바랍니다. 단 하루라도 주님 없이는 살 수 없노라고 자복할 수 있기를 바랍니다.

주님과 사랑에 푹 빠진다면 매사에 신이 납니다. 첫사랑의 회복으로 다시 한 번 하나님과 깊은 밀애에 잠겨드는 은혜가 있기 바랍니다.

Day 03

하나님을 알아 가는 즐거움보다 큰 것은 없다

●

너희는 여호와의 선하심을 맛보아 알지어다 그에게 피하는 자는 복이 있도다
시편 34편 8절

신앙생활이란 하나님을 알아 가는 여행이다. 1년 전보다 지금 하나님을 더 깊이 안다면 제대로 가고 있는 것이다. 하나님을 모르면 염려가 더 쌓이지만, 깊이 알아 가면 평강을 누릴 수 있다. 특별히 하나님의 말씀에 순종함으로 하나님을 더 깊이 배우게 된다.

타락보다 무서운 것이 타성이다

신앙의 추상성은 아주 위험합니다. 추상적인 신앙을 방치하면 타성에 젖은 신자가 됩니다.

신앙의 타성에 빠지면 무언가 반복은 하지만 그 안에서 생명력을 찾아볼 수 없습니다. 기계적으로 반복하기 때문입니다. 처음에는 감동적이고 흥분되는 일이라 할지라도 세월이 지날수록 경이로움이 사라지고 타성에 젖을 가능성은 누구에게나 있습니다.

타성은 하루아침에 오는 것이 아니라 세월과 함께 서서히 찾아듭니다. 그래서 더욱 위험합니다. 알지 못하는 사이에 조금씩 죽어 가는 것입니다. 심각한 것은 오늘날 한국 교회 안에서 이런 현상들이 발견되고 있다는 것입니다. 한때는 뜨거웠으나 매섭게 책망받았던 에베소 교회의 전철을 지금 한국 교회가 밟고 있지는 않은지 두려운 마음이 듭니다. 자칫 방심하고 경계심을 늦추면 우리도 모르는 사이 영적인 타성에 젖어 신앙이 화석화될 수 있습니다.

유명한 기독교 정신과 의사인 스캇 펙(Morgan Scott Peck)은 신앙의 타락보다 더 위험한 것이 바로 타성에 젖는 것이라고 지적했습니다.

타락한 사람은 돌아올 기회라도 있는데, 타성에 젖은 사람은 돌아올 기회마저 놓칠 가능성이 높기 때문입니다. 깨어 정신을 차려야 합니다. 항상 조심해야 합니다.

추상적인 신앙을 걷어 내라

타성에 젖게 만드는 요인 중 하나가 추상적인 신앙입니다. 추상적인 신앙이란 구체적이고 실제적으로 알기보다는 모호한 개념만 붙잡고 있는 것입니다. 겉으로는 아는 척하지만 실제로 물어보면 전혀 모릅니다. 바로 이것이 추상적인 신앙입니다.

수박 겉핥기식의 신앙에 만족하면 참 신앙의 실체를 맛볼 길이 없습니다. 들은 것만 많고 체험한 것이 적어서 겉은 번지르르하나 속은 비었습니다. 그래서 조금만 구체적으로 질문을 던지면 엉뚱한 대답을 늘어놓거나 얼렁뚱땅 넘어가고자 합니다. 엄밀히 말해, 이것은 아는 것이 아닙니다.

우리가 추상적으로 대하는 믿음의 영역이 얼마나 많은지 모릅니다. 신앙생활을 하다 보면 자주 접하게 되는 용어들이 있습니다. 그런데 정작 그 뜻을 알지 못하고 마구 사용하는 경우가 많습니다. 용어 자체는 알아도 실체를 깊이 이해하거나 체험하지 못한 탓입니다.

가령 '복음'이라는 단어가 그렇습니다. '능력', '십자가', '부활', '그리스도와 함께 십자가에 못 박혀 죽었다'는 설교를 하도 듣다 보니, 자신이 복음을 깨우친 듯 착각을 하는 것입니다.

그러나 복음의 내용이 삶에 실제적으로 경험된 일이 없이, 단순히 지식과 이론으로만 남아 있는 경우가 허다합니다. 그리스도와 함께 십자가에서 죽어 본 일이 없는 사람이라면 그리스도와 함께 다시 살아난 경험이 무언지를 알 턱이 없습니다. 즉, 고난과 부활에 대해 관념적이고 추상적으로 이해하는 것입니다.

이처럼 설교를 들어도 그 내용이 삶에 깊이 실제적으로 경험되지 않으면, 다만 하나의 이론으로 머리에서 머물다가 사라지고 맙니다. 복음이 삶에서 큰 능력과 은혜로 경험되지 않는 것은, 한 귀로 듣고 한 귀로 흘려보내는 것으로 끝나게 됩니다.

혹시 설교를 매일 아침마다, 매 주일마다 들어도 막연하기만 하고 실행하기 어렵습니까? 듣고 머리에 남기는 하는데, 실제로 삶에 접목시키려 하면 무엇을 어찌해야 할지 몰라 포기하고 맙니까? 영적 실력은 아는 것이 아니라 경험해야 합니다. 주님의 말씀이 내 몸에 착 달라붙어 있는지 아니면 따로 떨어져 있는지를 확인해 보십시오. 아무리 성령 충만을 외칠지라도 실제 삶에서 충만함을 경험하지 못하면 그 모든 말들의 실체는 없고 말씀이 이론으로만 산만하게 허공에 흩어져 있을 뿐입니다.

말씀이 이론으로만 남아 있다는 것은 신앙을 아직 체득하지 못했다는 증거입니다. 아무리 교회를 오래 열심히 다닌다 할지라도, 체득 없는 신앙인이라면 말 그대로 손님일 뿐입니다. 귀에 익은 그 무수한 성경의 용어들이 실제의 삶에서 경험되고 이해되고 뿌리내려야 합니다. 말씀이 육신이 되어 나와 함께 살아 숨 쉬는 경험을 맛보지 않으면 제아무리 존경받는 신자라도 의미가 없는 일입니다.

추상적인 신앙을 극복하려면 하나님을 경험해야 한다

간혹 성도들이 설교를 어렵게 느끼며 알아듣지 못하는 경우가 있습니다. 말씀이 귀에 들리지 않는 것입니다. 이런 경우는 설교자가 자신이 전하고자 하는 내용을 충분히 경험하지 못하고 이론적으로만 정리해서 전했을 때 주로 일어나는 현상입니다. 자신이 충분히 습득한 말씀이 아니면 설익은 채로 전해지기 때문에 청중에게는 더욱더 어렵게 여겨지는 것입니다.

성도들에게 쉽게 전달되는 설교는 설교자가 체득한 내용을 그대로 전하는 경우입니다. 설교자에게 말씀이 육화되어 체득되는 경험은 아주 중요한 일입니다.

누가 하나님을 찾습니까? 누가 은혜를 갈망합니까? 바로 은혜를 맛본 사람입니다. 은혜를 맛본 사람은 그 은혜 없이는 견디지 못합니다. 물고기가 물이 없으면 살 수 없듯이, 은혜를 맛본 사람은 은혜가 없으면 죽습니다. 그래서 무슨 수를 써서라도 은혜가 있는 곳을 찾게 되어 있습니다.

반면 은혜를 맛보지 않은 사람은 부흥회를 하든, 무슨 집회를 하든 그저 시큰둥합니다. 영적인 것을 사모하지 않습니다. 은혜의 맛을 모르면 그럴 수밖에 없습니다. 성경을 열심히 읽고 들은 내용이 많아 알기는 많이 아는데 매번 헷갈립니다. 그래서 기독교에 대해 아는 것은 많아도 가만히 들어보면 추상적인 이론뿐입니다.

왜 그렇습니까? 단 하나도 자기 몸에 딱 붙어 있는 말씀이 없기 때문입니다. 영혼을 관통하고, 뼛속까지 파고들어 생명을 움직이는 말씀에 대한 깨달음이 없다면 우리 신앙은 갈팡질팡할 수밖에 없습니다.

하나님의 은혜를 '맛본다'는 표현을 씁니다. 시편 34편 8절에서는 '하나님의 선하심과 하나님의 성품을 맛보아 알라'고 기록했습니다. 제임스 패커(James Packer)의 《하나님을 아는 지식》(Knowing God)은 꼭 읽어볼 만한 필독서입니다. 저자는 그 책에서 "하나님을 아는 것"과 "하나님에 대해 아는 것"의 차이를 분명하게 알게 해줍니다. 그리고 그 차이가 결국 신앙을 결정하는 중대한 요소입니다.

교회 다니며 하나님에 대해 아는 것만 늘어나서는 안 됩니다. 성경 퀴즈대회에서 1등 하는 것과 하나님을 아는 것은 다른 것입니다. 하나님을 알아 가는 경험을 통해 내 삶에 변화를 가져다주고, 나에게 진짜 능력이 되지 않는다면 모든 것은 헛수고입니다.

세월이 흐르면서 하나님에 대해 시큰둥하고 신앙생활이 무덤덤해지는 이유는 그분을 알아 가고자 하는 열망이 식어 버렸기 때문입니다.

하나님은 고작 몇 십 년 정도로 다 알 수 있는 분이 아닙니다. 그분은 무궁하며 측량할 수 없는 분이십니다.

2000년 기독교 역사 속에서 그분을 알고자, 그분께 가까이 가고자 수없는 하나님의 경건한 사람들이 노력했어도, 아마존에 아직도 인류의 발이 닿지 않는 처녀림이 있듯이 닿을 수 없는 분이 바로 하나님이십니다.

그런데 바로 그분이, 인간의 지성과 경험으론 닿을 수 없는 하나님의 무궁한 세계 안으로 우리를 직접 초대하십니다. 하나님의 초대를 거절하지 말아야 합니다. 우리는 이렇게 고백해야 합니다. "하나님을 더 알고 싶습니다. 하나님을 더 깊이 경험하기를 원합니다!" 평생 우리의 갈망이요, 기도 제목이 되어야 합니다. 영적 목마름에 대해 영혼 깊숙한 곳에서 날마다 '좀 더'(more & more)를 부르짖어야 합니다.

하나님을 맛보는 일의 중요성은 아무리 강조해도 지나치지 않을 만큼 너무나 중요한 주제입니다. 우리가 최선을 다해 겸손하게 하나님을 배워 가고, 그분을 알아 가려는 노력을 계속 기울인다면 하나님께서도 우리를 만나 주시고 그분의 깊숙한 세계 안으로 우리를 이끄실 것입니다.

일상에서 경험하는 하나님

이때 특별히 중요한 것이 있습니다. 바로, 개인적인 경험입니다. 귀에 익어 익숙한 교리 하나하나를 생활에 접목해 보십시오. '우리에 대해서 잘 아시는 전지전능하신 하나님'이라는 진리 하나만 제대로 경험해도 놀라운 것입니다.

삶 속에서 어떻게 하나님을 구체적으로 경험할 수 있을까요? 언제나 기본이 중요합니다. 기도하는 가운데 주님의 말씀을 해석하고, 묵상하고, 생각하고, 기억하고, 판단하면 됩니다. 아주 작은 일이라도 그것을 하나님께로 가지고 나아가는 것입니다. 어떤 문제이든지 하나님으로부터 답을 얻고자 한다면 하나님을 경험할 수 있습니다. 하나님의 음성 듣기를 갈망한다면 반드시 듣게 됩니다. 고민하고 갈등하던 문제로 하나님께 답을 구하며 교회에 왔는데 설교를 듣는 가운데 정확하게 답을 얻게 된 경험이 있을 것입니다. 어떤 때는 주일 설교 말씀을 통해 마치 나의 삶과 생각을 훤히 꿰뚫어 보듯 소름 끼치도록 알려 주시는 경우를 경험했을 것입니다.

어떻게 그런 일이 가능합니까? 하나님께서 내 모든 것을 알고 계시기 때문입니다. 하나님은 내가 무슨 문제로 고민하는지를 아시고 내가 어느 교회에 다니는지도 아십니다. 설교를 사용하셔서 나의 문제에 대한 해답을 정확하게 알려 주시는 것입니다.

하나님은 내가 오늘 아침 무엇 때문에 마음이 상해 있는지를 아십니다. 요즘 내 삶에 힘든 일들이 무엇인지를 하나님은 알고 계십니다. 하나님은 말씀 묵상 가운데 혹은 주변의 교우들과 함께 교제를 나누는 가운데 나의 상황에 딱 맞는 말씀을 통해 위로를 주시기도 하고 때로는 지혜를 주시기도 합니다.

우리가 매일 하나님을 경험할 수 있습니다. 내 생각을 아시는 하나님, 내

형편을 아시는 하나님, 내 고민을 아시는 하나님, 내 움직임 하나하나를 아시는 하나님, 내가 어디로 가는지 동선마저 파악하시는 하나님, 그래서 어디서라도, 누구를 통해서라도 내게 응답하시는 분이 바로 우리 하나님 아버지이십니다.

이성에 갇힌 하나님

우리에게 필요한 것은 영적 감각입니다. 이것이 깨어나기만 하면 매 순간 함께하시고 살아 계신 하나님을 놀랍도록 경험할 수 있습니다. 교리에 갇힌 하나님이 아니라 살아 계신 하나님을 생활 속에서 느껴야 신앙에 생명력을 경험하게 됩니다.

하나님을 구체적으로 경험해 보지 않고서는 하나님을 전적으로 신뢰할 수가 없습니다. 얼마나 전능하신 하나님이신지 경험하지 못하면 영적 중심을 잡을 수가 없습니다. 우리는 종종 나의 이성 틀 안에 하나님을 가두어 두려고 할 때가 있습니다.

하나님을 우리 수준에서 안다는 태도는 만용입니다. 어떤 사람은 하나님을 배려라도 할 것처럼 조심스럽게 기도합니다. "하나님, 이런 기도는 좀 곤란하시겠죠? 너무 부담스럽죠? 제가 가급적 감당하시기 어려운 기도는 드리지 않도록 하겠습니다." 하나님에 대한 오해요 전적으로 자의적 해석일 뿐입니다. 하나님에 대한 무지의 상태는 신앙을 늘 걸음마 수준에 머무르게 합니다.

자신의 기도를 자세히 살펴보기 바랍니다. 우리가 이성에 갇힌 기도와 신앙생활을 하지 않도록 돌아보아야 합니다. 생각보다 우리는 하나님을 제한하는 기도를 많이 드립니다.

어떤 경우에는 "하나님, 오늘 신문에 이런 사건 기사가 났습니다" 또는 "하나님, 이런 일을 알고 계시는지 모르겠습니다"라는 식으로 뉴스 재방송하듯 기도하는 경우도 있습니다. 잘못된 기도입니다.

하나님을 나와 비슷한 수준이거나 나보다 약간 나은 분 정도로 착각하는 신앙에 머물러 있으면 안 됩니다.

하나님은 어떤 분이실까요. 하나님의 대표적인 이름이 바로 '여호와'입니다. '스스로 있는 자', '절대자', '전능자'라는 뜻이 있습니다. 무엇보다 '여호와'라는 이름 안에는 '초월자'라는 의미가 담겨 있습니다. '우리가 근접할 수 없는, 우리와는 전혀 다른 차원의 전능하신 하나님, 초월해 계신 하나님, 인간의 상상을 넘어선 천상의 하나님, 만물을 다스리시는 하나님'이 바로 여호와라는 이름의 의미입니다.

하나님이 실제로는 '가까이하기엔 너무 먼 당신'처럼 여겨지지 않습니까? 하나님에 대해서 우리는 항상 겸손한 태도를 가져야 합니다. 도무지 우리가 바라볼 수 없는 전능하신 하나님, 온 만유의 주시며 온 땅을 통치하시는 만군의 여호와 앞에서 고개를 숙이고 꿇어 엎드려 경배해야 합니다.

하늘과 땅이 닿다

자, 그럼 다시 다윗의 시편으로 돌아갑시다. "여호와는 나의 목자시니 내게 부족함이 없으리로다." 여기에서 "여호와", "나의 목자"라는 대목을 눈여겨보아야 합니다. 본래 '여호와'와 '나의 목자'는 함께 어울릴 단어가 아닙니다. 다윗이 초월자이신 하나님을 자신의 목자로 고백한다는 것은 놀라운 일입니다. 하늘과 땅이 닿는 듯한 느낌을 주는 구절입니다. 도무지 근접할 수 없는 초월자이신 하나님을, 나와 따로 존재하시는 것이 아니라 나와 동행하시는 목자로서 친밀하게 경험한다는 것은 경이 그 자체입니다.

다윗에게 하나님은 추상적인 하나님, 관념적인 하나님이 아니었습니다. 개념으로만 남아 있는 철학적인 하나님이나 이론적인 하나님도 아니었습니다.

하나님은 그의 삶과 서로 깊이 연관되어 도저히 그와 분리할 수 없는 분이셨습니다. 우리는 양이요, 그분은 우리의 목자이십니다. 그래서 날마다 매순간마다 삶의 모든 길을 주도하고 간섭하고 주장하십니다. 우리를 푸른 초장으로 이끄시고, 쉴 만한 물가로 인도하시며, 두려움에 떨 때 돌보아 주십니다.

기독교는 산에서 도를 닦으며 알 듯 모를 듯한 소리나 하는 종교가 아닙니다. 너무도 분명하고, 너무도 우리의 몸에 와 닿는 것을 믿는 것입니다. 바로 이런 하나님을 경험해야 합니다.

어느 날, 기도를 하고 나오던 빌리 그레이엄(Billy Graham) 목사님에게 어느 무신론자 기자가 딴지를 걸듯 이렇게 물었습니다. "하나님이 계신지 어떻게 알 수 있습니까? 하나님이 계시기는 한 건가요? 당신은 그를 어떻게 증명할 수 있습니까?" 그러자 목사님은 이렇게 대답했습니다. "증명하다니요? 저는 지금 막 그분을 만나고 왔는데요."

정말 그렇습니다. 우리 하나님은 멀리 계셔서 수학 이론처럼 공식으로 적어 풀어내야만 하는 이론적인 하나님이 아니십니다. 비록 정확히 설명할 수는 없지만, 매일의 삶 가운데 매 호흡마다 느끼지 않을 수 없는 생생한 하나님이십니다. "하나님의 선하심을 맛보아 알지어다"라는 말씀처럼 맛을 보는 것입니다. 목자이신 우리 주 여호와를 삶 가운데 체험함으로써 그분을 경험하고 그 사랑을 맛보는 은혜가 우리에게 있기를 기도합니다. 그리고 그런 하나님을 전하며 함께 기뻐하고자 하는 여러분이 되기를 소망합니다.

최고의 여행, 하나님을 알아 가는 순례

이제 우리는 하나님을 더 깊이 알아 가고픈 마음을 지니게 되었습니다. 사실 신앙생활 자체는 점점 더 하나님을 깊이 알아 가는 과정으로 정의할 수 있습니다. 그러므로 1년 전보다 지금 하나님을 더 깊이 알게 되었다면 나의 신앙생활이 제대로 가고 있다고 할 수 있습니다.

중요한 것은, 하나님을 더 알아 가려는 열망의 정도입니다. 그런 마음을 품고 있을 때 신앙의 여행은 늘 새롭고 즐겁습니다.

"또한 모든 것을 해로 여김은 내 주 그리스도 예수를 아는 지식이 가장 고상하기 때문이라"(빌 3:8). 바울이 이야기한 "그리스도 예수를 아는 지식"은 그저 머리로 아는 지식이 아닙니다. 경험으로 아는 생생한 지식을 일컫습니다. 그리스도를 아는 지식이 너무나도 고상하고 지혜롭기에, 바울은 그동안 쌓아 오고 붙잡았던 모든 것을 해로 여긴다고 고백합니다. 이제는 하나님을 아는 지식으로 충분하고, 만족한다는 고백을 한 바울의 영적 세계가 부럽기만 합니다.

이스라엘 백성은 광야를 지나는 동안 하나님의 놀라운 역사를 경험했습니다. 그러나 안타깝게도, 그들은 하나님이 누구이신지 알아 가는 데 실패했습니다. 심지어 모세의 형 아론마저도 역사의 한가운데서 목격했으면서도 실패했습니다. 그리고 하나님에 대한 무지는 결국 우상 숭배에 빠지는 단계까지 가게 되었습니다.

우리 역시 경계심을 가져야 합니다. 하나님을 하나님으로 아는 경험이 결여되면 하나님 아닌 하찮은 것들에 눈을 돌릴 수밖에 없습니다. 인간은 나약한 존재입니다.

이스라엘 백성은 어떤 기적을 체험했습니까? 바다를 가르고 광야 한가운데서 날마다 메추라기와 만나를 내리시는 하나님, 불기둥과 구름기둥으로 인도하시는 그 놀라운 하나님을 체험했습니다. 그런데도 하나님을 배우지 못했다는 것은 쉽게 이해가 안 되는 모습입니다. 더욱이 모세가 시내산에 머물던 단 40일 만에 금송아지 우상을 만들어 섬기기까지 했습니다.

우리가 배워야 할 것이 무엇입니까? 신앙의 핵심은 기적 그 자체에 초점을 두는 것이 아니라 그 기적을 행하시는 하나님에 대한 관심을 가지는 것입니다.

신약으로 넘어가 벳새다 들판에서 오병이어로 오천 명을 먹이고 열두 광주리를 남기신 기적에서도 마찬가지입니다. 예수 그리스도를 십자가에 못 박으라고 소리친 군중은 바로 들판에서 떡을 먹었던 군중입니다. 이스라엘 백성이 광야에서 했던 실패의 재현입니다. 그들은 단지 떡을 구했을 뿐, 정작 그 떡을 풍성하게 먹여 주신 예수 그리스도가 누구이신지에 대해서는 관심이 없었습니다. 당장의 필요를 채우는 일에만 급급하고 당면한 문제 해결만을 원하는 신앙으로는 참된 하나님을 경험하기 어렵습니다.

기적의 체험 그 자체가 아니라, 기적을 행하신 주님을 아는 일이 중요합니다. 어떤 사건을 통하여 하나님을 경험했다면, 그 일은 하나님을 알게 하는 축복의 통로임이 분명합니다. 내가 비록 고통을 겪고 있을지라도 고통에서 잠시 빠져나와 하나님의 계획을 볼 수 있는 눈을 가진다면 하나님의 더 큰 그림을 볼 수 있는 기회로 삼을 수 있습니다.

삶에서 무엇을 경험하든지 그 일을 통하여 하나님을 경험할 수 있다면 그것은 축복으로 변할 수 있습니다. 암이 낫는 것보다 더욱 중요한 것은 그 암을 통하여 하나님이 어떤 분이신지를 아는 일입니다.

신자에게 일어나는 모든 일은 단순한 사건이 아닙니다. 영적인 눈을 뜨고 보면 오늘 내 삶에서 일어나는 작은 해프닝 하나도 우연이 아닙니다. 그 일을 통하여 하나님께서 말씀하시고자 하는 뜻이 있고, 그 일을 통하여 하나님을 드러내시려는 계획이 있습니다.

우리는 어떤 태도를 가져야 하겠습니까? 사건과 문제 앞에서 당황하거나 원망과 불평을 늘어놓는 삶이 아니라 하나님을 더 알아 가는 소원으로 가득 찬 신앙으로 자라가야 합니다. "하나님, 이 일을 통하여 하나님이 어떤 분이신지 알기를 원합니다. 하나님을 더 배우기를 원합니다. 이 사건을 통하여 하나님의 음성 듣기를 원합니다." 삶의 모든 순간에서 이렇게 기도한다면, 하나님께서 우리에게 기꺼이 당신을 드러내실 줄 믿습니다.

신뢰가 쌓이면 순종은 쉬워진다

사람도 자주 만날수록 친해지고 서로 간에 우정이 쌓이는 법입니다. 마찬가지로 우리가 하나님을 만나면 만날수록 하나님과 더 친밀해질 수 있습니다. 그러면 하나님에 대한 신뢰가 깊어지게 됩니다.

왜 우리가 하나님의 말씀에 대한 순종이 어렵게 여겨집니까? 하나님에 대한 신뢰의 부족 때문입니다. 신뢰하는 만큼 순종할 수 있고, 순종하는 만큼 하나님과 깊이 사귈 수 있습니다. 염려가 많을 때는 그로부터 벗어나기 위해 몸부림치면서 "하나님, 이 염려로부터 벗어나게 해 주세요"라고 애원합니다. 그러나 이런 기도보다 더 중요한 것은 "내가 이 기회를 통해 하나님을 더욱 알아 가기 원합니다" 하는 고백입니다. 왜 그렇습니까? 나의 모든 염려는 하나님을 제대로 알지 못한 탓에 일어났기 때문입니다.

염려 그 자체가 문제가 아닙니다. 내 안에 근심이 일어나고 어떤 사건과 문제 때문에 정신을 차리지 못하는 까닭은 내가 믿는 하나님이 어떤 분이신지를 모르기 때문입니다. 근본적인 해결책을 알지 못한 채 문제만 확대경으로 들여다보기 때문에 어지럼증을 느낍니다.

그러나 하나님을 알면 마음이 느긋해집니다. 하나님이 얼마나 신실하시고 얼마나 나를 사랑하시며 얼마나 내 삶에 관여하고 지키고 인도하시는지를 알면 걱정이 사라집니다. 어떤 일이 일어나도 당황하지 않고 염려로부터 떠나 평안을 누릴 수 있습니다. 하나님을 모르면 염려로부터 자유를 얻을 수 없습니다.

하나님을 알면 평강이 찾아올 뿐 아니라, 특별히 그 말씀에 순종함으로써 하나님을 배우게 됩니다. 배우면 알게 되고, 알면 신뢰하며, 신뢰하면 순종하는 순환의 역사가 일어납니다.

하나님을 알아 가는 경험은 우리를 신뢰로 이끌어 들이고 하나님의 인도를 두려움 없이 평안한 마음으로 받을 수 있게 합니다.

성경을 보면 종종 "하라!", "하지 말라!" 하는 명령법이 눈에 띕니다. 하나님께서 왜 명령형을 많이 사용하실까요? 인간의 본성과도 연관이 있습니다. 누구나 하나님의 말씀을 들으면 단번에 이해되지 않습니다. 이성을 넘어선 말씀에 즉각적으로 '아멘'이 나오지 않습니다. 인간은 이해가 안 되면 순종하지 않으려고 하는 자의지가 발동됩니다. 가능한 버티려고 애를 씁니다. 바로 이 때문에 하나님은 명령법을 활용하십니다. 우리와 타협의 여지를 남겨 두지 않으십니다. "이해되지 않아도 순종해라"입니다. "네 머리로 깨우쳐서 이해하고 순종하려 들지 말고 무조건 순종하라"는 뜻입니다. 하나님께서 명령하실 때는 축복을 약속하시는 경우가 대부분입니다. 가끔 어떤 말씀들은 야속하기도 하고 원망스럽기까지 합니다. 그럼에도 불구하고 하나님의 명령에는 순종 외에 다른 길이 없습니다. 명령은 절대적입니다.

창세기 12장에서 아브라함에게 독자 이삭을 모리아에서 바치라는 하나님의 명령이 떨어지는 장면이 나옵니다. '바쳐라'입니다. "너 바칠 수 있겠니?"가 아니었습니다. "바치면 좋을 것 같은데", "가능하면 해 보렴"도 아니었습니다. 하나님은 아주 단호하게 명령하셨습니다. "번제로 바쳐라!"

여러분, 번제가 무엇입니까? 각을 떠서 완전히 태워 드리는 것입니다. 참 잔인한 하나님이 아닙니까? 도저히 이해되지 않는 요구인 듯합니다. 남의 일이니까, 대충 지나가고 싶을지 모르겠습니다. 그러나 아이를 키워 본 분이라면 아브라함의 입장을 어느 정도 이해할 수 있을 것입니다.

자식을 죽이라는 하나님의 명령은 현실적으로는 순종 불가능한 것이었습니다. "차라리 나를 죽이시지. 100세에 얻은, 하나님이 약속하신 하나밖에 없는 자녀인데." 정말 바치지 못할 이유를 쓰라면 A4 용지 100장도 쓸 수 있을 상황입니다.

결정적인 것은 하나님이 명령하셨다는 것입니다. 성경에는 우리의 이해를 넘어선 명령이 수도 없이 많습니다. 인간의 이성과 경험의 높은 담을 넘어가야 합니다. 바로 이 이성의 담을 뛰어넘는 것이 십자가를 통과하는 경험과도 같습니다. 나의 생각이 죽어지는 경험을 통과해야 순종할 수 있습니다.

하나님은 당신을 드러내고 싶어 하신다

하나님께 순종했을 때 어떤 일이 일어납니까? 여호와 이레의 축복이 일어납니다.

어떤 사람은 이렇게 기도합니다. "여호와 이레의 축복을 주시옵소서. 이미 예비하신 줄 믿습니다." 여호와 이레의 은혜는 아무에게나 오는 것이 아닙니다. 먼저 나의 자아의 죽음을 통과해야 합니다. 이성이 깨어지고, 두꺼운 고집을 깨뜨리는 과정이 필요합니다. '이제 나는 죽습니다' 하는 마음으로 하나님의 말씀에 엎드러질 때 여호와 이레의 축복이 임하는 것을 볼 수 있습니다. 축복은 결코 그냥 저절로 찾아오지 않습니다.

다시 아브라함의 이야기로 돌아가 봅시다. 어떻게 그는 독자 이삭을 바칠 수 있었습니까? 아들을 너무도 사랑했지만, 아브라함은 하나님이 어떤 분이신지를 이미 상당하게 경험한 경지에 있었다는 것을 알 수 있습니다. 부활의 하나님, 죽은 자도 살리시는 하나님, 지금은 이해할 수 없지만 내 순종 너머에서 일하고 계시는 하나님을 신뢰한 것입니다. 아브라함의 하나님은 한 치의 오차도 없이 선을 이루시는 하나님이셨습니다.

아브라함은 창세기 12장에서 처음 부름 받았을 때 하나님이 어떤 분이

신지 잘 알지 못했습니다. 하나님의 인도를 받아 가는 동안 시행착오도 많이 겪었고, 고비마다 실수하고 넘어졌습니다. 때론 약속을 기다리지 못하고 하갈을 통하여 아들을 낳기도 했습니다. 그러나 세월이 흐르는 동안 아브라함은 하나님을 깊이 알아 가며 하나님 앞에 순종하는 법을 체득했습니다. 그야말로 그의 뼈와 살에 신앙이 각인된 것입니다. 하나님에 대한 경험이 깊어지면서 신앙의 절정에 이르렀을 때 하나님은 아브라함에게 아들을 바치라는 시험을 거신 것입니다. 하나님은 우리를 시험하시되 실력에 맞는 시험을 하십니다.

오늘 우리에게도 이런 일이 일어날 수 있습니다. 그 종류는 알 수 없지만 납득할 수 없고, 잔인하며, 마음에 심한 갈등을 일으키는 명령이 떨어질 수 있습니다. 그때 아브라함에게 임하신 하나님의 선하신 뜻과 약속을 붙들어야 합니다.

인생 여정 가운데 가장 큰 즐거움은 하나님을 알아 가는 일입니다. 하나님이 어떤 분이신지, 하나님의 하나님 되심을 아는 것 말입니다. 우리 삶에 이보다 더 든든한 자산은 없습니다. 이보다 더 큰 기쁨과 즐거움과 여유를 주는 일이 없습니다. 이보다 놀라운 안식을 선사하는 일이 없습니다.

하나님은 순종하는 만큼 우리에게 계시하십니다. 순종하지 않으면 계시하실 수 없습니다. 순종하는 사람에게만 하나님은 그 모습을 드러내십니다. "나의 계명을 지키는 자라야 나를 사랑하는 자니 나를 사랑하는 자는 내 아버지께 사랑을 받을 것이요 나도 그를 사랑하여 그에게 나를 나타내리라"(요 14:21). 하나님은 결코 숨으시는 분이 아니십니다. 모든 만물, 모든 사건, 모든 일상, 모든 영역에서 살아 일하고 계십니다. 땅 끝에도 계시고 우리의 심령 가운데도 계십니다.

반면 사탄은 그 정체를 숨깁니다. 은밀하게 어두운 곳에서 일합니다.

그러나 하나님은 빛 가운데 역사하는 분이십니다. 공기처럼, 바람처럼, 태양처럼, 그분의 임재를 느끼지 않을 곳은 없습니다. 우리에게 가장 가까이 다가와 계시는 그분은 우리의 아버지이고 전능자이십니다. 그분은 신실하며 약속을 지키는 분이십니다. 하나님은 우리의 아빠 아버지(롬 8:15)이십니다.

욥은 그 고난의 세월을 통과한 후 마지막 순간 기가 막힌 고백을 합니다. 그는 고통 가운데서도 믿음을 지켰던 사람입니다. 그럼에도 고난의 긴 터널을 통과한 후, 하나님에 대한 지식이 부족했음을 깨닫고 이렇게 외칩니다. "내가 주께 대하여 귀로 듣기만 하였사오나 이제는 눈으로 주를 뵈옵나이다"(욥 42:5).

욥은 고난 속에서 온몸으로 하나님을 겪었습니다. 피할 수 없이 다가오신 하나님을 존재 깊숙이 체험하게 된 것입니다. 우리도 이런 고백을 드릴 수 있어야 합니다. 단지 지식뿐인 죽은 믿음이 아니라, 하나님을 맛보아 알아 가는 신나는 영적 여행이 되어 가기 바랍니다.

Day 04

예배에 승부를 거는 신앙은 다르다

●

아버지께 참되게 예배하는 자들은 영과 진리로 예배할 때가 오나니 곧
이때라 아버지께서는 자기에게 이렇게 예배하는 자들을 찾으시느니라
하나님은 영이시니 예배하는 자가 영과 진리로 예배할지니라
요한복음 4장 23~24절

하나님은 예배 받기 원하시며, 참된 예배자를 찾으신다. 우리는 좋은 예배자가 될 때 또한 좋은 사역자가 될 수 있다. 하나님을 찬양하고 말씀을 묵상하며 그분의 위대하심을 알아 가는 동안 우리의 예배도 차차 깊어질 것이다. 이 과정을 통해 진리 안에서 예배드리며 하나님을 만나 뵙는 경험을 해야 한다.

예배를 통해 회복과 부흥이 일어난다

우리는 흔히 예배를 드린 후 "오늘 예배가 참 좋았어요, 그렇죠?"라고 인사하곤 합니다. 하지만 우리는 예배의 만족도를 점수 매길 수 없습니다. 예배는 오직 하나님을 기쁘시게 해 드리는 것입니다.

어떤 경우에는 내 기분을 상하게 했던 예배가 오히려 더 나은 예배일 수도 있습니다. 판단의 기준이 예배자의 즐거움이나 어떤 감정에 있지 않기 때문입니다. 물론 나에게 만족이나 기쁨이 올 수 있지만, 그것 자체가 목적이 아닙니다. 찬양을 인도하는 사람에게 있어서도 얼마나 악기를 잘 다루느냐 혹은 얼마나 모든 사람이 감격적으로 부르는가에 초점을 맞추는 것이 아니라 하나님을 기쁘시게 하는 것이 더 중요합니다. 찬양을 몇 곡 부르고 어떤 순서로 했느냐가 중요한 것이 아닙니다. 하나님께서 그 예배를 받으셨는가가 더 중요합니다. 예배에서는 하나님께 집중하는 것이 최우선입니다. 하나님이 중요합니다. 진정한 예배를 올려드리면 그곳에 회복과 부흥이 일어나는 것입니다. 그것은 온전한 예배에 대한 하나님의 반응입니다.

성경을 보면 예배와 관련하여 사고가 발생한 경우가 있습니다. 최초의 살인은 예배 후에 일어났습니다. 가인이 동생 아벨을 죽인 사건을 떠올려 보십시오. 그는 정성껏 예배를 드린 후에 동생을 살해했습니다. 메시지는 분명합니다. 즉, 예배가 예배답게 드려지지 않을 때 이런 비극적인 일이 얼마든지 일어날 수 있습니다. 예배가 예배되는 것은 오늘 우리의 삶에 최대 이슈입니다. 우리 개인은 물론 교회가 사는 길, 이 민족과 열방이 사는 길은 예배의 유무에 달려 있습니다.

죽고 사는 것이 예배에 달려 있다

예배의 중요성은 아무리 강조해도 지나치지 않습니다. 우리의 죽고 사는 것이 예배에 달려 있다는 비장한 결의를 가질 필요가 있습니다. 성경을 보면, 이스라엘의 역사가 하나님의 제단에서 드리는 제사에 의해 결정되었습니다. 예배가 무너지거나 소홀히 여겨질 때마다 이스라엘의 역사는 어김없이 파국으로 치달았습니다.

하나님 앞에 온전히 예배드릴 때 하나님의 손에 붙잡히는 역사가 일어납니다. 개개인의 운명뿐 아니라 일국의 흥망이 예배에 달려 있습니다. 예배가 죽으면 그 신앙도 죽은 것입니다.

반대로 예배가 살면 그 심령 안에 부흥이 임합니다. 보좌로부터 흘러나오는 생명수가 하나님의 백성에게 스며들 때 그것이 사역이 되고, 선교가 되고, 나아가 역사의 한 물줄기가 되는 것입니다.

선교란 하나님 앞에 한 번도 예배드리지 않던 땅들로 하여금 예배드리게 하는 것입니다. 선교의 완성은 예배에 있습니다. 예배하지 않던 백성이 주님의 이름을 부르며 예배드리기 위해 나아갈 때에야 비로소 그곳에 회복의 역사가 일어나게 됩니다.

가정의 회복 역시 예배에서 일어납니다. 만약 가정 안의 예배 제단이 무너졌다면 하루 빨리 정비해야 합니다. 마음이 깨어지고 정신적인 문제를 안고 사는 사람이라면 상담을 받기도 해야 하지만 궁극적으로는 예배를 통해 회복이 일어나야 온전한 상태가 됩니다. 힘으로, 능으로도 되지 않다가 여호와의 신이 임한 예배를 통해 놀라운 일이 일어나는 것을 볼 수 있습니다.

나의 현재의 삶에 살아 있는 예배가 있습니까? 이 질문을 반드시 던져 보아야 합니다.

예배는 생명 그 자체입니다. 예배는 신자의 젖줄입니다. 예배가 끊어지면 바로 영적으로 병이 들거나 죽음이 찾아옵니다. 신자의 처음과 마지막이 예배가 되어야 하는 까닭이 바로 이것입니다. 우리 그리스도인은 예배에 전부를 걸어야 합니다. 예배의 자리가 가장 치열한 전투장입니다.

예배를 드릴 때 부활의 역사가 일어나고, 생명의 역사가 나타나고, 낙심과 절망이 사라집니다. 예배의 자리에 하나님의 영광이 임하면 그곳에 부흥이 임하고 모든 것이 회복되는 강력한 역사가 일어나게 됩니다.

오직 한 분에게만 몰두하라

그렇다면 중요한 질문이 남게 됩니다. '도대체 예배란 무엇인가'입니다. 예배는 하나님께 집중하는 것입니다. 예배의 주체는 '나'가 아닙니다. 예배는 '하나님'을 위한 것입니다.

그분께 온전히 집중하는 것이 예배입니다. 하나님의 하나님 되심을 인정하고 그분이 얼마나 위대하신가를 찬양하는 시간이 곧 예배 시간입니다. 그래서 예배 시간에는 찬양이 대단히 중요합니다. 찬양은 하나님께 온전히 몰두하는 것입니다. 하나님 한 분 앞에 압도를 당하는 시간이 찬양입니다.

찬양으로 하나님의 보좌 앞으로 나아갈 때, 홍해가 갈라지듯 우리의 심령 한가운데 영의 통로가 열립니다. 우리 안에 찬양이 터질 때 시온의 대로가 열려서 왕을 알현하는 영광스러운 역사가 일어납니다.

혹시 예배를 드릴 때 찬양이 쉽게 나오지 않습니까? 립싱크만 하고 다른 사람의 찬양을 듣기만 하지는 않습니까? 그 이유는 내 심령이 닫혔기 때문입니다. 자신의 굳은 마음이 녹고 깨어지기를 간구하십시오. 진정한 예배를 위해서는 경직된 마음이 풀어지는 역사가 선행되어야 합니다.

우리가 하나님이 어떤 분이신지 잘 모를 때는 예배를 함부로 드리게 됩니다. 하나님에 대한 무지가 예배에서 그대로 반영됩니다. 이스라엘 백성들이 그러했습니다. 예배를 온전하게 드리지 못하면 제단이 조금씩 허물어지게 되고 그 자리에 우상이 대신 들어앉는 일이 벌어지게 되고 결국 심판을 자초하는 지경까지 가게 되는 것입니다.

오늘 우리에게도 이런 일은 얼마든지 일어날 수 있습니다. 정신을 바짝 차려야 합니다. 지금 심각한 수준의 영적 전쟁이 날마다 벌어지고 있음을 인식할 필요가 있습니다.

예배의 자리에서 일어나는 영적 전쟁에서 승리해야 합니다. '아차' 하는 순간 하나님 앞에 올려져야 하는 예배의 자리에 내가 앉아 있을 수 있습니다. 아니면 세상의 잡다한 것들에 자리를 내어 줄 수도 있습니다.

그러므로 우리는 하나님이 어떤 분이신지를 분명히 알아 가는 것과 하나님의 하나님 되심을 충분히 높여 드리는 일을 소홀히 하지 않아야 합니다. 사생결단을 하는 심정으로 우리의 예배를 살려 내야 합니다.

이스라엘이 하나님을 온전히 예배하면 전성기를 누리고, 죽은 예배를 드리면 침략 당하기를 반복하던 일이 지금도 벌어지고 있습니다. 우리 각자의 인생과 운명을 결정짓는 자리가 바로 예배의 자리입니다.

우리 안에 속박된 것들로 인해 마음이 답답하다면 먼저 예배가 회복되어야 합니다. 하나님께 쓰임 받는 사람이 되고 싶습니까? 그렇다면 진정한 예배자가 되십시오. 그저 습관대로 예배의 자리에 참석하는 것이 아니라 영과 진리로 예배드려야 합니다. 예배를 예배답게 드리지 못하고 한 발 비켜나 있게 되면 깊은 갈증에 시달리게 됩니다.

참된 예배로부터 참된 만족이 온다

예배가 예배답게 드려질 때 우리 안에 참된 기쁨과 깊은 만족이 찾아옵니다. 예배에서 얻는 만족보다 더 큰 것은 없습니다.

요한복음 4장 23~24절에 한 사마리아 여인의 이야기가 나옵니다. 남편이 다섯이나 있었지만, 지금 있는 사람도 남편이 아니라고 말합니다. 이 정도면 여인이 과거에 어떻게 살아왔는지 짐작할 수 있습니다. 만족 없는 삶을 살아왔습니다. 남편이 여럿이었다는 말은 제대로 된 사랑을 한 번도 받아보지 못했다는 말입니다.

이 여인에게 삶의 전기가 찾아왔습니다. 주님을 만난 것입니다. 물동이를 버려두고 한걸음에 동네로 뛰어가는 모습을 볼 수 있습니다.

물을 길으러 왔던 여인이 물동이를 버려두고 동네로 뛰어갔다는 것은 무엇을 시사해 줍니까? 그 여인은 육체의 목마름을 채워 줄 물보다 더 갈급한 것이 있었던 것입니다. 그녀는 영혼의 깊은 갈증을 끌어안고 팔레스타인의 뜨거운 한낮에 우물가로 왔습니다. 아무에게도 말할 수 없는 깊은 갈증에 몸을 떨고 있던 여인이었습니다.

목마른 것, 배고픈 것, 갖고 싶은 물건을 당장 갖지 못하는 것 정도는 괜찮습니다. 그러나 심령이 타는 듯한 깊은 갈증은 차원이 다릅니다. 허전함이 깊어지면 공허가 찾아옵니다. 공허가 깊어지면 절망하게 됩니다. 절망은 죽고 싶어지는 욕망으로 변할 수도 있습니다. 결코 작은 일이 아닙니다.

누군가 말하기를 창녀촌을 찾는 사람도 사실은 하나님을 찾는 것이라고 했습니다. 일리 있는 말입니다. 요즘 세상에 가득한 각종 중독도 깊은 갈증 때문에 생겨난 일입니다. 인기 연예인 가운데 종종 마약에 손을 대는 일이 일어나는 것도 늘 불안하기 때문입니다. 무대를 떠나 있을 때 청중의 박수 소리와 환호가 귀에 쟁쟁하지만 언제 인기가 떨어질지 몰라 초조해지는 것입니다.

오늘날 사람들은 모두 목이 말라 고통당하고 있습니다. 인정 욕구에 시달리고 칭찬받고 사랑받고 싶은 욕구에 마음의 쉼이 없습니다. 늘 정서적으로 불안정한 삶을 살아가는 사람이 많습니다.

진정한 해갈의 길이 있다

이러한 초조함을 느끼십니까? 끝없는 공허함과 목마름 때문에 괴로워하고 있습니까? 길은 오직 하나입니다. 주님께 기도하고 찬양하고 예배드리십시오. 예배 안에서 얻는 만족은 세상이 주는 그 어떤 만족과도 다릅니다.

요한복음 4장에 나오는 사마리아 여인이 바로 그랬습니다. 주님을 만난 후 깊은 만족을 얻자마자, 그녀는 물동이를 버려두고 동네로 뛰어갔습니다. 묵은 갈증이 해갈된 것입니다. 근원적인 문제가 해결되었습니다. 그토록 찾고 찾던 것을 얻게 된 기쁨에 넘쳐 동네로 뛰어갔습니다.

하나님 안에서는 무엇과도 비교할 수 없는 만족과 기쁨을 얻게 됩니다. 그러나 이것을 알지 못하면 순간적으로 만족하게 해주는 유혹을 이길 수 없습니다. 요즘 서구는 물론이고 한국 사회에서도 마약 문제가 심각해져 가고 있습니다.

다른 중독과 달리 마약 중독은 너무나도 강력합니다. 사람들이 그 유혹을 끊어 내기가 쉽지 않다고 합니다. 그렇다면 그토록 강력한 중독에서 빠져나올 길은 딱 하나입니다. 마약보다 더 강력한 것으로 이겨 내는 것입니다.

제가 호주에서 목회할 때도 마약 문제가 심각했습니다. 한인 사회의 교민 중에도 마약으로 고통당하는 사람이 있었습니다. 그들에겐 끊고자 하는 의지가 있었지만, 중독성이 너무 강력해서 좀처럼 방도를 찾지 못하고 괴로워하는 것을 보았습니다. 참으로 안타까운 일입니다. 그런데 이것은 비단 마약만이 아닙니다. 지금 여러분이 어떤 것에 강력히 붙들려 있다면, 그보다 훨씬 더 강한 힘이 작용하기 전까진 이겨 낼 수가 없습니다.

이 모든 중독을 이겨 낼 길은 딱 한 가지입니다. 바로 하나님뿐입니다. 다소 뻔한 말 같습니까? 그러나 이것이 진리입니다. 하나님 안에서 얻는 만족은 강력한 것입니다.

리처드 포스터(Richard Foster)는 그의 책에서 '하나님께 중독되다'라는 표현을 쓰기도 했습니다. 일반적으로 좋지 않은 일에 '중독'이라는 단어를 씁니다만, 그는 말합니다. "하나님께 중독되라." 하나님께 사로잡히고 몰입되는 경험을 강조하고자 눈에 띄는 단어를 사용했습니다.

강력한 하나님의 임재에 사로잡히십시오. 그러면 세상의 강력한 중독과 순간적인 짜릿한 유혹으로부터 자유를 누리는 은혜가 있을 것입니다.

다시 사마리아 여인의 이야기로 돌아가 봅시다. 처음에 그녀는 주님과 동문서답 같은 대화를 시작했습니다. 그러다 순간적으로 그분이 메시아이심을 직감하게 되면서 상황이 달라졌습니다. 그제야 비로소 그녀의 첫 질문이 터져 나온 것입니다. 그 질문은 놀랍게도 예배에 관한 것이었습니다.

따져 보면 그녀의 질문은 문맥상 잘 들어맞지 않습니다. 여인이 처한 입장으로 보아서는 얼마든지 다른 질문이 나왔어야 합니다. 그녀가 겪었던 삶의 아픔과 무게를 생각하면 당장 현실의 문제를 해결할 길을 찾고 싶었을지 모릅니다.

그런데 여인은 예배에 관한 질문을 던졌습니다. 여인의 질문은 생뚱맞아 보입니다. 그러나 여인은 정곡을 찌르는 질문을 던졌습니다. 여인이 진정으로 찾던 것은 하나님이었습니다. 여인이 방황했던 이유는 좀 더 멋진 남자를 만나지 못해서가 아니었습니다. 한 분 하나님을 만나지 못해 목이 말랐던 것입니다. 참된 예배에 대한 갈증이었습니다. 마침내 주님을 만나 뵌 순간, 여인은 한 가지 주제 외에 다른 관심을 가지지 않았습니다.

이 여인은 핵심을 꿰뚫고 있었습니다. 예배! 모든 문제는 예배 안에서 해결될 수 있습니다. 우리의 모든 갈등은 예배의 문제로부터 시작됩니다. 예배가 예배답게 드려지지 않으면 세상의 모든 것을 다 손에 쥐고도 영혼의 갈증을 해갈할 길이 없습니다.

모든 곳이 임재로 가득한 성소

"여자여 내 말을 믿으라 이 산에서도 말고 예루살렘에서도 말고 너희가 아버지께 예배할 때가 이르리라"(요 4:21). 주님은 "어디서 예배를 드려야 합니까"라는 여인의 질문에, 이 산이나 예루살렘이 아니라고 말씀하십니다. 예배에 있어 중요한 것은 장소가 아닙니다. 이 메시지는 대단히 중요합니다.

신약 시대의 성전은 하나님의 백성인 우리들 자신입니다. "너희가 하나님의 성전"(고전 3:16)이라는 말씀은 우리가 있는 그곳이 하나님을 예배하는 자리임을 가르쳐 줍니다. 온 세상 어느 곳이나 하나님의 보좌가 될 수 있습니다. 하나님이 임재하시는 그곳이 곧 보좌입니다. 어디든지 예배를 드리는 곳이면 성소가 될 수 있습니다.

이와 관련하여 오늘 우리가 진정으로 경험해야 할 예배가 있습니다. 바로, 우리의 일상에서 드리는 개인적 예배가 그것입니다. 어디서든 예배가 가능하다면 삶 가운데 일상의 예배가 중요합니다.

시장터의 요란한 곳에서도 예배드릴 수 있어야 합니다. 사람이 붐비는 공항 대합실에서도, 길을 걸어가면서도, 무엇을 보거나 먹거나 입거나 할 때마다 하나님의 보살피심을 느끼며 성령의 거룩한 영에 사로잡힐 수 있어야 할 것입니다.

어느날, 무디(D. L. Moody)는 뉴욕의 어느 거리를 걸어가던 중 하나님의 강력한 임재에 너무나 강하게 압도당한 나머지 자신이 머물던 호텔로 뛰어갔습니다. 그리고 호텔 방에 있던 친구에게 잠시 혼자 있을 테니 나가 달라고 요청하고선 그 방에서 깊은 임재 안에서 강력한 예배를 경험한 일을 술회한 적이 있습니다.

우리의 예배가 주일 한 시간에만 드려지는 것으로 끝나면 안 됩니다. 날마다 순간마다 하나님의 존전에 서야 합니다. 언제든, 어디든, 어떤 상황이든 예배자의 삶을 사는 경험이 중요합니다.

일상 속에서, 삶의 현장에서 예배드릴 수 있는 사람이라야 주일 예배에 대한 기대감이 있게 됩니다. 매일 예배를 경험한 사람이라면 모든 하나님의 백성이 모여 드리는 예배의 영광스러움을 맛보고자 고대하는 것이 정상입니다. 만약 한 주간 동안 일상의 예배를 단 한 번도 변변찮게 드려 보지 못한 사람이라면 주일 예배에 겨우 나올 정도이거나 예배에 대한 기대감을 가지기 힘들 것입니다.

저는 가끔 운전을 하는 중에 예배를 드릴 때가 있습니다. 음악을 들으며 운전하다가 하나님의 임재를 체험하기도 합니다. 너무 큰 감동으로 인해 더 이상 운전을 할 수 없어 할 수 없이 길가에 차를 세워 놓고 시간을 보내는 경우도 있습니다.

꼭 길게 드려야 좋은 예배는 아닙니다. 단 몇 분이라도 하나님의 영광에 휩싸이면 우리 안의 모든 염려와 근심이 한순간에 사라지고 하나님 안에 몰입되며 그분의 임재를 즐기게 됩니다.

이런 예배의 기쁨과 감격이 일상의 체험이어야 합니다. 기름 부으심이 있는 찬양을 한 곡조만 불러도 마음이 뜨거워지지 않습니까? 그때 하나님의 살아 계심이 실감 나고 그분이 함께하심을 확신케 되면서 내 안의 어두운 그림자가 사라지는 역사를 맛보게 됩니다.

기억하십시오. 예배를 예배답게 드리면 우울증이 한순간에 사라지게 됩니다. 예배의 힘은 강력한 것입니다. 예배가 죽은 심령, 주님께 대한 기대감을 잃은 시든 심령 안에 어둠이 밀려오고 사탄이 잠입합니다.

그러므로 어떤 예배를 드리느냐가 중요합니다. "하나님은 영이시니 예배하는 자가 영과 진리로 예배할지니라"(요 4:24)고 합니다. 우리 모두가 주님 앞에 순전한 예배자가 되기를 바랍니다. 예배는 우리의 영이 하나님과 만나는 시간입니다. 말씀 그대로, 영으로 올리는 예배가 되어야 예배다운 예배가 될 수 있습니다.

영과 진리로 드리는 예배가 참 예배이다

예배는 가장 영적인 일입니다. 내 영이 하나님을 만나는 과정은 매우 깊은 영적 세계 안에서 일어나는 내밀한 사건입니다. 그저 무심코 자리에 앉아 있다가 돌아가는 일이 없어야 합니다.

개인적인 예배든, 공적인 예배든, 함께 모여 간단히 드리는 소그룹 예배든 상관없습니다. 모든 예배는 고귀한 경험입니다. 영과 영이 만나는 시간이고, 하나의 영적인 사건입니다.

우리는 예배할 때 단지 의식에 참여하는 것이 아닙니다. 하나님은 예배의 의식이나 순서를 받으시려는 게 아니라 영으로 만나기를 원하십니다. 형식이나 순서에 너무 집착하지 않은 것이 좋습니다. 찬양을 할 때 어떤 악기로 할 것인가도 중요한 주제가 아닙니다. 가장 중요한 것은 우리 영의 자유로움 속에서 하나님 앞으로 나아가는 것입니다.

소그룹에서도 예배를 경험할 필요가 있습니다. 다른 사람의 입술이나 내 입술에 주시는 찬양이 있으면, 함께 부르면서 주님께 영광을 돌리십시오. 인도자가 콘티를 꼭 짜야 되는 것이 아닙니다. 함께 찬양을 올리다가 누군가 다른 찬양을 이어서 부르면 그 찬양을 함께 부르십시오. 그러다 누군가 기도를 시작하면 함께 기도하십시오. 각자의 영이 활짝 열려 있을 때 놀라운 영적 예배를 경험할 수 있습니다.

언뜻 보기엔 무질서해 보일지 모르지만, 마음을 열고 성령의 인도에 민감하기만 하면 성령께서 인도하시는 예배가 될 것입니다. 바로 이것이 몸만 왔다 가는 것이 아니라 영으로 드리는 진짜 예배입니다. 이전에 사용하던 개역한글 성경은 "신령과 진정으로"라고 했는데, 개역개정판에서는

"영과 진리로"라고 합니다. 영과 진리로 드려져야 건강하고 균형 잡힌 예배가 될 수 있습니다. 예배 안에서 말씀이 아주 중요한 요소입니다.

말씀이 들려야 예배가 완성된다

진리는 예배의 핵심 요소입니다. 참된 예배는 하나님의 말씀이 선포되는 곳에서 일어납니다. 진리에 무지하면 우상 숭배의 예배가 될 수도 있습니다. 무조건 가슴만 뜨거워진다고 좋은 예배라고 진단하기 어렵습니다. 하나님의 음성이 정확히 들려야 합니다. 하나님이 누구이신지, 내가 어떤 태도로 하나님께 예배해야 하는지를 말씀을 통해서 깨달아야 합니다.

예배의 한가운데 말씀이 놓여 있어야 합니다. 예배는 하나님의 말씀이 이끌어 갑니다. 특히 내가 분석하는 것이 아니라 하나님의 말씀이 친히 임하셔서 나를 사로잡는 경험이 일어나야 합니다. 나의 열정도 중요하지만, 그것만으로는 하나님이 원하시는 진정한 예배를 드릴 수 없습니다. 하늘이 열리고 주님의 음성이 내 영혼에 들려야 참된 예배가 완성됩니다.

예배는 내가 하나님을 붙잡는 시간이 아니라, 하나님께 내가 사로잡히는 시간입니다. 내가 하나님을 붙잡으려 애쓰면 불안하고 힘들기만 합니다. 하나님이 나를 사로잡으시고 진리로 묶으시면 상황이 완전히 달라집니다.

말씀을 통하여 하나님이 누구이신지를 깨닫고, 주님을 알면 알수록 예배는 더 깊이 들어가게 됩니다. 하나님을 알수록 진심 어린 신앙고백이 흘러나오게 되고, 정직한 회개가 터지고, 감사가 넘쳐나게 됩니다.

나는 이런 예배를 드리고 있습니까? 지금 나의 예배는 어떤 모습인지 한 번쯤 돌아보길 바랍니다.

최고의 예배자, 다윗

'참된 예배자' 하면 성경에서 누가 떠오릅니까? 단연코 다윗입니다. 왕이자 시인인 다윗은 그 누구보다 참된 예배자였습니다. 하나님의 마음에 합한 자라 칭함 받았던 다윗은 하나님이 찾으시던 바로 그 예배자였습니다. 다윗의 모든 영성은 예배로부터 흘러나왔습니다.

하나님의 법궤가 다윗 성으로 돌아올 때도 그는 덩실덩실 춤추며 하나님을 예배했습니다. 하나님의 임재를 상징하는 법궤를 바라보면서 흥분에 빠졌습니다. 관습을 특히 중요시했던 전통 사회에서 왕이 품위와 체통을 지키는 것은 매우 중요한 일입니다. 그러나 다윗은 하나님의 임재 안에 기쁨을 이기지 못하고 춤을 췄습니다. 이때 다윗의 아내 미갈은 그를 조롱했습니다. 미갈은 예배의 구경꾼이었습니다. 백성도 그의 춤사위를 지켜보는 관람객이었을 뿐입니다.

다윗은 홀로 광기어린 춤을 췄습니다. 완벽한 몰입이었습니다. 예배는 하나님께 완전히 몰입되는 경험입니다. 사람을 의식하지 않고 그분만을 바라보는 것입니다. 그리스도인이라면 누구나 마땅히 참된 예배자가 되어야 합니다.

주변의 상황과 시선을 신경 쓰지 않고 오직 하나님 한 분께만 몰두하는 예배자가 바로 다윗입니다. 그의 춤이 어찌나 격렬했던지 바지가 다 흘러내릴 정도였습니다. 춤은 아무나 추는 것이 아닙니다. 모든 억압이 사라져야 영이 움직입니다. 경직된 사람이 춤추는 것을 본 적 있습니까? 마찬가지로 우리 영혼이 예배 안에서 온전히 풀릴 때, 맺혀 있던 독과 분노와 죄악이 눈 녹듯 사라질 때에야 비로소 춤이 나옵니다. 그 응어리진 마음이 다 없어지고, 우리 안의 염려와 근심이 풀어지고, 산더미같이 쌓였던 모든 문제가 일소되며, 내 영혼이 하나님께서 만져 주시는 마사지로 이완되어야 하나님 앞에 영이 춤추는 예배를 드릴 수 있습니다.

생각해 보십시오. 한 나라의 왕이 많은 사람 앞에서 이렇게 춤을 출 수 있는 일입니까? 그 아내와 신하와 백성이 빤히 쳐다보는데, 왕이 정신을 잃고 기뻐 날뛰는 모습을 보입니다. 어떻게 그것이 가능할까요? 바로 하나님 때문입니다. 하나님 앞에서 그는 왕이라는 지위도 체면도 다 떼어 버린 채 어린아이같이 되었습니다. 하나님께서 어찌 예뻐하지 않으실 수 있겠습니까? "너야말로 유일하게 나를 기뻐하는 자로구나. 너야말로 진정으로 내게 예배하는 자로구나!" 이렇게 칭찬하실 수밖에 없는 상황입니다.

저는 다윗이 홀로 춤추지 않았다고 생각합니다. 이때 그의 춤 파트너는 바로 하나님이셨습니다. 하나님께서도 너무 기쁜 나머지 벌떡 일어나셔서 함께 춤추셨을 것입니다.

하나님이 일어서시다니, 이상한 말 같겠지만 실제로 주님도 흥분하시면 일어서십니다. 스데반이 예수 그리스도의 이름 때문에 돌에 맞아 순교했을 때 실제로 일어난 일입니다. 스데반은 하늘이 열리는 것을 보았습니다. 그리고 주님이 하나님의 우편에 서신 것을 보았습니다. 하나님의 이름에 생명을 거는 스데반의 모습을 바라보시면서 도무지 보좌에 앉아 계실 수가 없어 벌떡 일어나신 것인지 모릅니다.

참된 예배자 다윗은 영과 진리로 예배드리며 예배에 생명을 거는 사람이었으며, 관습과 제도를 뛰어넘어 하나님께만 몰두하고 예배드리는 사람이었습니다. 다윗은 하나님의 마음에 합한 자였습니다.

다른 것은 다 잊으십시오. 참된 예배자만 되시면 됩니다. 그다음은 하나님께서 알아서 하십니다. 하나님께서 나를 어디론가 데리고 가실 것입니다. 사역 가운데로, 선교 가운데로 나아가 무엇을 하든지 내가 예배자만 된다면 늘 승리를 누리며 사탄의 권세를 물리치고도 남을 것입니다.

참된 예배자가 있는 곳엔 언제나 하나님의 능력이 임합니다. 우리가 하나님 앞에 온전히 예배드리지 않고 그분의 영을 사모하지 않을 때 세상의 악한 것들이 장난을 치고 우리에게 있는 은혜를 빼앗아 가려고 합니다.

예배는 우리에게 주신 가장 위대한 특권이요 축복이요 빼앗길 수 없는 권리입니다. 나 자신이 진짜 예배자인가 살펴보십시오.

하나님은 이 땅에서 하나님의 예배가 회복되기를 원하십니다. 습관적으로, 의식적으로, 형식적으로 드리는 예배가 아니라 하나님의 임재로 충만해지고, 성령의 기름 부으심이 넘치고, 찬양과 말씀 가운데 성령에 강력히 사로잡히는 예배를 드려야 합니다. 바로 그런 예배의 자리에서 기적이 나타나고, 인생의 문제가 풀립니다.

어떤 위대한 일도 예배를 빼놓고 이야기할 수는 없습니다. 우리의 가정 안에서, 교회 안에서, 직장 안에서, 삶의 터전 곳곳에서 예배가 회복되기를 바랍니다. 그러면 분명히 기적이 일어날 것입니다. 놀라운 일들을 하나님께서 행하실 것입니다. 하나님을 하나님이라고 인정하는 그곳에서 우리 주님이 역사를 이뤄 가심을 믿기 바랍니다. 나는 참된 예배자인가? 진정한 질문을 던져 보시기 바랍니다.

Day 05

십자가 안에서 담금질을 받아야 한다

●

내가 그리스도와 함께 십자가에 못 박혔나니 그런즉 이제는 내가 사는 것이 아니요
오직 내 안에 그리스도께서 사시는 것이라 이제 내가 육체 가운데 사는 것은
나를 사랑하사 나를 위하여 자기 자신을 버리신 하나님의 아들을 믿는 믿음 안에서 사는 것이라

갈라디아서 2장 20절

우리는 십자가에 완전히 잠겨야 한다. 십자가 앞에 서기만 하면, 내가 어떤 모습이고 어떻게 살았든지에 상관없이 주님께서 나를 사랑으로 감싸 안아 주실 것이다. 이렇게 자아가 죽는 경험, 용서의 경험, 사랑의 경험을 간구하면서 날마다 십자가 안에서 담금질 받아야 한다.

십자가 경험은 신앙의 핵심이며 축복이자 사랑이다

모든 은혜는 십자가를 통해 흘러나옵니다. 다시 말해, 십자가가 핵심입니다. 십자가를 통과하지 않고서는 하나님을 경험할 수 없습니다. 복음을 교리적으로만 믿고 이해하는 것으로는 부족합니다. 복음을 온몸으로 감격하며 사로잡혀 본 경험이 없다면 밋밋하고 생명력 없는 종교적인 삶을 살게 됩니다.

하나님께서 우리를 위해 행하신 가장 위대한 일이 십자가에서 드러났습니다. "우리가 아직 죄인 되었을 때에 그리스도께서 우리를 위하여 죽으심으로 하나님께서 우리에 대한 자기의 사랑을 확증하셨느니라"(롬 5:8). 십자가는 하나님이 우리를 얼마나 사랑하시는지에 대한 부인할 수 없는 확증입니다.

그리스도의 십자가는 우리 신앙에서 반드시 통과해야 할 관문입니다. 십자가를 거치지 않고 신자가 될 수 없습니다. 신앙은 십자가의 경험만큼 진도가 나갑니다.

갈라디아서 2장 20절을 살펴봅시다. "내가 그리스도와 함께 십자가에 못 박혔나니 그런즉 이제는 내가 사는 것이 아니요 오직 내 안에 그리스도께서 사시는 것이라 이제 내가 육체 가운데 사는 것은 나를 사랑하사 나를 위하여 자기 자신을 버리신 하나님의 아들을 믿는 믿음 안에서 사는 것이라." 이 말씀은 너무나 귀중합니다. 우리 삶에 근본적인 변화를 가져오는 열쇠와도 같은 말씀입니다. "내가 그리스도와 함께 십자가에 못 박혔나니"라는 말씀을 신자의 삶에서 늘 경험해야 함을 말씀하고 있습니다.

이것은 2000년 전의 십자가 사건을 오늘의 사건으로 받아들여야 가능합니다. 내 안에 죄로 뒤덮인 자아를 부인하는 경험을 해야 합니다. 나의 자아 중심적 삶과 욕망에 사로잡힌 내면이 십자가에서 못 박히는 사건이 날마다 일어나야 합니다.

여기에서 십자가 사건은 현재적이고 계속적인 경험을 하는 것을 말씀합니다. 그때 '이제는 내가 사는 것이 아니고 내 안에 그리스도께서 사시는' 변화를 체험할 수 있습니다. 이때 일어나는 변화는 사람들마다 조금씩 다를 수 있지만, 분명한 것은 새로운 생명으로 부활을 경험하게 되는 것입니다. 이런 축복을 경험하기 위해서는 옛 자아를 죽이는 일이 필요하며, 이것을 우리는 '십자가 담금질'이라 표현할 수 있습니다.

옛 자아가 죽어야 내가 산다

그리스도와 함께 죽어야 한다는 말은, 문자 그대로 예수님과 같이 십자가형에서 죽으라는 말씀이 아님을 잘 알 것입니다. 갈라디아서 2장 20절에서 '나'란 바로 '옛 자아'임을 알 수 있습니다. 옛 자아는 죄로 똘똘 뭉친 자아를 가리킵니다. 죄의 본성으로 가득 찬 옛 자아는 철저히 자기중심적이며 이기적입니다. 그 안에 선한 것이라곤 도무지 찾아볼 수 없는 육욕적인 자아입니다.

우리의 모든 싸움은 바로 이 지점에서부터 시작됩니다. 우리를 불행하게 살도록 조정하며, 날마다 죄를 짓고 죄책감에서 빠져나오지 못하도록 만드는 것이 바로 우리의 자아가 하는 일입니다.

이런 옛 자아가 그리스도와 함께 십자가에 죽지 않고서는 하나님의 백성답게 살아갈 방도가 없습니다. 아무리 주님의 말씀을 좇아가려고 해도 죄성에 가득한 옛 자아가 내 뒷덜미를 낚아채서 제자리에 주저앉히기 때문입니다. 옛 자아가 주인 노릇을 하고 내 삶을 지배하고 주도하도록 내버려 두면 나에게서 어떤 선한 일도 일어날 수 없습니다.

아무리 주님의 일을 한다 해도 결국엔 나 자신을 위한 일로 귀결되고 맙니다. 주님을 기쁘시게 하는 것보다 나 자신의 기쁨과 만족을 위해 일하게 됩니다. 겉으로는 주님의 일로 보이지만 사실은 자기만족과 자기실현을 위한 것이 될 수 있습니다. 주님의 일을 하면서도 내 안에 혈기로 가득할 수 있습니다.

집회에 참석해서 은혜 받은 후 "목사님, 이제는 제가 완전히 죽었습니다"라고 고백하는 분들이 있습니다. 처음엔 그렇게 보입니다. 그러나 안타깝게도 며칠 지나지 않아 옛 자아가 펄펄 살아나는 모습을 보게 됩니다. 죽은 것이 아니라 기절한 것입니다. 잠깐 죽은 척한 것입니다. 옛 자아가 다시 살아나 예전 상태로 돌아가고 만 것입니다.

어떤 분은 이런 말을 하기도 합니다. "목사님, 제 자아만 죽는다고 상황이 변할까요?" 나만 죽으면 어떡하느냐고 항변하는 분들이 있습니다. 그러나 걱정하지 마십시오. 일단 나만 죽으면 됩니다. 옆 사람 걱정을 그만두고 먼저 자기의 옛 자아가 죽으면 됩니다. 내가 죽으면 갈등과 싸움은 끝이 나고 평화가 찾아오게 됩니다. 죽은 사람에게는 더 이상 시빗거리가 생길 수 없습니다.

혹시 다른 사람이 변하지 않아 신경이 쓰입니까? 나의 옛 자아는 죽었는데 상대방의 옛 자아는 죽지 않아서 둘 사이에 불화가 생길지 모른다는 노파심이 듭니까? 그렇다면 먼저 자신을 돌아보아야 합니다. 나의 옛 자아가

정말로 죽었는지 아니면 기절한 것뿐인지 확인해야 합니다.

보는 것이 인생을 결정하며, 무엇을 어떻게 보느냐에 따라 인생의 향방이 달라짐을 앞에서 언급했습니다. 이와 같이, 옛 자아가 죽으면 남의 허물이나 약점이 보이지 않습니다. 그래서 신경 쓸 일도 없어집니다. 오직 주님의 선한 일과 눈앞에 놓인 문제 이면의 크나큰 축복이 눈에 띌 따름입니다.

따라서 누군가의 허물이 염려되거나 자꾸 눈에 들어온다면, 나의 옛 자아가 죽지 않고 살아 있다는 뜻이니 유의해야 합니다. 다른 사람이 미워지거나 분노가 일어날 때마다 스스로를 점검해야 하는 이유가 바로 여기에 있습니다.

상처를 잘 받는 사람의 특징

옛 자아를 죽이기 위해 십자가의 담금질을 경험하지 못하면, 자기도 상처받고, 다른 사람에게도 상처 주는 일이 반복해서 일어납니다. 교회 안에서도 흔히 일어나는 일입니다. 한때는 열심이었는데 상처투성이로 넘어져서 일어나지 못하는 분들이 있습니다. 또 열심히 하긴 하는데 안타깝게도 선한 열매를 맺지 못하는 경우도 있습니다.

이때 자아의 죽음 여부를 확인해 보아야 합니다. 옛 자아가 죽었는지 여부를 어떻게 확인할 수 있을까요? 그 방법은 매우 간단합니다. 누군가 그 사람을 한번 건드려 보면 알 수 있습니다. 다소 짓궂어 보이지만 사실입니다.

아무런 자극이 없을 때라면 누구라도 성자인 것으로 착각할 수 있습니다. 그러나 어떤 자극이나 충격이 일어난다 해도 흔들림이 없어야 십자가에서 그리스도와 함께 죽은 자입니다. 누가 날 이유 없이 비난한다 하더라도 그저 '나는 죽은 사람이다'라고 생각하면 그렇게 억울하지 않습니다. 이 말이 좀 어색하게 들릴지 모르겠지만 정말 그렇습니다. 죽은 이에겐 싸울 일도 상처받을 일도 없기 때문입니다.

내가 상처를 잘 받는다면 이유는 옛 자아가 죽지 않고 살아 있기 때문입니다. 상처란 결국 죄로부터 옵니다. 죄와 자아의 문제를 제대로 처리하지 않으면 상처를 물고 살아야 합니다. 상처로부터 자유롭고 싶다면 그리스도와 함께 십자가에 못 박혀 죽는 경험을 반복적으로 해야 합니다. '나는 그리스도와 함께 죽었다'고 날마다 선포해야 합니다.

자아가 죽은 사람은 누군가에게 진다고 해도 그렇게 기분이 나쁘지 않습니다. 바로 이것이 십자가의 능력입니다. 예수님께서 십자가에 못 박혀 돌아가셨을 때 그저 말없이 순순히 돌아가셨습니다. 그 부당하고 통탄할 만한 상황에서도 주님은 저주하지도, 성내지도, 원망하지도 않으셨습니다. 단지 "저들을 사하여 주옵소서"(눅 23:34) 하고 기도하셨습니다. 이것이 십자가의 죽음입니다.

우리 같으면 자신을 고통스럽게 하는 한 사람 한 사람을 모두 기억하며 저주하고 원망하지 않겠습니까? 누군가 침을 뱉기라도 할라치면 "감히 내게 침을 뱉다니" 하면서 역정을 낼 게 뻔합니다. 혹은 "하나님, 저 잠시만 내려가서 손 좀 보고 오겠습니다"라고 말할지도 모르겠습니다. 그러나 우리 주님은 다르셨습니다. 그분은 묵묵히 순종한 채 돌아가셨습니다.

여러분, 기독교는 억울한 종교가 아닙니다. 억울함이나 부당한 느낌에 억눌려 살아갈 이유가 없습니다. 억울하기로 따지면 예수님만큼 억울한 분이 어디 있겠습니까? 그분은 죄가 없으심에도 죄인처럼 정죄당하고 모욕

당하셨습니다. 그러나 예수님은 아무런 저항 없이 묵묵히 십자가의 길을 걸어가셨습니다.

우리는 주님과 같이 십자가의 죽음을 거부하지 않고 기꺼이 받아들여야 합니다. 그러면 우리 삶에도 놀라운 역사가 일어날 것입니다. 나의 삶이 변할 뿐 아니라 주변 사람들까지 변화되는 놀라운 역사가 일어날 것입니다.

우리의 옛 자아와 혈기가 살아 있는 동안에는 하나님의 선하신 일을 이루기가 어렵습니다. 매일 매 순간 상처를 주고받는 일밖에 할 것이 없습니다. 내가 변하면 상황은 하나도 변하지 않았어도 모든 것이 바뀌는 기적을 맛볼 수 있습니다.

나는 날마다 죽노라

옛 자아의 죽음은 일회성의 사건이 아닙니다. 반복되는 경험입니다. 한 번 그 증거를 드러내고 끝낼 문제가 아니라, 우리의 삶 속에서 현재적으로 계속 진행되어야 하는 일입니다.

사도 바울은 이렇게 고백했습니다. "나는 날마다 죽노라"(고전 15:31). 이것이 바로 순교적 신앙입니다. 한 번 장렬하고 멋있게 죽는 것은 어떤 면에서 간단한 일입니다. 그러나 일상에서 매 순간 죽는다는 것은 그리 쉽지 않습니다. 매일 죽는 순교적 신앙을 가진 사람은 결정적 순간을 맞을 때에 믿음을 저버리지 않고 온전한 순교자로 설 수 있을 것입니다.

매일 생활 속에서 자아의 죽음을 경험하지 않는 사람은 약간 의심스러운 사람입니다. 최후의 순간에 이르러 그는 순교자가 아니라 배교자가 될지 모릅니다. 따라서 우리는 이를 경계해야 합니다. 옛 자아가 살아서 꿈틀거릴 때마다 즉시 제압해야 합니다.

갈라디아서 2장 20절을 날마다 암송한 후 이렇게 선포해야 합니다. "나는 죽었습니다. 2000년 전에 그리스도께서 십자가를 지셨을 때, 나의 자아도 주님과 함께 십자가에 못 박혔습니다." 혈기가 올라오고, 옛 사람이 되살아나 활개를 치려 할 때마다 이렇게 자아의 죽음을 선포하십시오. 그래야 그리스도께서 내 안에 들어오십니다. 자아가 죽어야 주님의 평안을 누릴 수 있습니다. 우리의 모든 갈등과 분쟁과 싸움은 바로 나의 옛 자아에서 비롯된다는 것을 잊으면 안 됩니다.

날마다 그리스도와 함께 죽는 은혜를 경험하기 바랍니다. 그리스도께서 나 대신 살아 계심으로, 자신을 통해 그리스도가 선포되는 역사를 체험하길 소원합니다. 그리스도께서 내 안에 사실 때 내 삶은 그리스도가 드러나는 영광을 맛보게 됩니다. 아름다운 삶은 이때부터 비로소 시작됩니다.

십자가 담금질은 용서받는 경험이다

신앙생활에서 힘든 것 중 하나가 바로 인간관계입니다. 신기하게도 마음에 들지 않는 사람은 어디에나 있습니다. 소그룹을 옮겨도, 이사를 가도 나와 생리적으로 맞지 않는 사람은 늘 예비되어 있습니다. 소그룹 모임에 보기 싫은 사람이 있어 옮겼는데 기가 막히게도 꼭 닮은 사람이 다른 곳에서 나를 기다리고 있는 것입니다.

혹시 누군가를 용서하기가 쉽지 않고, 자꾸만 미움의 감정이 일어납니까? 용서하지 못하는 마음을 안고 살면 마음이 지옥과 같습니다. 감옥에 갇힌 사람이나 다름없습니다.

안타까운 점은 용서가 말처럼 쉽지 않다는 것입니다. 사실 용서는 기적에 속합니다. 인간의 본성으로 해결할 수 있는 사안이 아닙니다. 용서는 우리 능력 밖의 일입니다.

기적에 속하는 용서를 어떻게 실천할 수 있을까요? 십자가의 은혜에 잠기면 가능합니다. 먼저 십자가의 은혜 안에서 내 죄를 용서받는 경험을 가져야 합니다. 용서의 깊은 체험이 선행되어야 합니다. 용서의 경험을 가진 사람이 용서를 할 수 있습니다.

다른 사람을 잘 용서하지 못하는 사람은 상대의 문제가 아니라 나의 문제입니다. 하나님과 나와의 관계 속에서 막힌 것이 없는지를 반드시 확인해 봐야 합니다.

혹시 나는 누군가를 쉽게 용서하지 못하고 있습니까? 용서가 너무 어려운 사람이라면 내 힘으로 용서하려고 애를 쓰는 것으로는 문제를 해결할 수 없습니다. 내가 십자가에 담금질을 받는 시간을 가져야 합니다. 하나님의 용서의 강에 푹 빠지는 시간을 가져야 합니다.

사람들이 가장 많이 애송하는 찬송 중에 "나 같은 죄인 살리신 주 은혜 놀라워!"가 있습니다. 나의 형편과 주님의 사랑이 담긴 이 구절이 가슴에 와 닿습니까? 이 찬양을 눈물로 불러 본 일이 있습니까? 혹시 그런 적이 없다면 회개해야 합니다. 나를 용서해 주신 하나님의 은혜가 잘 와 닿지 않는다면 신앙에 문제가 생긴 겁니다.

하나님께 깊이 용서받은 경험이 없는 사람은 다른 이의 허물에 눈이 밝아집니다. 그때부터 찬송가 가사가 바뀝니다. "너 같은 죄인 살리신 주 은혜 놀라워"라고 비아냥하게 됩니다. 다른 사람을 사사건건 정죄하고 판단합니다. 또 성격이 거칠어지고 매사에 사나워집니다. 신앙생활 전체가 어려워집니다. 아무리 기도하려 해도 기도가 안 됩니다. 주님과의 관계가 불통이 됩니다. 왜 그렇습니까? 바로 나의 심령이 무언가에 꽉 막혀 버렸기 때문입니다.

용서하지 못한 죄는 인간관계는 물론 하나님과의 관계도 막아 버립니다. 그래서 남을 잘 용서하지 못하는 사람은 하나님과의 관계에도 어려움을 겪고 기도 생활이나 예배 생활에 치명적인 영향을 받게 됩니다. 사실 인간관계가 힘들어지는 까닭은 사람과의 문제 때문이 아닙니다. 그것은 온전히 영적인 문제로, 하나님과의 관계가 막힘에서 비롯된 현상입니다.

스스로의 생활을 돌아봅시다. 하나님과의 관계를 풀어야 인간관계도 풀린다면 하나님과의 관계는 어떻게 풀 수 있을까요? 바로 그리스도의 십자가 안에서 내 죄를 깊이 용서받는 속죄의 은혜를 경험해야 합니다. 더 적극적으로 십자가 앞으로 나아가야 합니다.

회개와 용서의 영성

십자가 담금질의 중요성을 깨우치는 과정에서는 내 죄가 얼마나 심각한지를 깨닫고 자복하며 하나님께서 그 죄를 용서해 주셨음을 체험하는 단계가 필수입니다. 하나님과의 막힌 담을 허무는 일이 첫 번째 과제입니다.

하나님과의 막힌 담을 푸는 방법은 무엇입니까? 바로 십자가를 통해야 합니다. 좀 더 쉽게 말하면, 십자가 앞에 나아가 죄를 고백하고 깊이 다루는 시간이 필요합니다. 스스로가 하나님 앞에서 얼마나 심각한 죄인인가를 깨달아야 회개가 터져 나옵니다.

우리는 자신을 과대평가하길 잘합니다. 내가 다른 사람보다 아주 잘나지는 않았어도 그래도 좀 괜찮은 사람이라고 생각합니다. 더 나아가 '나만 한 사람이 없다. 나는 괜찮은 사람인데 늘 주변이 문제다. 남편이 문제다. 아내가 문제다. 저 사람이 문제다'라고 생각합니다.

그러나 십자가를 정확히 바라보면 상황은 달라집니다. 십자가 앞에서 우리의 실상이 적나라하게 드러나면 심각해집니다. 아무런 죄 없으신 하나님의 아들이 대신 죽으셔야 했을 만큼, 우리는 악독한 죄인들입니다. 이 사실을 깨닫는 순간, 자아가 완전히 뒤집히게 됩니다. 지나온 모든 죄가 섬광처럼 순식간에 떠오르고, 스스로를 괜찮다고 자위하던 시간들이 한없이 부끄러워집니다. 동시에, 그런 자신을 이만큼이나 사랑해 주신 하나님의 은혜에 완전히 자복하게 됩니다.

아직도 이 은혜를 경험하지 못한 분이 있다면 지금 당장 십자가 앞으로 나아가야 합니다. 십자가를 바라보면 내가 얼마나 지독한 죄인인가를 뼈저리게 느낄 수 있습니다.

교회에 오래 다니다 보면 자신도 모르게 교만해집니다. 목사님이 시키는 것도 다하고 봉사도 열심히 다하니까 이 정도면 괜찮은 사람이라고 생각하기 십상입니다.

그러나 주의하십시오. 바로 그 순간, 십자가에서 벗어나게 됩니다. 그러면 십자가 고난을 통해 오는 축복을 놓치게 됩니다. 그런데도 이것을 전혀 알아차리지 못한 채 "나는 괜찮은 사람이고, 완벽한 사람이고, 훌륭한 사람이다"라고 말한다면 큰일입니다. 이것은 "나는 십자가를 필요로 하지 않는 사람이다" 하는 것이나 마찬가지입니다. 그러나 정말로 그렇습니까? 우리의 인생은 그 정도로 괜찮은 것입니까?

그리스도의 십자가에서 벗어나는 바로 그 순간부터 우리는 제멋대로 행동합니다. 가장 먼저 다른 사람을 판단하기 시작합니다. 그러므로 만약 지금 다른 이를 정죄하고 있다면, 즉시 스스로를 돌이켜야 합니다.

솔직히 우리는 얼마나 욕하기를 좋아하는 존재입니까? 하루에도 수없이 생각으로 마음으로 죄를 짓고 삽니다. 그만큼 날마다 순간마다 주님의 자비와 용서가 필요한 연약한 존재입니다. 그래서 저는 아침마다 이런 기도를 빠뜨리지 않습니다. "하나님, 이 죄인을 불쌍히 여겨 주시옵소서."

정말로 우리는 죄의 문제를 일평생 안고 살아갈 수밖에 없는 연약한 죄인입니다. 주님의 자비와 긍휼이 없으면 단 한 순간도 제대로 살아갈 수 없습니다. 이런 내 모습을 스스로 돌아봐도 한심한데 감히 누구를 정죄하겠습니까? 우리는 진노 아래에 있어야 마땅한 자들입니다. 그런데도 이 평안을 누림은 주님이 허락하신 십자가 덕분입니다.

십자가 아래 깊은 용서의 경험을 간단히 여기지 마십시오. 십자가 담금질을 통한 용서의 경험이 없으면 영성이 막혀 버립니다. 출입구부터 막히면 들어갈 틈이 없습니다. 그저 답답하고, 기쁨이 없고, 봉사를 해도 힘들기만 하고, 얼굴이 어둡고, 발목 잡힌 느낌이 듭니다. 인간관계에서도 계속 마찰이 일어나고, 마음이 갈수록 드세집니다.

십자가를 경험하면 달라집니다. 깊은 자기 성찰과 용서의 은혜를 통해 이전과는 다른 삶을 살아갈 수 있습니다. 깊은 용서를 경험한 사람에게는 부드러움과 평안, 영혼의 자유로움이 있습니다. 그러면 자연히 다른 사람과의 관계에서도 변화가 일어납니다. 이런 삶이야말로 축복된 삶이 아닐까요? 그리스도 십자가 담금질을 통해, 이 관계의 축복을 체험하는 여러분이 되기를 바랍니다.

십자가를 통해 사랑의 강에 빠져보라

'십자가 담금질'의 축복스러운 과정을 통해 하나님의 사랑을 맛볼 수 있습니다. 하나님의 사랑보다 더 큰 사랑은 없습니다. 아들을 아끼지 아니하고 내어 주신 사랑입니다.

오늘날의 온갖 문제들은 사실 단 한 가지 원인에서 비롯됩니다. 바로 사랑 결핍 때문입니다. 문제의 기원은 에덴동산에서 찾을 수 있습니다. 하나님의 품을 떠난 순간, 인간의 마음에 생겨난 거대한 함몰 웅덩이를 누구도 채울 수 없게 되었습니다. 인간은 이 허전한 가슴을 어떻게든 채우려고 발버둥치지만, 그 무엇으로도 채울 수가 없습니다. 세상의 멋진 금은보화로도 도저히 메워지지가 않습니다. 심각한 사랑 결핍 증후군입니다.

현대인들은 모든 것이 풍족하고 다 괜찮아 보이지만 중요한 것이 하나 빠졌습니다. 바로 사랑입니다.

세상에서 사랑이란 말은 너무도 흔합니다. 누구나 어디서나 사랑을 말합니다. 그러나 진정한 사랑을 찾아볼 수 없습니다. 값싼 사랑, 순도가 떨어지는 오염된 사랑만 가득합니다. 사람들이 힘들어 하는 이유가 여기에 있습니다. 부모는 자녀들에게 온갖 좋은 것들을 안겨 주지만, 정작 아이들은 진짜 받아야 할 것을 받지 못해 힘들어 합니다. 너무나 많은데도 무언가 부족한 느낌이 듭니다. 말하자면 함량 부족입니다. 사랑은 한다고 하는데 사람들은 욕구 불만에 빠져 살아가고 있습니다.

요즘 중독이 매우 심각한 사회문제가 되었습니다. 중독 증세가 없는 사람을 찾아보기 어려울 정도입니다. 알코올 중독이나 약물 중독은 물론 일상에서 찾아볼 수 있는 증상들로 가지각색입니다. 예를 들어 카드를 계속 긁으며 쇼핑하고 돌아와서는 곧바로 후회하며 반품하는 쇼핑 중독이 있습니다. 누군가는 먹고 토하기를 반복하기도 합니다. 매번 후회하고 그러지 않기를 결심하지만, 뜻대로 되지 않습니다. 왜 그렇습니까? 자기 행동의 원인을 정확히 알지 못하기 때문에 악순환이 계속됩니다.

한편 아이들의 경우도 예외는 아닙니다. 갑자기 소리를 지르거나 화를 내는 아이들이 있는데, 다 욕구 불만 때문입니다. 요즘은 학교폭력 문제가 심각하다는 것을 모두가 알고 있습니다. 갈수록 잔인해져 가고 있습니다. 오래된 문제이지만 해결점을 찾지 못하고 있습니다. 제도적으로 해결할 수 있는 문제가 아닙니다. 조금만 들어가 보면 문제의 요인은 가정에서부터 출발한다는 것을 알 수 있고, 더 들어가면 결국은 사랑의 문제입니다. 모두가 사랑이 부족해서 생긴 병인 것입니다.

요즘 흔한 우울증도 마찬가지입니다. 우울증 환자의 증세는 사람을 만나지 않으려고 하는데, 사실은 반대입니다. 그 내면에는 사람을 그리워하는 마음이 가득합니다. 그럼에도 실제로는 만나지 못하니 안타까운 노릇이지요. 왜 그렇습니까? 두렵기 때문입니다. 이처럼 모든 문제의 근원을 짚어 보면 사랑을 얻지 못해 생긴 욕구 불만이 자리합니다. 사랑 결핍이 그 원인입니다.

과연 우리가 어떻게 이 문제들을 해결할 수 있을까요? 무엇으로 이 구멍 뚫린 마음을 채울 수 있겠습니까? 누구로부터 진정한 만족을 누릴 수 있겠습니까? 사랑하면 되지 않느냐고 하겠지만, 이 세상엔 진정한 사랑이 없지 않습니까? 그나마 가장 차원 높은 것이 부모의 사랑인데, 이마저도 함량 부족입니다. 부모의 사랑도 안으로 들어가 보면 이기적인 사랑을 하는 경우가 많습니다. 단적으로 자녀가 공부를 잘하고 못하고에 따라서 태도가 달라지지 않습니까? 자녀들이 이런 부모의 태도로부터 상처받는 것은 당연합니다. 한국에서 유독 '아버지 학교' 같은 프로그램이 성황을 이루는 이유도 여기에 있습니다. 즉, 부모나 자식 어느 쪽이든 상처받지 않은 사람이 없는 것입니다.

가장 사랑하는 사람에게까지 상처받는 이유는 내가 기대했던 사랑을 받지 못하기 때문입니다. 그래서 외롭고 우울하고 불행하다는 결론을 가지고 사는 것입니다. 언제나 마음이 허하고 사람이 그리운 것입니다. 기대와 현실 사이의 간극을 메우려 몸부림쳐 보지만, 우리 힘으로는 아무것도 바로잡을 수가 없습니다.

바로 이때, 십자가의 담금질이 필요합니다. 답답한 마음과 허한 가슴을 주님 앞에 고백하십시오. 무엇이 내 마음에 욕구 불만을 낳았는지 따져 보아야 합니다. 그 과정에서 자신의 과거를 돌아보면 답이 보일 것입니다. 자기를 성찰하고, 잘못을 용서받으며 또한 남을 용서하는 은혜의 시간을 누리기 바랍니다.

그런데 마음에 결심이 섰다 하더라도 지금 당장 하나님을 만나기가 두려울 수 있습니다. 그러나 안심하십시오. 하나님은 "내가 나의 아들을 십자가에 매달아 죽일 만큼 너를 사랑한다"고 말씀하시기 때문입니다. 물론 이 말씀은 익히 아는 구절이지만 머리로 아는 것이 아니라 진실로 이 사랑을 느껴야 합니다. 사랑은 교리적으로 이해되는 것이 아닙니다. 신앙생활은 성경 지식을 교리적으로 이해하거나, 말씀 몇 구절을 암송하는 것이 아님을 상기해야 합니다. 살아 운동력이 있는 하나님의 말씀이 우리 머리끝에서부터 발끝까지, 내 폐부와 심장 깊숙한 곳까지 밀려 들어와 온몸과 온 영혼을 감싸는 체험을 겪어야 합니다. 그제야 비로소 영혼의 혁명이 일어납니다.

제가 목회를 하다 힘들 때, 사람들과의 관계가 쉽지 않을 때, 계획했던 대로 일이 진행되지 않을 때 언제나 찾아가는 명소가 있습니다. 바로 갈보리 언덕, 십자가 앞으로 나아가는 것입니다. 그럴 때마다 한 번도 예외 없이 좋으신 하나님의 "내가 이처럼 너를 사랑한다"는 말씀을 듣습니다. 갈보리 언덕으로부터 흘러넘치는 충분한 하나님의 사랑은 나를 회복의 자리로 돌아가게 만듭니다. 여러분, 이것이 바로 십자가의 담금질입니다. 우리는 이 과정을 반복 체험해야 합니다.

일단 십자가 앞에 서 보십시오. 염려와 부끄러움도 다 내려놓으십시오. 하나님은 결코 우리를 내치지 않으십니다. 우리가 어떤 모습으로 왔든, 어떻게 살았든, 아무리 연약하더라도 괜찮다 말씀하십니다. 하나님 앞에 충성스럽게 살지 못해 송구스러워 자꾸만 뒷걸음질치게 됩니까? 어떤 모습이든지 상관없습니다. 그런 우리를 향해 하나님은 "여전히 너는 내 아들이다. 내가 너를 위하여 내 아들을 십자가에 바쳤다"고 말씀하십니다.

십자가의 넘치는 사랑이 내 영혼을 덮을 때, 우리는 다시금 새로운 인생을 살아갈 힘을 얻게 됩니다. 세상 그 무엇으로도 채울 수 없는 하나님의 사랑으로 내 영혼이 충만하게 될 때, 우리는 다시 일어서 앞으로 나아갈 수 있습니다. 십자가 앞에서 회복이 일어나고 치유가 일어납니다. 십자가를 통해 변화가 일어납니다. 십자가를 만나면 우울증이 낫습니다. 모든 상처가 치유됩니다. 십자가를 만나면 내 안에 도사리던 욕구 불만이 눈 녹듯 사라집니다. 완전해지고, 부족함이 전혀 없어집니다. 말 그대로 충만해지는 것입니다.

십자가를 붙들 때만 승리가 보장된다

우리의 신앙은 십자가 안에서 날마다 담금질 받아야 합니다. 매일 십자가 앞에서 고백하고 삶을 이끌어 주시기를 청할 때, 하나님은 기쁘게 우리를 회복시키고 치유하실 것입니다. 우리로 하여금 언제든지 다시 일어서게 만듭니다. 기도와 말씀의 시간을 두고 십자가를 묵상하십시오.

특별히 십자가와 관련된 찬양을 부르기 바랍니다. 그러면 자신도 모르는 사이에 힘을 얻을 것입니다. 예전에는 부흥회를 할 때마다 보혈 찬양을 참 많이 불렀던 기억이 납니다. 예수의 보혈에는 능력이 있습니다. 보혈 찬양, 십자가와 관련된 찬양, 어린 양을 노래하는 찬양은 강력한 능력이 흘러나옵니다. 십자가 찬양은 세상의 그 어떤 시련과 죽음의 위협도 이겨 내는 능력이 있습니다.

우리의 모든 헌신과 희생의 힘은 십자가로부터 나옵니다. 십자가로부터 나오지 않는 것은 다 헛수고입니다. 십자가로부터 나오지 않은 우리의 헌신은 자기 열심과 아집으로 하는 것이 되고 결국은 자기 의가 되고 자랑이 되는 것으로 끝을 맺습니다. 그러면 영으로 시작하여 육체로 마치는 격이 되고 맙니다.

오직 십자가를 붙듦으로써, 우리가 주님의 품 안에서 그분의 신실한 종으로 끝까지 승리하게 될 줄 믿습니다. 십자가가 곧 능력이요, 보혈이 곧 능력임을 믿으십시오. 그리고 십자가의 주님을 찬양하기 바랍니다. 항상 십자가의 주님을 높여 드리십시오. 십자가에 날마다 잠겨 들어가야 함을 기억하십시오.

 십자가 안에서 자아가 날마다 죽는 경험, 용서와 사랑의 경험을 할 때 예수 그리스도와 함께 부활 영광에 참여하는 축복을 누리게 될 것입니다.

Day 06 깨어 있는 영성이 나를 살린다 엡 6:18~20
Day 07 기쁨의 영성으로 신앙의 날개를 달고 느 8:10
Day 08 일상의 영성에 뿌리를 내리라 골 3:18~25
Day 09 마리아의 영성으로 마르다의 사역을 눅 10:38~42
Day 10 건강한 영적 체질로 바꾸라 딤전 4:6~8

Part 2
깊은 영성으로 나아가며

Day 06

깨어 있는 영성이 나를 살린다

●

모든 기도와 간구를 하되 항상 성령 안에서 기도하고
이를 위하여 깨어 구하기를 항상 힘쓰며 여러 성도를 위하여 구하라
또 나를 위하여 구할 것은 내게 말씀을 주사 나로 입을 열어 복음의 비밀을
담대히 알리게 하옵소서 할 것이니 이 일을 위하여 내가 쇠사슬에 매인
사신이 된 것은 나로 이 일에 당연히 할 말을 담대히 하게 하려 하심이라
에베소서 6장 18~20절

생명이 다할 때까지 주님의 길을 가겠다고 확정하고 다짐해야 영적 집중력을 되살릴 수 있다. 사탄이 두려워하는 것은 '깨어 기도하는 한 사람'이다. 그리고 깨어 있는 한 사람 덕분에 주변도 복을 받는다.

영적으로 깨어 기도해야 한다

에베소서 6장 18절에는 '항상'이라는 단어가 두 번 나옵니다. "'항상' 성령 안에서 기도하고 … 깨어 구하기를 '항상' 힘쓰며." 매 순간 영성이 깨어 있어야 함을 강조하는 구절이라 하겠습니다. 그런데 여기서 한 가지 더 눈에 띄는 것이 있습니다. '항상' 뒤에 나란히 붙은 구절인 '성령 안에서 기도하는 것'과 '깨어 기도하는 것' 사이의 연관성입니다. 즉, 성령 안에서 기도해야 깨어 있는 기도를 드릴 수 있다는 말씀입니다.

여러분은 항상 기도합니까? 항상 기도하되 성령 안에서 깨어 있는 기도를 드리고 있습니까? 이런저런 기도회에 참석하여 형식적으로 기도할 수는 있겠지만, 에베소서 6장 18절의 '깨어 기도하는 것'은 그런 것과 구별됩니다. 영적으로 깨어 있는 기도 생활은 신앙생활에서 매우 중요한 영역입니다.

깨어 기도하는 일의 중요성을 언급한 구절은 이밖에도 또 있습니다. "기도를 계속하고 기도에 감사함으로 깨어 있으라"(골 4:2). 이 말씀도 앞의 구절과 크게 다르지 않습니다. "기도하기를 계속하고"에서 '계속'이 곧 '항상'이라는 의미이기 때문입니다.

또한 "기도에 감사함으로 깨어 있으라"는 말씀이 반복해서 등장합니다. 사도 바울은 왜 이것을 강조할까요? 그는 왜 자꾸 '깨어 기도하라'고 권하는 것일까요? 바로 우리의 신앙생활이 자칫하면 잠들기 때문입니다. 깨어 있기가 쉽지 않음을 역설적으로 깨우치는 말씀이라 하겠습니다.

우리는 너무나 연약하여 영적으로 잠들거나 무뎌지기 쉽습니다. 인간의 나약한 본성의 특성입니다. 한순간이라도 방심하지 않고, 영적으로 잠들지 않도록 주의하며, 자신의 영적 각성 상태를 유지하도록 하는 것이 신앙생활의 관건입니다.

기도가 무엇입니까? 뜬금없는 질문일지 모르겠지만, 너무 당연하다고 여길지 모르겠지만 당연하기 때문에 오히려 더 묻고 따져볼 필요가 있습니다. 기도라는 말 그 자체가 영적으로 가장 민감하게 깨어 있는 상태를 일컫습니다. 그런데 그런 기도가 방심하는 순간 형식적이고 기계적인 종교적 습관으로 전락할 수 있습니다.

영적으로 잠든 사람의 기도에는 깊이가 없습니다. 그런 사람의 기도는 눈만 감고 있는 것이나 다름없습니다. 기도에 전혀 집중할 수가 없기 때문입니다. 기도하는 척 잡념에 빠져 있다가 갑자기 미워하는 이의 얼굴이라도 떠오르면 그 사람 생각에 시간을 보내기 일쑤입니다. 혹은 잡념과 염려에 사로잡혀 한숨만 푹푹 쉬다 돌아가기도 합니다. 무언가 영혼을 짓누르는 염려와 마음의 상처에 짓눌린 상태에서 벗어나지 못하고 시간만 보낼 수 있습니다.

따라서 성도가 영적으로 병들었거나 죽었는지를 알아보려면 기도 생활을 들여다보면 됩니다. 깨어 기도하지 못하는 사람의 신앙은 병들어 있을 가능성이 매우 높습니다. 빨리 자신의 기도 생활을 돌아보아야 합니다. 과연 나의 신앙이 정상적인지, 병들었는지, 기도 생활 전반을 살펴보아야 합니다.

괜히 시험을 불러들이지 말라

기도 생활의 문제를 해결해야 하는 이유는 많습니다만, 그중 하나가 바로 시험을 피하기 위해서입니다. 시험은 기도 생활에 문제가 있을 때마다 어김없이 찾아오는 불청객입니다.

예수님께서 겟세마네 동산에서 기도하시던 장면을 떠올려 봅시다. 당시 얼마나 간절히 기도하셨는지 땀방울이 핏방울이 되었다고 했습니다. 주님은 십자가를 목전에 두고 심각한 기도를 드릴 수밖에 없었습니다.

주님이 기도하시던 자리에서 얼마 떨어지지 않은 위치에 제자들도 함께 있었습니다. 그런데 그들은 어떠했습니까? 졸고 있었습니다. 그들의 스승 예수님이 십자가를 목전에 두고 간절히 기도하시던 바로 그 시각, 진노의 잔을 마시기 직전의 가장 고통스러운 순간에 말입니다.

사실 땀방울이 핏방울이 될 정도로 기도하셨다면 통곡과 절규와 고통이 극치에 이르는 순간이었습니다. 그 정도로 기도하시면 제자들도 알아챘을 것입니다. 당연히 기도로 스승의 고통에 동참했어야 마땅합니다. 그런데 어땠습니까? 그들은 그저 졸고 있었습니다. 이 모습이 얼마나 답답했던지, 기도 좀 하라고 예수님께서 직접 깨우기까지 하셨습니다. 그런데도 그들은 자고, 또 자고, 또 잤습니다.

그때 주님께서 말씀하셨습니다. "너희가 나와 함께 한 시간도 이렇게 깨어 있을 수 없더냐 시험에 들지 않게 깨어 기도하라"(마 26:40~41). 이 말씀을 들을 때 그들의 심정이 얼마나 부끄러웠겠습니까. 이런 말씀을 해야 하는 예수님의 심정도 비통하셨을 것입니다.

한 시간이라도 깨어 기도할 수 없겠느냐고 하신 주님은 곧이어 시험에 들지 않게 깨어 기도하라고 하셨습니다. 이러한 예수님의 말씀을 기억했어야 합니다. 그러나 이번에도 제자들은 주님의 말씀에 귀 기울이지 않았고,

그렇게 계속 졸다가 결국 시험에 들고 말았습니다. 이처럼 깨어 기도하지 않으면 시험을 맞을 수밖에 없습니다. 깨어 기도하지 않는 사람은 시험을 초청하는 것이나 마찬가지입니다.

얼마 못 가서 베드로에게 주님의 말씀이 그대로 이루어집니다. 베드로는 예수님의 제자로서 치명적인 실패를 경험하게 됩니다. 그는 주님을 저주하고 부인했습니다. 얼마나 고약한 일입니까? 그 심성이 완전히 무너지고 말았습니다. 제자로서 명목을 유지할 만큼 버틸 힘이 하나도 없었습니다.

늘 배회하는 사탄의 정체

사탄은 늘 우리의 영혼을 노립니다. 이 사실을 잊고, 사람들은 자신의 생각대로 살아갑니다. 신앙생활을 마치 언제나 잔잔한 호수 위를 떠다니는 배를 탄 것인 양 생각합니다. 그러나 그것은 착각입니다.

우리의 신앙생활은 언제 어디서 폭풍이 몰아닥칠지 알 수 없는 바다 위에 뜬 배를 탄 것과 같습니다. 곳곳에 예측할 수 없는 복병이 숨어 있습니다. 위험이 하루에도 수없이 닥쳐옵니다. 그렇기 때문에 우리는 날마다 영적 전쟁을 치르며 살아갑니다.

시험에 빠지는 것을 우습게 여기면 안 됩니다. 시험은 정말로 무서운 것입니다. 일평생 쌓아 왔던 것들을 한순간에 쓸어 갈 수도 있는 것이 바로 시험입니다. 사탄이 한차례 할퀴고 지나가고 나면 그 상처는 이루 다 말로 표현할 수가 없습니다. 그것을 복구하는 데 얼마나 많은 시간과 고투를 겪어야 하는지 헤아리기도 어렵습니다. 후유증 역시 대단합니다.

이 세상은 우리가 생각하는 것보다 훨씬 더 위험한 곳입니다. 속임수가 난무하고 마귀의 궤계, 간교함이 얼마나 교묘한지 치가 떨릴 정도입니다. 사탄은 우리가 미처 알지 못하는 사이 악에 빠지게 하고, 시험에 들게 하고, 영혼을 잃어버리도록 적극적으로 조장합니다.

성도들이라고 이 시험에서 비켜갈 수 없습니다. 한때 신앙생활을 잘하던 사람도 예외가 아닙니다. 목회자들은 본능적으로 교인들을 척 보면 기도생활을 열심히 하는지 그렇지 않은지 감이 옵니다. 거의 맞춥니다. 신앙의 열정이 있던 사람이 어느 순간부터 멍해지면 대개 돈 버는 데 얼이 빠진 것입니다. 그래서 주일에도 잘 보이지 않거나 대충 예배를 겨우 참석하고 그냥 왔다 갔다 하면서 교회를 들르는 정도가 됩니다. 기도회에는 아예 나올 생각도 않습니다.

그러다 어느 날 처절한 통곡의 기도 소리가 들려서 보면 그분입니다. 그런 후에는 제게 상담을 요청합니다. 사실 이 정도가 되면 목회자가 긴장하게 됩니다. 목사인 제게 상담을 요청한다면 사건이 아주 세게 터진 것이기 때문입니다. 잘 돌아가던 사업이 한순간 딱 멈춰 버린 것입니다. 돈이 돌아야 하는데 돌지 않으니 수중의 재산도 소용 없어집니다. 자금이 충분하리라 생각하고 사업을 여럿 벌였는데 어느 것 하나가 묶이니까 있는 것조차 다 날아가 버리고 완전히 바닥을 친 것입니다.

그래서 이런 우스갯소리가 있습니다. 새벽 기도를 열심히 나오던 분이 나오지 않아도 걱정될 뿐 아니라, 나오지 않던 분이 갑자기 나와도 걱정된다는 것입니다. 실제로 그렇습니다. "아니, 나오지 않던 저분이 왜 나오셨을까? 저분이 새벽 기도에 나오실 정도면 정말 큰 사고가 났구나"라고 걱정하게 됩니다.

영적 세계의 시험이 특히나 어려운 까닭은 언제 어떻게 치러질지 알 수 없기 때문입니다. 더욱이 준비되지 않은 사람일수록 반드시 시험 당하게 되어 있습니다.

부모들은 아이들에게 평소 실력이 중요하다고 말합니다. 시험 날이 닥쳐 벼락치기 할 것이 아니라 미리미리 해 둬야 한다고 끊임없이 잔소리를 합니다. 공부 잘하는 아이들은 늘 준비를 잘하고 있기 때문에 시험 날을 기다립니다. 어떤 문제가 나올지도 꿰뚫고 있습니다. 반면 공부를 못하는 아이들은 꼭 벼락치기를 하고 시험을 치른 후에야 미리 공부하지 못한 것을 후회합니다.

시험에 앞서 준비를 철저히 해야 합니다. 사탄이 노리고 있는 것들을 꿰뚫고 있어야 합니다. 당한 후에 후회해 봐야 소용없습니다. 사전에 준비하고 깨어 있어야 합니다.

깨어 기도하는 사람을 당할 수 없다

지금은 마지막 때입니다. 흔히 '말세지말'이라고들 합니다. 끝 중의 끝에 해당하는 시대입니다. 사탄이 최후의 발악을 하고 있는 때라는 것을 명심할 필요가 있습니다. 그러므로 경계하지 않으면 목회자든 성도든 다 쓰러지고 무너질 수 있습니다. 사탄은 이 최후의 때에 닥치는 대로 속임수를 쓰고 그리스도인들을 넘어뜨리려 합니다.

지금은 제대로 믿을 것인지 아니면 끝내 버릴 것인지, 살 것인지 죽을 것인지를 결정해야 합니다. 선택에 있어 중간 지대는 없습니다. 양자택일해야 합니다.

중간 지대는 생각하지도 말아야 합니다. 사탄은 이미 중간 지대, 곧 미지근한 상태를 장악했습니다. 우리 눈에는 미지근한 상태가 안전해 보여도 결단코 안전을 보장할 수 없습니다. 교회도 마찬가지입니다. 선명한 기준을 가지고 확실한 신앙적 태도를 가지지 않으면 살아남기 힘든 시대입니다. 명목상의 신자, 명목상의 교회에 미래는 없습니다.

사탄은 사람이 많이 모였다고 겁내지 않습니다. 많은 사람이 사탄에게 위협을 주지 않습니다. 우리는 많이 모였다는 것 자체로 안심하면 안 됩니다.

사탄이 두려워하는 것은 숫자가 아니라 '깨어 기도하는 한 사람'입니다. 영적으로 깨어 있지 않으면 기도회에 참석해도 사탄에게 당하고 맙니다. 기도회에 참여한 것만으론 신앙이 보장되지 않는다는 뜻입니다. 오직 깨어 있는 영성, 뿌리 내린 영성만이 사탄으로부터 자신을 보위합니다.

뿐만 아니라, 하나님은 깨어 있는 영성을 가진 이에게만 말씀하십니다. 아무리 좋은 말씀이 주어진다 한들 모두가 듣는 것은 아닙니다. 이 얼마나 무서운 진실입니까? 깨어 있는 영성을 가진 사람만이 그 말씀을 듣고 깨달아 아는 것입니다. 그리고 분별력을 갖게 됩니다.

목회자도 깨어 있는 영성을 지녀야 그 목회가 생명력을 가집니다. 깨어 있는 영성은 목회의 심장이나 마찬가지입니다. 영성이 죽으면 설교에 실마리가 없고 기도에도 힘을 잃습니다. 그래서 자칫하다간 목회자와 성도가 다같이 공멸하는 수가 있습니다.

영적 전쟁의 실체를 알고 보면 심각합니다. 성령 안에서 기도하되 항상 깨어 기도하는 것은 필수 중에 필수입니다. 우리의 영적 전투는 그만큼 매우 긴박한 싸움입니다. 영적 민감성을 반드시 수호해야 합니다.

잠들면 모든 것이 끝이다

에베소서 6장에 영적 전쟁에 대한 말씀이 나옵니다. 바울은 우리에게 전신갑주를 입으라고 권합니다. 구원의 투구에서부터 복음의 신발에 이르기까지 모든 방어책을 동원해 온몸을 완전 무장하라고 합니다. 그리고 성령의 검, 곧 말씀을 가지고 전장에 나서야 한다고 합니다.

그런데 이러한 모든 것을 다 갖추었다 해도 한 가지를 놓치면 끝입니다. 바로 깨어 있는 것입니다. 제아무리 멋진 칼과 튼튼한 전투복을 갖추었더라도 전사가 잠들어 있다면 아무런 소용이 없습니다.

사탄은 우리를 잠재우려 발버둥을 칩니다. 사탄의 최고 전략은 우리 영혼을 잠들게 하는 것입니다. 사탄의 술책에 넘어가 잠들어 버린 교회가 얼마나 많습니까? 심각한 것은 더 많은 교회가 사탄의 점령지가 되어 간다는 사실입니다. 이 사태를 방치해선 안 됩니다. 잠들면 팔을 베어 갈지 목숨을 앗아 갈지 어찌 알겠습니까? 이런 상황에서는 그 운명을 사탄에게 완전히 내어 준 것이나 다름없습니다.

우리 각 개인의 영혼이 깨어 있지 않으면 사탄의 노예가 될 수밖에 없습니다. 제아무리 용맹한 호랑이도 잠들어 버리면 한 마리 고양이와 다를 것이 없습니다.

앞서 언급했던 베드로를 생각해 보십시오. 그는 자기가 무슨 일을 저지르는지 알아차리지 못했습니다. 그는 두려움에 눈이 가려져 자신이 얼마나 큰 죄를 짓는지 모르고 있었습니다. 그러다 나중에야 깨닫고 대성통곡했습니다.

사건이 끝난 후에 후회해 봐야 무슨 소용입니까? 이미 엎질러진 물을 주워 담기엔 한계가 있습니다. 더군다나 사탄의 도구로 사용된 사실을 인식조차 하지 못하다니, 이 얼마나 무서운 일인지요. 생각만 해도 아찔할 지경입니다.

영적으로 둔감해지는 것에 대해 간단하게 생각하고 넘어가면 안 됩니다. 죽느냐 사느냐의 문제가 달려 있습니다. 사업을 하든 공부를 하든 무엇을 하든 마찬가지입니다. 영적으로 잠든 사람들은 자기가 죽는지 사는지, 이것이 불인지 물인지, 이 길이 망하는 길인지 살 길인지 알지 못합니다. 옆에서는 상황이 빤히 보여 염려의 눈길로 바라보고 있는데도, 정작 본인은 천하태평입니다.

신앙생활은 깨어 있는 상태를 유지하는 것이 핵심입니다. 졸고 있다고 여기면 비상을 걸어야 합니다.

깨어 있는 한 사람이 되라

무뎌진 영성의 위험성과 깨어 있는 영성의 필요성에 관해 충분히 인식했다면, 이제 어떻게 해야 할까요? 또한, 영성이 깨어 있는 사람들에겐 도대체 어떤 일이 일어날까요? 그 답은 간단합니다. 영성이 깨어 있는 사람은 다가올 일을 예견합니다. 영의 눈이 열렸기에 가능한 일입니다.

우리 주님은 당신 앞에 무슨 일이 다가오는지 정확히 파악하셨습니다. 그리고 기도로 준비하셨습니다. 마찬가지로 깨어 있을 때, 우리는 하나님의 인도를 받을 수 있습니다. 나뿐 아니라 내 주변에서 무슨 일이 일어나는지 알게 됩니다. 깨어 있는 한 사람 때문에 주변의 많은 사람이 영적 혜택을 누리게 됩니다.

가정에서도 마찬가지입니다. 한 사람이라도 깨어 있으면 그 사람이 가정을 지키는 파수꾼입니다. 교회도 그렇습니다. 깨어 있는 한 사람이 교회를 지킵니다. 따라서 아무리 곤하고 지쳤을지라도 모두가 잠들면 안 됩니다. 군대에도 불침번이 있지 않습니까? 그리스도인에게도 마찬가지입니다. 바로 우리가 이 땅과 이 민족의, 한국 교회의 불침번이 되어야 합니다. 한순간도 잠들지 않고 깨어 기도할 때 이 나라가 살 줄로 믿습니다.

깨어 있는 파수꾼은 미리 보는 자입니다. 하나님의 마음을 가지고 세상을 바라보는 사람입니다.

영적 재난과 손실을 막는 자들이 복된 자입니다. 큰 재난과 시험이 닥쳐오기 전에, 깨어 있는 자에게 하나님께서 그분께 어떻게 기도하라고 미리 말씀하십니다. 큰일이 올 것이니 준비하고 대비하라고, 공격하라고, 당하지 말라고 말씀해 주십니다.

첫째, 깨어 있기 위해서는 영적 민감성을 길러야 한다

신자는 오감이 아니라 육감으로 살아야 합니다. 촉각, 후각, 미각과 같은 감각 외에도 영적 감각이 하나 더 있어야 합니다. 영적 감각이 민감해야 건강한 신앙생활을 할 수 있습니다.

다윗은 영적 감수성이 매우 예민한 사람이었습니다. 어릴 때부터 악기를 다루며 음악을 한 것으로 보아 감수성이 민감했던 것으로 보입니다. 시편을 통해서도 그가 영적 민감성을 가졌다는 것을 알 수 있습니다. 아주 미세한 감정마저도 아름다운 시어로 승화시킬 줄 아는 사람이 바로 다윗이었습니다.

그런 그가 치명적 실수를 범합니다. 자신이 아끼던 충신 우리아의 아내 밧세바와 간음하는 사건을 일으킨 것입니다. 이런 사건의 전후 과정에서는 예외없이 영적 민감성을 찾아볼 수 없습니다. 영혼의 어두운 밤을 통과하고 있을 때 이런 끔찍한 일이 눈 깜짝할 사이에 일어나게 됩니다. 어느 누구라도 영적으로 민감하게 깨어 있지 않으면 이런 일이 벌어질 수 있습니다. 다윗은 그런 끔찍한 사건을 저질렀으면서도 오랜 시간 동안 자각하지 못할 만큼 영적으로 매우 둔감해져 있었습니다.

그러나 그는 이 어둠에 완전히 파묻히지 않았습니다. 훗날 자신의 죄에 대해 쓴 몇 편의 참회 시에서 다윗은 섬세하게 자신의 내면을 다루고 있습니다. 다시 회복되어 가는 모습을 보게 됩니다. 영적 감수성이 되살아났던 것입니다.

우리 역시 지금 내 영혼에 일어나는 내밀한 움직임들을 스스로 점검할 수 있어야 합니다. 어떻게 진단할 수 있을까요? 먼저, 회개 부분에서 문제가 발생합니다. 회개가 현격하게 줄어듭니다. 회개를 해도 기계적으로, 형식적으로 하게 됩니다. 회개하느냐의 여부가 죄에 대한 민감성을 재는 바로미터인 것입니다. 또한 눈물이 없어집니다. 별일이 아닌 것에도 자꾸 신경질을 내고 원망과 불평을 한다면 영적으로 문제가 있는 것입니다. 감사가 사라져 버리고 남을 자꾸 비난하게 된다면 영적 민감성에 문제가 생긴 것입니다.

지금 내 영혼에 빨간불이 켜졌습니까? 작은 일에도 자꾸 낙심하게 됩니까? 쓸데없는 말을 많이 합니까? 그러면 문제가 있는 것입니다. 우리는 언제나 자신의 영적 상태를 부단히 살펴야 합니다. 그래야 회복으로 갈 수 있습니다.

영적 감수성이 생생히 살아 있을 때의 특징은 무엇일까요? 우선, 말씀을 들으면 금방 깨달음이 옵니다. 회개가 일어나고 감사가 넘칩니다. 기도 생활이 즐겁습니다. 특히 기도할 때 감사가 절로 흘러나오는 것은 좋은 징후입니다. 감사는 영적 건강 상태를 알려 주는 좋은 현상입니다.

근심할 만한 문제가 생겨도 주변을 탓하지 않고 자신을 돌아보는 삶, 힘들고 어려운 사람이 있어도 함부로 판단하기보다 그를 위해 기도하지 않았던 것에 대해 회개의 마음이 일어나는 삶, 이런 삶이 바로 깨어 있는 영성의 증거입니다.

둘째, 깨어 있기 위해서는 영적 집중력이 있어야 한다

요즘 시대에는 특히나 영적 집중력을 흩트리는 일이 많습니다. 그 원인 중 하나가 바로 분주함입니다. 분주한 삶은 영적인 삶에 아주 위협적입니다. 무엇보다 분주한 것을 능력 있는 것으로 오해하지 말아야 합니다. 진짜 능력 있는 사람은 분주하지 않습니다. 바쁜 와중에도 매우 안정감을 드러냅니다. 왜냐하면, 그는 자기 삶에 주도적이기 때문입니다. 언제 어디서 만나도 평안해 보입니다.

유진 피터슨(Eugene H. Peterson)은 분주함에 관해 다음과 같이 말했습니다. "'분주하다'는 단어는 헌신이 아닌 배신의 표시이다. 그것은 헌신이 아니라 결함이다. 그리고 분주한 이유는 자만심 때문이다. 자기 의지가 강해 하나님의 역사를 기다릴 줄 모르고, 잠시도 가만히 있지 못하는 초조함은 결국 불신앙이고 자신이 신이 되고자 하는 것이다. 그들은 자신의 능력으로 모든 것을 이루려는 방식에 충실한 삶을 살아간다. 그러나 이는 하나님을 섬기는 것이 아니라 자기를 섬기는 것이고, 궁극적으론 하나님을 배신하는 행위나 다를 바 없다."

결국 분주한 삶을 살아가는 사람은 주님과 관련된 일을 할 뿐이지 주님의 일을 하는 것은 아닙니다. 분주한 삶에는 주님이 계시지 않습니다. 베드로를 보십시오. 그는 늘 주님 곁에 있었고 주님을 돕겠노라 했지만, 정작 깨어 있지는 않았습니다. 그래서 결국엔 주님이 가시는 길에 조력자가 되기는커녕 방해꾼이 되었습니다. 분주한 삶을 살면 영적 균형을 잃어버리기 때문에 자기에게 무슨 일이 일어나는지 알지를 못합니다.

영적 집중력을 위해 자신의 삶에서 과감한 가지치기를 해야 합니다. 가지치기를 할수록 영적 집중력이 배가되고 영적 힘이 강화됩니다. 밤에 인터넷이나 드라마 보기를 그만둔다든지, 불필요한 모임이나 취미를 재조정해야 합니다. 더 나은 삶을 위해 포기할 것을 내려놓는 작업을 멈추지 않아야 합니다. 그럴수록 영적 집중력이 심화되는 은혜를 맛볼 것입니다.

셋째, 깨어 있기 위해서는 단순한 삶을 살아야 한다

먹는 것, 입는 것, 마시는 것에 너무 치중하지 말아야 합니다. 그리스도인이 세상 사람이 하는 것을 다 따라하고 살기는 어렵습니다. 취미 생활도 적당히 하고, 즐거운 일도 적당히 누리십시오. 인생은 매우 짧습니다. 하고 싶은 것을 다 할 수 없습니다. 요즘은 삶의 군더더기들이 너무 많아졌습니다.

우리가 수도사가 될 수는 없겠지만, 오늘 우리는 수도사적 삶을 추구할 필요가 있습니다. 도시 속에서도 우리의 영혼을 위해 스스로 사막을 만들고 하나님과 독대의 방으로 들어가려고 하는 의지가 필요합니다.

또한, 종종 금식하기 바랍니다. 한 끼 금식도 좋습니다. 늘 배가 불러 있으면 영혼이 잠들 수 있습니다. 그러므로 적당히 조금씩 먹으며 절제하는 훈련이 필요합니다. 버릇없이 구는 몸을 길들이는 훈련을 위해 금식이 아주 좋습니다. 금식을 자주 하다 보면 금식의 즐거움을 맛볼 수 있습니다. '빨대 금식'이라는 것이 있는데, 빨대로 먹을 수 있는 것은 먹되 씹는 것들만 금식하는 방식입니다. 정 힘든 분에게는 이 방법을 권합니다.

어쨌든 하나님 앞에서 모든 것을 내려놓고 독대하며 금식하는 상태는 영혼을 맑게 하는 데 효과적입니다. 부단히 노력해야 합니다. 그렇게 하지 않으면 이 세상에 마음을 빼앗겨 나도 모르게 영적으로 죽어 가게 됩니다.

넷째, 깨어 있기 위해 삶의 핵심을 붙잡으라

송곳 끝처럼 분명한 삶의 목적을 가지고 내가 하나님을 위해 어떻게 살 것인가를 분별한 다음, 그외에는 가지치기해야 합니다. 핵심가치를 확실하게 붙들어야 가지치기를 분명히 할 수 있습니다. 본질을 놓치면 삶이 희미해집니다. 고수란 한 가지 일에 집중하는 사람입니다. 영적 고수가 되어야 합니다.

하나님께서 우리를 영원한 일에 동참하라고 부르셨음을 기억합시다. 영원한 것이 무엇입니까? 바로 생명을 살리는 일입니다. 그 일을 위해 나에게 있는 모든 에너지를 쏟아야 합니다. 취미 생활조차 이 목적을 위해 사용하고, 건강도 주님을 위해 돌봐야 합니다.

지금은 마지막 때입니다. 사탄은 우리가 잠들기를 원합니다. 교회에 다니고 기도회에 참석하고 다 하더라도, 영혼만큼은 잠자도록 유혹합니다. 사탄은 깨어 있는 사람을 두려워합니다.

깨어 기도하십시오. 주님을 위해 할 일을 명확히 정하고, 생명이 다할 때까지 호흡이 멈출 때까지 이 길을 가리라고 다짐하십시오. 무엇보다 영적 집중력을 잃어버리지 않아야 영적 야성을 유지하고 하나님 앞에서 살아갈 수 있습니다.

결단을 해야 합니다. 깨어 있는 신앙을 사수해야 합니다. 하나님은 깨어 있는 사람을 들어 쓰십니다. 이렇게 기도하십시오. "하나님! 내 영혼이 깨어 민감함을 유지케 하시고 하나님의 역사에 계속 동참하게 해 주소서. 성령 안에서 기도하고, 주님의 말씀을 따라 반응하고 순종하게 하소서. 예수님의 이름으로 기도합니다. 아멘."

Day 07

기쁨의 영성으로
신앙의
날개를 달고

●

느헤미야가 또 그들에게 이르기를 너희는 가서 살진 것을 먹고 단 것을 마시되 준비하지 못한 자에게는 나누어 주라 이날은 우리 주의 성일이니 근심하지 말라 여호와로 인하여 기뻐하는 것이 너희의 힘이니라 하고

느헤미야 8장 10절

사탄은 우리의 감정을 공격하며 침체시키고 분노케 한다. 반면 예수님은 기쁨이 충만하신 분이다. 하나님의 백성은 예배를 통해 즐거움을 회복하는 사람들이다. 우리는 여호와 한 분으로 인해 기쁨의 영성을 회복해야 한다.

기쁨의 극치

예수님은 기쁨이 충만한 분이셨습니다. "내가 이것을 너희에게 이름은 내 기쁨이 너희 안에 있어 너희 기쁨을 충만하게 하려 함이라"(요 15:11). 포도나무 되는 그리스도에게 붙어 있을 때 가지에게 주어지는 자연스러운 결과는 기쁨입니다. 그것도 그냥 기쁨이 아니라 '충만한 기쁨'이라고 말씀하셨습니다. 체스터튼(G. K. Chesterton)은 이것을 가리켜 "그리스도인의 거대한 비밀"이라고 불렀습니다.

히브리서에서도 '즐거움'을 언급하고 있습니다. "하나님 곧 주의 하나님이 즐거움의 기름을 주께 부어 주를 동류들보다 뛰어나게 하셨도다 하였고"(히 1:9). 하나님께서 부으신 기름이 무엇입니까? 바로 '즐거움의 기름'입니다. 즉, 즐거움의 기름을 통해 친구들보다 훨씬 더 승리하게 하셨다는 말씀입니다.

베드로 사도는 "예수를 너희가 보지 못하였으나 사랑하는도다 이제는 보지 못하나 말할 수 없는 영광스러운 즐거움으로 기뻐하니"(벧전 1:8)라고 했습니다.

그리스도인의 삶의 특징은 기쁨입니다. 그리스도께서 기쁨으로 충만하신 분이기 때문입니다. 그리스도와 함께하는 삶을 살 때 당연히 기뻐할 수밖에 없습니다. 신앙생활을 잘하는 사람의 얼굴이 어둡다면 무엇인가 문제 있습니다. 영적 분위기가 매우 중요합니다. 기독교는 우울함의 종교가 아닙니다. 혹시 지금 우울한 감정에 붙들려 있다면 반드시 원인을 진단하고 극복해야 합니다.

오랫동안 기도하며 경건하고 거룩하게 살려고 애를 쓰는데 왠지 우울해 보이는 사람은 무엇인가를 오해하고 있거나 문제가 있다고 할 수 있습니다.

부활 공동체의 특징

신약의 교회를 '부활 공동체'라고 부릅니다. 우리 신앙의 중심부에 부활이 있습니다. 교회는 그리스도의 부활을 기념하고 기뻐하는 공동체입니다. 사도행전의 교회는 기쁨이 충만했습니다. 신자에게 있어 주일보다 더 기쁜 날은 없습니다. 주일은 부활을 기뻐하는 축제의 날입니다. 세상에서 사는 동안에 영이 거의 죽었던 사람도 주일날 부활의 공동체에 모여 기도하고 예배를 드리는 가운데 다시 살아나는 경험을 해야 합니다.

주일에 교회에서 살아나지 못한다면 능력 있는 신자로 세상에서 살아갈 수 없습니다. 주일마다 그리스도와 함께 다시 부활하는 경험을 해야 합니다. 그리스도인들은 주일마다 부활을 깊이 경험하는 사람들입니다. 그런데 어떤 사람은 주일을 주일답게 섬기는 것이 아니라 'ㄱ'을 하나 더 붙여서 '죽일 날'이라고 부릅니다. 왜 이렇게 빨리 돌아오느냐고 투덜대기도 합니다.

부활의 주님을 기뻐하며 예배드리는 것은 너무나도 행복한 일입니다. 일주일 동안 다 죽어 가던 사람도 주일이 되어 부활 공동체의 예배에 나오면 그 심령이 다시 살아나는 역사를 체험할 수 있습니다. 예배를 드리는 가운데 영이 살아나는 것을 온몸으로 느껴야 합니다.

성경에서 하나님의 나라는 주로 잔칫집에 비유되고 있습니다. 우리의 마지막 날에 신랑 되신 주님과의 공중 혼인 잔치가 벌어질 것을 예언하고 있습니다. 잔칫집은 어떤 장소입니까? 밝고 흥겹고 춤과 노래가 끊이지 않는 곳입니다. 예수님께서 처음 이적을 행하신 곳도 가나의 혼인 잔칫집이었다는 것은 상징적인 의미가 있습니다.

잔칫집에 포도주가 떨어져 가고 있다는 것은 기쁨이 사라져 가고 있다는 뜻입니다. 성경에서 일반적으로 포도주는 기쁨을 상징합니다. 잔칫집의 포도주가 떨어지면 잔치가 끝나고 절망적인 상태가 됩니다. 이것은 어쩌면 당시 유대 종교의 상태를 잘 표현해 주는 것이었습니다.

바로 그때, 우리 주님께서 물이 포도주가 되게 하심으로써 흘러넘치도록 풍성하게 회복시키셨습니다. 사라질 뻔한 기쁨을 회복시키셨습니다.

그런데 그 물이 어디에 있었습니까? 바로 돌 항아리에 있었습니다. 결례에 따라 손을 씻는 돌 항아리 말입니다. 이 돌 항아리는 당시의 종교를 상징합니다. 낡은 종교, 더이상 아무에게도 기쁨을 줄 수 없는 낡은 유대 종교를 가리킵니다. 주님은 바로 이 물 항아리의 물들을 포도주로 바꿔 주셨습니다. 기쁨이 상실되고 다 죽은 듯한 무기력한 유대 종교에 주님께서 기쁨을 회복시키셨습니다. 종교생활에는 기쁨이 있을 수 없습니다. 종교는 무겁습니다. 기쁨을 억압하는 종교도 있습니다.

누가복음 15장의 탕자 비유에도 잔치가 등장합니다. 작은아들이 집으로 돌아오자 아버지가 기뻐 잔치를 베풉니다. 얼마나 기뻤던지, 아버지는 춤을 췄습니다. 누가복음 15장의 동전을 찾는 비유와 잃어버린 한 마리의 양을 찾는 비유까지, 이 세 비유가 다 기쁨이 충만한 상황을 묘사합니다. 하나님의 백성, 구원받는 백성이 일어날 때의 상황이 바로 그러하기 때문입니다. 말 그대로 천국에서도 잔치가 벌어지는 것입니다.

"그때에 우리 입에는 웃음이 가득하고 우리 혀에는 찬양이 찼었도다"(시 126:2). 포로에서 돌아와 기뻐하던 이스라엘의 모습입니다. 큰 웃음을 지으며 기뻐 춤을 추는 모습입니다. 구원의 상태를 잘 묘사해 주는 말씀입니다. 이렇게 성경 안에는 기쁨과 즐거움을 표현하는 구절이 아주 많습니다.

건강한 교회는 기쁨이 있다

성령의 아홉 가지 열매 중 하나가 희락인데, 성령이 우리 안에서 역사하실 때 희락의 열매가 맺힙니다. 성령이 임하시면 기쁨이 넘칩니다. 사도행전의 교회는 기쁨이 넘쳤습니다. "날마다 마음을 같이하여 성전에 모이기를 힘쓰고 집에서 떡을 떼며 기쁨과 순전한 마음으로 음식을 먹고"(행 2:46). 이 말씀에서 "기쁨과 순전한 마음으로"라는 구절이 바로 신약 교회가 어떠했는지를 단적으로 드러내는 부분입니다.

건강한 교회에는 기쁨과 웃음이 넘칩니다. 분위기가 어둡고 무거운 교회, 무엇인가 침울한 듯한 교회는 문제가 있습니다. 너무 심각한 분위기의 교회들이 있습니다. 감정이 경직되어 있는 사람은 웃지 못합니다. 짜증난 얼굴입니다. 여러 가지 일들로 감정이 상해 있다는 증거입니다.

건강한 아이들은 잘 웃습니다. 별것 아닌 일에도 항상 싱글벙글입니다. 마찬가지로 교회나 성도의 건강 상태 역시 웃는 정도를 통해 알아차릴 수 있습니다. 잘 웃는다는 것은 감정이 상하지 않은 채로 잘 보존되어 있음을 반증하는 것입니다.

세상을 살면서 웃음을 간직하기란 쉽지 않습니다. 웃었다가 사람들에게 망신을 당하는 경험을 하면 상처가 됩니다. 감정의 억압 상태에 있으면 사람이 경직되고 표정이나 동작도 굳어지게 됩니다. 그런 때는 웃어도 어색하게 보이게 됩니다.

의사들에 따르면, 사람의 얼굴에는 근육이 어마어마하게 많은데 활짝 웃으면 그 근육도 쫙 펴진답니다. 그런데 오랫동안 웃지 않으면, 어쩌다 한번 웃어 보려 해도 근육이 잘 움직이지 않아 표정이 어색하게 됩니다. 결국 웃는데도 우는 것처럼 보이는 경우마저 있습니다.

　한국 교회는 좀 경직된 면이 있습니다. 경건을 우울이나 침통으로 연상하게 만듭니다. 한국 교인들은 바깥에서는 즐겁게 지내다가도 교회 본당에 들어서는 순간 조용해집니다. 하지만 정반대가 되어야 합니다. 교회 밖에서는 다소 침울할지라도, 교회에만 들어서면 기뻐하며 춤추며 주님 앞으로 나아와야 합니다.

　존 파이퍼(John Stephen Piper) 목사는 기쁨에 대한 주제를 많이 다룹니다. 그는 기독교 희락주의라는 표현을 쓰기도 합니다. 그는 우리가 정말로 기뻐해야 할 때가 바로 예배 시간이며, 우리가 정말 기뻐할 때 하나님께서도 기뻐하신다고 말합니다.

　아침에 일어났는데 아이가 우울한 얼굴을 하고 있으면 어느 부모가 기뻐하겠습니까? 무엇을 못해 줘서 자식의 입이 저렇게 나왔고 얼굴이 어두울까 하는 생각이 들 것입니다. 반면 아침에 일어났는데 아이가 깔깔 웃으며 기뻐하면 부모의 마음도 한없이 흐뭇해집니다. 내 품 안에서 즐거워하고 행복해한다고 생각하며 살아갈 힘과 용기를 얻게 됩니다.

　우리 하나님도 마찬가지입니다. 우리가 교회 안에서 즐거워하고 기뻐할 때 하나님께서도 기뻐하십니다. 그러나 예배를 드리는데 시무룩해 있으면 하나님께서 보시고 "넌 왜 기분이 안 좋니? 내가 너의 아버지가 아니니" 하며 물으실지도 모릅니다.

　사실 교회에 오면 예배를 통해 기쁨이 회복되기 마련입니다. 침울했던 사람도 나갈 때는 그 표정에 기쁨이 흘러넘쳐야 마땅합니다.

기쁨의 회복이 구원의 삶이다

구원받은 백성의 특징은 기뻐하는 것입니다. 즐거움을 되찾는 것이 곧 구원입니다. 예수 믿는 사람은 얼굴이 밝아야 합니다. 만약 기쁨을 누리지 못하고 있다면 구원의 바깥에서 살고 있는 사람과 다를 바 없습니다.

신앙생활을 잘하는 사람에겐 기쁨이 있습니다. 같은 사역을 하더라도 기쁨으로 하는 사람이 훨씬 더 잘합니다. 이런 사람을 당할 수가 없습니다. 재능보다 훨씬 더 뛰어난 삶을 살게 하는 것이 기쁨의 삶입니다. 억지로 하는 것이 있다면 문제가 있습니다. 인상 쓰면서 억울한 듯이 할 바에는 하지 않는 편이 낫습니다. 그것은 본인도 힘들고 남도 힘들게 하는 것입니다. 기쁨이 없으면 좋은 열매를 기대하기 어렵습니다.

마태복음 5장에서 예수님은 금식을 하면서도 슬픈 기색을 띠지 말라고 하셨습니다. 따라서 우리는 금식마저도 행복한 마음으로 해야 합니다. 금식한다고 배고픈 기색, 슬픈 기색을 내보이는 것은 정상적인 모습이 아닙니다. 금식을 통해 영적으로 더 깊어지고 풍성해지면 비록 육체는 힘들어도 영의 세계에서는 축제가 일어나는 것입니다.

신자의 주변 모두가 환하고 밝아야 합니다. 주변 환경을 밝게 꾸미기를 권합니다. 우중충한 색상보다 생기 넘치고 환한 색상을 선호하는 것이 좋습니다. 집도 최대한 밝고 환하게 할 필요가 있습니다. 어두컴컴하게 커튼을 치고, 백두산 호랑이 같은 조각품을 가져다 놓거나, 또 동물을 박제한 것이나 뿔을 벽에 장식해 놓고 어둡고 칙칙한 카펫을 깔아 놓는다면 집안 분위기가 어떻겠습니까? 이런 곳에서 불륜을 다루는 삼류 드라마까지 하루 종일 시청하고 있다면 아마도 우울증에 안 걸릴 사람이 없을 것입니다.

가급적이면 아침에 환한 태양 빛이 들어오는 집이 좋습니다. 음악도 되도록 밝은 음악을 들으십시오. 아침에 합창곡이나 찬양을 들어야 합니다. 책을 읽어도 우울하고 음습한 내용은 피하는 것이 좋습니다. 이상한 책만 골라 읽는 사람은 결국 인생이 이상한 쪽으로 흐르게 됩니다.

우리는 모든 것을 밝게 해야 합니다. 집뿐 아니라 주변 환경을 밝게 조성해야 합니다. 친구들도 밝은 사람을 만나야 합니다. 그들과 교제하며 그 온기와 빛을 서로에게 전해야 합니다.

부정적이고 어두운 사람을 가급적 피하는 것이 좋습니다. 감정의 전염 현상이 아주 빠릅니다. 기쁨이 넘쳐나고 밝은 자아상을 가진 사람을 만나면 나도 행복해집니다.

얼굴에 모든 것을 써 놓았다

만나면 늘 심각한 사람이 있습니다. 그렇게까지 심각하지 않아도 되는데 너무 어두운 얼굴을 하고서 늘 고민에 빠져 있습니다. 밝게 볼 수 있는 것을 매사에 부정적으로만 보려는 사람도 있습니다. 모두가 다 긍정적인데 그 사람만 유독 뭔가 숨겨진 문제가 있을 거라고 떠들어 댑니다.

따지고 보면 세상에 문제없는 곳이 없습니다. 문제만 보려고 하면 하루 종일 보아도 부족할 것입니다. 여러분은 좋은 면에 주목하기 바랍니다. 우리 중에 문제없는 사람이 한 사람도 없지만, 반면 누구나 장점 한 가지씩은 있지 않습니까? 그 장점과 밝은 면을 보는 눈을 가질 수 있기 바랍니다.

기쁨이 넘치는 사람을 함께 만나면 기쁜 마음이 전이됩니다. 대개 마음의 상태와 건강은 매우 긴밀하게 연결되어 있습니다. 심신의학이라고 마음이 몸의 병으로 이어진다고 합니다. 얼굴이 어두우면 마음에 병이 들었다는 표시일 가능성이 높습니다. 스트레스로 자기 감정이 짓눌리니 표정에 그늘이 드리운 것입니다.

표정이 중요합니다. 표정은 마음을 반영하고 있습니다. 자신의 표정을 유심히 살펴보십시오. 마음껏 기뻐하면 질병이 떠난다는 학설이 있습니다. 교회 성가대를 섬기는 분들이 오래 산다는 통계도 있습니다. 어째서 그럴까요? 늘 찬양하고 즐거워하기 때문입니다. 찬양 자체가 기쁨의 표현이라고 볼 때 당연한 일일 것입니다.

신앙에 병이 들면 가장 먼저 얼굴에서 기쁨이 사라집니다. 얼굴이 어두워집니다. 이것은 얼굴 자체의 문제가 아니라 영혼의 문제라 할 수 있습니다.

사업이나 가게를 하시는 분들은 성공하려면 일단 표정이 중요합니다. 표정이 어두운 채로 입구에 앉아 있으면 손님을 쫓아내는 것이나 다름없습니다. 기왕이면 반겨 주고 웃으며 대하는 곳에 가고 싶지, 굳이 인상 쓰고 앉아 있는 사람의 가게에 갈 이유가 있겠습니까? 직장에서도 마찬가지입니다. 경영자들은 표정이 어두운 직원을 쓰고 싶어 하지 않습니다.

표정이 어두운 사람은 인생을 부정적이고 소극적으로 대하는 경우가 대부분입니다. 사물을 긍정적으로 보지 못합니다. 그래서 무슨 일을 맡겨도 긍정적인 결과를 만들어 내지 못합니다. 이런 사람에게 누가 일을 맡기려 하겠습니까? 이미 자기 삶에 불만족이 가득한데, 어떤 일을 시킨다 한들 제대로 처리할 리가 없습니다. 이런 사람은 자기 표정이 어떠한지를 짐작조차 하지 못하는 경우가 대부분입니다.

나도 모르게 누군가에게 사진 찍힌 적이 있지 않습니까? 한번 보십시오.

보통 누군가 뜻밖의 사진을 가져다주면 첫 반응이 대개 "내 얼굴이 왜 이렇지?"입니다. 그러나 그것이 진짜 자신의 얼굴입니다. 기계는 거짓말하지 않습니다. 혹시 여러분에게도 이런 일이 한 번이라도 있었습니까? 그렇다면 표정을 바꾸셔야 합니다. 그런데 표정은 그냥 바뀌지 않습니다. 그것은 마음의 문제이기 때문입니다. 나도 모르는 사이, 오랜 세월 동안 서서히 내 마음이 내 얼굴을 그렇게 만들었습니다.

링컨(Abraham Lincoln)의 일화가 있습니다. 그가 대통령일 때 장관 한 사람이 자기의 친구를 데려와 공석 중인 장관의 후보자로 소개했다고 합니다. 친구가 가고 난 다음에 물었다고 합니다. "각하, 그 사람이 어떻습니까?" 이 말에, 링컨은 한마디로 안 된다고 답했습니다. 얼굴을 보니 도저히 안 되겠더라는 것입니다. 이에 장관은 타고난 얼굴을 어찌하겠느냐고 되물었습니다. 그러자 링컨은 대답했습니다. "40세 이후의 얼굴은 자신이 책임을 져야 합니다."

맞는 말입니다. 태어날 때와 지금 자신의 얼굴은 조금씩 다르기 마련입니다. 그래서 원래 타고난 얼굴이 어둡더라도, 살면서 얼마든지 밝고 환하게 바꿀 수 있습니다. 내 인생에 소망이 넘치면 '이 사람은 무엇이든 해내겠구나' 싶은 생각이 들게끔 하는 얼굴로 바뀝니다. 물론 반대의 경우도 가능하겠지요. 무엇보다, 우리는 자기 얼굴을 주연감으로 바꿔야 합니다. 우리 모두 자기 삶의 주연이기 때문입니다. 그래야 환하고 소망이 넘치는 삶을 살아갈 수 있습니다. 만나는 모든 이들에게 에너지를 전하는 사람이 될 수 있습니다.

기뻐하는 것이 힘이다

기쁨이 그리스도인에겐 곧 살아갈 힘이 됩니다. "여호와로 인하여 기뻐하는 것이 너희의 힘이니라"(느 8:10)고 했습니다. 무엇을 하든지 기뻐하며 일을 하는 사람을 당할 자가 없습니다. 기뻐함이 없다면 내가 할 일이 아닙니다. 기뻐해야 삶의 터닝 포인트가 찾아옵니다. 김연아 선수의 경우도 그랬다고 합니다. 김 선수에게는 안무를 담당했던 데이비드 윌슨 코치를 만난 순간이 세계적인 스타가 되는 터닝 포인트였습니다. 훗날 윌슨 코치가 말했습니다. "저는 단지 그녀 스스로가 즐기는 법을 터득하도록 도왔을 뿐입니다." 윌슨 코치가 처음 김 선수를 만났을 때 그녀는 승부욕만 가득한 탓에 심각하고 긴장된 표정을 떨치지 못했다고 합니다. 그래서 이런 상태로 무슨 춤을 추겠나 싶었다고 합니다. 그리고 동작을 보니 과연 힘은 있는데 부드러움이 없었습니다. 그래서 일단 무작정 즐기라고 조언을 했답니다. 함께 농담하고 긴장감을 풀어 주려는 노력을 알게 모르게 기울였답니다. 그랬더니 마침내 그 속에 응어리진 것이 풀리고 웃음을 되찾게 되었습니다. 그 후의 결과는 우리 모두가 아는 바와 같습니다. 김 선수는 손끝마저 아름다운 연기로 세계적인 스타가 되었습니다.

무엇을 하든지 기뻐하고 즐거워할 줄 알아야 합니다. 100만 원을 받으며 일한다고 100만 원어치만 일하면 나는 100만 원짜리가 됩니다. 비참한 노릇입니다. 그러나 100만 원을 받지만 500만 원이나 1,000만 원어치의 일을 하겠다고 결심하십시오. 아니, 받는 액수를 잊어버리는 것이 좋습니다. 나는 돈을 위해 사는 사람이 아니기 때문입니다. 삶의 가치를 돈으로 매길 수 없기 때문에 돈의 액수에 묻혀 일하지 않고 나의 삶의 최선을 사는 것입니다. 반면 100만 원을 주는데 50만 원어치 일을 한다면 그것은 스스로 쫓겨나기를 각오하는 짓입니다. 대부분의 경영진이나 상사는 직원이 받는 돈만큼 일을 못한다고 생각하는 것이 일반적인 경향입니다.

남들의 예상을 훨씬 뛰어넘어, 그 누구도 상상하지 못하는 결과를 엮어 보시기 바랍니다. 나는 돈에 얽매이지 않는 사람이며, 인생을 즐기면서 최선을 다한다는 마음가짐을 보여 주십시오. 긍정적으로 기뻐하며 일하십시오. 그러면 내 인생의 가치는 상상을 넘어선 삶으로 상승하게 될 것입니다.

기쁨의 출처를 확인하라

사도 바울은 그리스도 안에 있으면 기쁨이 넘친다는 사실을 잘 보여 줍니다. 빌립보서를 보면, 그는 감옥 안에서조차 기뻐했습니다. 그의 기쁨은 상황을 뛰어넘는, 상황에 갇히지 않는 초월적 기쁨이었습니다. 어둡고 답답하고 눅눅한 지하 감옥에 갇힌 채 쇠고랑에 매여 있고, 보초병이 지키고 있는 상황에서도 기뻐할 수 있었습니다. 바울은 "주 안에서 기뻐하라! 내가 다시 말하노니 기뻐하라!"고 합니다. 실상은 아무런 기쁨도 누리지 못하면서 다른 사람에게 기쁨을 요구하고 있는 것이 아닙니다. 기쁨을 전혀 기대할 수 없는 환경에서도 언제나 주 안에 있는 기쁨이 그에게 넘쳤습니다.

그리스도인들의 기쁨은 좋을 때만 떠오르고 좋지 않을 때는 한없이 밑으로 가라앉는 그런 것이 아닙니다. 세상 사람들의 기쁨은 온도계처럼 기온에 따라 왔다 갔다 하지만, 그리스도인은 다릅니다. 성령이 주시는 기쁨은 불멸의 기쁨입니다.

데살로니가 교회를 한번 떠올려 봅시다. 그들은 환난 가운데서 성령의 기쁨으로 말씀을 받는다고 고백했습니다. "또 너희는 많은 환난 가운데서 성령의 기쁨으로 말씀을 받아 우리와 주를 본받은 자가 되었으니"(살전 1:6). 이것이 진짜 기쁨입니다. 어떤 분은 항상 기뻐하라는 말씀을 두고 "명령형이니까 기뻐하십시다"라고 하는데, 그것은 좀 억지입니다.

우리가 맛보는 기쁨은 인위적으로 짜낸 것이나 내게서 솟아나는 것이 아닙니다. 그것은 오직 그리스도 안에서 하나님께로부터 우리에게 넘쳐 흐르는 것입니다. 기쁨의 원천이 우리에게서 나오는 것이 아닙니다.

세상 사람들은 원천적인 기쁨을 모르기에 그저 재미있는 삶을 추구합니다. 물론 세상의 각종 재미있는 것들도 기쁨을 선사하기는 합니다만, 그것은 순간적이고 일시적인 즐거움일 뿐입니다. 오늘날 많은 사람들이 이 일시적인 위안에 기대고 있습니다. 현실의 어려움으로부터 도피하고자 더 재미있는 것, 더 흥분되는 것을 찾아 나섭니다.

요즘 개그 프로그램이 참 인기가 많습니다. 물론 재미있습니다. 그러나 이 프로그램을 보고 한바탕 웃고 난 다음에도 별로 달라지는 것이 없습니다. 문제의 근본 원인이 해결되지 않았기 때문입니다. 오히려 감각적인 데 길들여지다 보니 후에 더 불안해지는 일마저 있습니다. 한마디로 일회성의 도피인 것입니다. 감각적인 재미를 찾다보면 점점 더 강도를 높여야 합니다. 그럴수록 더 깊은 허무가 몰려오게 됩니다. 그러나 참된 기쁨은 지속성을 갖추고 있습니다. 위로부터 흘러내려 오는 것은 깊고 충만합니다.

하나님이 주시는 기쁨은 불멸의 기쁨입니다. 환경의 지배를 받지 않는 기쁨입니다. 우리는 본성상 어둡고 우울할 수밖에 없는 사람들입니다. 그럼에도 우리가 날마다 찬양하고 기도하고 하나님 앞에 나아간다면, 예배와 찬양과 기도 자체가 우리에게 불멸의 기쁨을 가져다줄 것입니다.

그래서 주일 예배에서 부르는 찬양도 단조 풍의 곡은 별로 좋지 않습니다. 고난 주일 때는 괜찮습니다. 사실 고난 주간에도 너무 어두운 분위기를 연출할 필요는 없습니다. 그리스도의 고난으로 이미 우리에게 승리를 선포하셨기 때문입니다. 그러므로 주일엔 활기차고 충만함이 넘치는 찬양을 부르고 이 세상 어디에서도 경험할 수 없는 기쁨과 환희가 강물처럼 넘쳐흘러야 합니다. "이보다 더 좋을 수는 없다"는 고백과 탄성이 우리의 입술에서 터져 나와야 정상입니다.

하나님 백성의 삶: 즐거이 그리고 기꺼이

우리는 십자가를 즐거이 지고 가야 합니다. 세상의 모든 질고를 지고 가는 모습을 하면 안 됩니다. 그것은 주님 한 분으로 충분합니다. 이 세상에 힘들지 않은 일은 없습니다. 그러나 내 마음이 기쁘면 많이 힘들지 않게 지고 갈 수 있습니다. 말하자면 십자가를 십자가처럼 지지 않고 꽃다발처럼 품고 가는 것입니다.

현실이 녹록지 않지만 주님이 주시는 불멸의 기쁨을 가지고 살아가길 바랍니다. 그저 이를 악물고 주님이 언제 오시려나 악으로 버티며 기다리는 삶이 되면 안 됩니다. 주 안에서 즐거워하고 믿음 안에서 우리에게 주신 영역을 자랑스레 바라보는 진취적이고도 적극적인 태도를 갖추어야 합니다.

"내게 능력 주시는 자 안에서 내가 모든 것을 할 수 있느니라"(빌 4:13)고 하는 바울의 말은 적극적인 사고방식을 가지라는 말이 아닙니다. 문맥상 이 말씀은 그리스도인으로서 살아갈 때 어렵게 힘든 순간을 맞는다고 해도 주님께서 내가 그 모든 어려움을 능히 이길 수 있도록 도우신다는 뜻입니다. 말씀 그대로 내게 모든 환경을 이길 수 있는 능력을 허락한 분은 주님이십니다. 어떤 환경이든지 상관없습니다. 내게 능력 주시는 분은 그 모든 것을 이기게 하십니다.

이 세상에서 우리가 기뻐하지 않으면 누가 기뻐하겠습니까? 그리스도인인 우리는 나 하나로 인해 모든 사람이 행복해질 수 있는 그런 삶을 살아야 합니다. 하나님의 백성은 장례식장에서도 찬송을 부르는 사람입니다.

김활란 박사는 이런 이야기를 했습니다. "내 장례식에선 장송곡을 부르지 마세요. 대신 헨델의 〈메시아〉를 불러 주셨으면 해요. 또 장례식에 올 때는 검은 옷을 입지 말고 연미복을 입어 주세요. 그 마지막 예배 시간을, 나를 천국으로 보내는 즐겁고 환희에 넘치는 시간으로 만들어 주십시오!"

참으로 인상 깊은 이야기 아닙니까? 이처럼 하나님의 백성은 죽어도 살고, 죽는 순간에도 소망을 품는 사람입니다. 우리의 본향은 천국이기 때문입니다. 죽어도 그곳으로 돌아갈 테니, 여한이 없습니다. 우리를 절망하게 할 것은 아무것도 없습니다. 아무리 무서운 불치병이나 죽음이 다가와도 두려워하거나 겁을 낼 필요가 없습니다.

그리스도인을 불행하게 만들 것은 아무것도 없습니다. 사방에서 달려들어 공격해도 끄떡없습니다. "우리가 사방으로 우겨쌈을 당하여도 싸이지 아니하며 답답한 일을 당하여도 낙심하지 아니하며 박해를 받아도 버린 바 되지 아니하며 거꾸러뜨림을 당하여도 망하지 아니하고"(고후 4:8~9). 신자의 삶이 얼마나 영광스러운지를 알게 하는 말씀입니다.

하박국의 외침을 살펴봅시다. "비록 무화과나무가 무성하지 못하며 포도나무에 열매가 없으며 감람나무에 소출이 없으며 밭에 먹을 것이 없으며 우리에 양이 없으며 외양간에 소가 없을지라도 나는 여호와로 말미암아 즐거워하며 나의 구원의 하나님으로 말미암아 기뻐하리로다"(합 3:17~18). '없고, 없고, 마땅히 있어야 할 것이 없고, 없고, 없을지라도 나는 여호와로 말미암아 즐거워한다. 나는 구원의 하나님으로 말미암아 기뻐한다'고 말합니다. 이것이 바로 하나님의 백성이 누리는 은혜입니다. 없을지라도, 그리 아니하실지라도 기뻐할 때 모든 것이 합력해 선을 이룰 것입니다.

"우리가 알거니와 하나님을 사랑하는 자 곧 그의 뜻대로 부르심을 입은 자들에게는 모든 것이 합력하여 선을 이루느니라"(롬 8:28). 여기서 선이란 무엇입니까? 바로 궁극적인 승리입니다. 하나님의 백성은 거꾸로 매달려도 반드시 승리할 수밖에 없음을 기억하고 되새기며 또한 붙잡아야 합니다. 우리에게 승리는 막연한 기대가 아닙니다. 이미 이루어진 것이나 다름없는 확고한 약속입니다.

그래서 오늘 이 땅이 무너진다 할지라도, 모든 것이 사라진다 할지라도 여호와 한 분으로 인해 기뻐할 수 있어야 합니다.

모두가 즐거움의 영성을 회복하기 바랍니다. 모두의 얼굴에 웃음이 가득하기를 바랍니다. 찬송이 끊임없이 흘러나오기를 바랍니다. 그러면 우리 삶의 족쇄가 풀리고, 우리의 삶을 얽어 매던 불행이 사라지며, 우울증이 떠나가는 역사가 있을 줄 믿습니다. 이 치유의 역사가 우리 자신뿐 아니라 우리가 만나는 모든 사람에게도 함께할 것을 믿습니다. 우리가 하나님의 말씀대로 살 때, 우리 주인 되신 하나님께서 마지막 날 기쁜 잔칫상에 참여케 하시는 은혜를 허락하실 줄로 믿습니다!

Day 08

일상의 영성에 뿌리를 내리라

아내들아 남편에게 복종하라 이는 주 안에서 마땅하니라 남편들아 아내를 사랑하며
괴롭게 하지 말라 자녀들아 모든 일에 부모에게 순종하라 이는 주 안에서 기쁘게
하는 것이니라 아비들아 너희 자녀를 노엽게 하지 말지니 낙심할까 함이라 종들아
모든 일에 육신의 상전들에게 순종하되 사람을 기쁘게 하는 자와 같이 눈가림만 하지 말고
오직 주를 두려워하여 성실한 마음으로 하라 무슨 일을 하든지 마음을 다하여
주께 하듯 하고 사람에게 하듯 하지 말라 이는 기업의 상을 주께 받을 줄 아나니
너희는 주 그리스도를 섬기느니라 불의를 행하는 자는 불의의 보응을 받으리니
주는 사람을 외모로 취하심이 없느니라

골로새서 3장 18~25절

그리스도인은 교회에서나 세상에서나 하나님을 기쁘시게 해야 하며, 성실한 모습을 갖춰야 한다. 예배는 물론 일에서도 주께 하듯 해야 한다. 그럼으로써 하나님의 임재를 나만 느끼는 것이 아니라 내 일을 통해 세상 사람들이 느끼도록 만들려는 노력이 필요하다.

일상의 영성에 뿌리를 내리라

신앙생활이란 신앙과 생활의 합성어입니다. 이 단어 그대로 신앙과 생활은 서로 따로 떨어진 것이 아니라 한 몸처럼 붙어 있습니다. 사실상 신앙과 생활이 분리되면 안 됩니다. 신앙 그 자체가 생활로 연결되어야 합니다. 신앙과 삶이 분리되면 괴리 현상이 일어나고 이원론적인 삶을 살게 됩니다. 그때 신앙의 기형 현상이 일어나게 됩니다. 특히 한국 교회 안에 이런 부분에 대한 균형 잡힌 세계관 확립이 절실합니다. 신앙생활을 잘한다는 것에 대한 오해가 만연되어 있습니다.

신앙생활을 잘한다는 것은 일상 속에 신앙이 잘 표현되고 있다는 것을 뜻합니다. 교회 안에서의 믿음이 따로 있고, 생활에서의 믿음이 따로 있는 것이 아닙니다. 믿음이 좋은 사람은 생활의 모든 영역에서 그 신앙의 빛을 비추기 마련입니다. 이런 사람이야말로 그리스도인의 귀감이라 할 것입니다.

신앙과 삶은 분리되지 않아야 한다

신앙생활에서 가장 위험한 것 중 하나가 바로 신앙과 삶이 분리되는 현상입니다. 이를 가리켜 '이원론적 신앙'이라고 합니다. 2000년 기독교 역사 속에서 끈질기게 영향을 미쳐오던 잘못된 이론과 신앙의 형태입니다.

그런데 이 이원론이 오늘날 한국 교회 안에 꽤 깊숙이 침투해 있습니다. 교회 안에서는 직분을 가지고 있고 사람들에게 인정도 받고 봉사도 열심히 하는데 문제는 집에서 가족들에게 존경받지 못하고 엉망으로 사는 사람들의 예가 드물지 않게 있습니다.

또 교회에서는 봉사를 너무 잘하는데 직장에서는 악명 높은 사람이 있습니다. 신앙심과 삶이 따로따로 노는 것입니다.

도피적 신앙생활을 주의해야 합니다. 어려운 세상의 현실을 거부하고 교회 안에서만 머물러 있고자 하는 신앙을 경계해야 합니다. 우리는 영적으로 무장하여 세상의 한가운데서 승리의 삶을 살기 위해 교회를 찾습니다. 교회는 마치 주유소와 같습니다. 기름을 넣고 세상으로 나가야 합니다. 우리가 살아야 할 현장은 세상입니다. 세상에서 실력을 드러내야 합니다. 우리 믿음의 진가를 직장과 학교에서 유감없이 발휘해야 합니다. 세상을 두려워하면 안 됩니다.

가끔 힘들어 기도원으로 가는 것은 괜찮습니다. 그러나 아예 보따리를 싸서 그곳에 살면 안 됩니다.

우리가 주일에 교회에서 은혜 받고 아침마다 기도로써 영적으로 무장하는 이유가 바로 이 때문입니다. 오늘 우리에겐 세상에서 살아야 할 몫이 있는 것입니다. 이 일이 결코 쉽지 않습니다. 그렇기에 하나님의 은혜를 구해야 합니다.

신앙과 삶이 분리되지 않는 것이 매우 중요합니다. 같이 가야 합니다. 이 균형이 깨지면 위험해집니다. 자칫 신앙만 선택하고 생활을 포기해 버리면, 삶이 과하게 종교화되고 신앙이 왜곡될 위험성이 있습니다.

오래전 다미선교회 같은 이단이 바로 그러했습니다. 그들은 예수님이 오신다면서 현실을 도피하고 학교며 직장에 가지 않고 모여서 예배만 드렸습니다.

그러나 우리는 하나님께서 마지막 날 재림하실 때, 주님께서 맡기신 세상 곳곳의 각 현장에서 주님을 맞아야 할 것입니다. 물론 모여서 예배드릴 때 오신다면 더 좋겠지만, 오시는 시간을 따로 계산해서 작정하고 늘 모여만 있을 필요는 없습니다.

일상의 영성으로 전환하라

구약 시대에는 모든 것이 성전 중심으로 이루어졌습니다. 오직 성전에서만 제사 드려야 했고, 그 제사도 제사장만이 집전할 수 있었습니다. 그러나 신약 시대로 넘어오면서 성전 개념에도 변화가 생겼습니다.

예수님께서 십자가에서 죽으심으로 더 이상 성전 그 자체가 의미 없어졌습니다. 예수님께서 십자가에 못 박혀 죽으실 때 성전 휘장이 위에서부터 아래로 찢어졌습니다. 이때 위에서부터 아래로 찢어진 것은 사람이 아니라 하나님께서 찢으신 것입니다.

이로써 지성소로 가는 길이 활짝 열렸습니다. 아무도 들어갈 수 없었던 그곳에 이제는 누구나 들어갈 수 있게 하셨습니다. 이것은 상징적 사건입니다. 바로 예수 그리스도의 육체가 성전이기 때문입니다. 바울은 "너희가 하나님의 성전"(고전 3:16)이라고 했으며, 베드로 역시 "왕 같은 제사장"(벧전 2:9)이라고 했습니다. 한마디로 우리 모두가 성전이며 왕 같은 제사장이라는 말씀입니다.

어째서 그렇습니까? 예수 그리스도께서 십자가를 통해 단번에 완전하고도 영원한 제사를 드리셨기 때문입니다. 그래서 우리는 예수 그리스도의 이름으로 나아가고 예수 그리스도의 이름으로 모이는 것인데, 예수 그리스도의 이름을 가진 자들은 언제 어디서나 무얼 하든 예배드리는 셈입니다. 이것은 아무리 강조해도 지나침이 없을 만큼 중요한 개념입니다.

바울이 로마서 12장을 시작하면서 강조하는 것을 눈여겨볼 필요가 있습니다. "그러므로 형제들아 내가 하나님의 모든 자비하심으로 너희를 권하노니 너희 몸을 하나님이 기뻐하시는 거룩한 산 제물로 드리라 이는 너희가 드릴 영적 예배니라"(롬 12:1). 우리 몸을 거룩한 산 제물로 드리는 것이 우리가 드릴 영적 예배입니다. 우리 몸이 가는 곳 어디서든 예배드릴 수 있습니다. 말하자면 우리 삶 자체, 우리 몸 자체가 하나의 예배의 가치를 지니게 되었다는 의미입니다.

특정한 장소에서 특정한 사람만이 드리던 제사의 개념이 신약 시대로 넘어오면서 이처럼 바뀌었습니다. 누구든 어디서든 하나님 앞에 나아가면 바로 그곳이 예배의 자리가 됩니다. 이것이 예수 그리스도를 통해 우리에게 주신 예배의 축복입니다. 그렇다면 과연 어떤 예배를 드려야 하는지에 대한 질문이 남습니다.

결국 핵심은 우리의 일상입니다. 예전에는 성전에 가야만 문제를 해결했지만, 신약 시대로 넘어오면서 예수 그리스도로 인해 일상의 모든 영역이 다 하나님 앞에 드려지는 제물로, 제사로, 예배로 변화되었습니다. 그래서 일상의 삶이 가치를 지니게 되었습니다.

따라서 우리는 교회 안에서만이 아니라 교회 밖에서도 그리스도인임을 증명해야 합니다.

오늘날 한국 교회는 이 부분에서 어려움을 겪고 있습니다. 예수님을 믿는다고 하는데 세상에선 비난 받는 사람이 너무나 많습니다. 세상 사람들에게 지탄을 받는 그리스도인들의 수가 많아진 것이 사실입니다. 얼마나 안타까운 노릇입니까? 지킬 박사와 하이드처럼 이중적이고, 카멜레온처럼 자기 변신에 능한 처세술로 살아가는 그리스도인들로 인해 하나님의 영광이 가려지는 일들이 여기저기서 벌어지고 있습니다. 아주 심각한 일이 아닐 수 없습니다.

그러면 어떻게 살 것인가?

우리의 진짜 예배는 주일 예배 이후부터 시작됩니다. 왜 그렇습니까? 우리 삶의 전 영역이 예배로 올려져 하나님이 받으실 만한 제물로 바뀌었기 때문입니다. 공식적인 예배를 마치고 나가는 바로 그 순간부터 일상의 예배가 시작됩니다.

우리가 주차하는 동안 마주치는 사람들과의 관계에서도 예배가 이루어지는 셈입니다. 아무리 운전 못하는 사람이 앞길을 가로막아도 삿대질하며 싸우면 안 됩니다. 예배의 일부분이기 때문입니다. 이웃 주민들이 교회 주변에서 일어나고 있는 일들을 주시하고 있습니다. 교인들이 질서를 잘 지키는지, 혹시라도 흉볼 일은 없는지 하나하나 다 지켜보고 있습니다.

그렇다면 우리는 어떻게 행동해야 할까요? 골로새서 3장은 이렇게 가르쳐 줍니다. "종들아 모든 일에 육신의 상전들에게 순종하되 사람을 기쁘게 하는 자와 같이 눈가림만 하지 말고 오직 주를 두려워하여 성실한 마음으로 하라"(골 3:22). 특히 골로새서 3장 18절부터 "아내들아, 남편들아, 종들아"라고 부르며 이야기합니다. 각 일상을 하나하나 언급하는 것입니다.

성경은 아주 구체적으로 가르칩니다. 가정에선지 직장에선지, 고용인인지 피고용인인지, 남편인지 아내인지, 자녀인지 부모인지를 세세히 따져가며 각자가 어떻게 살아야 하는지를 구체적으로 설명합니다. 특히 골로새서 3장 22, 23절에서 그리스도인이 세상 속에서 어떻게 살아야 하는가를 구체적으로 언급하고 있습니다.

신전의식이 되살아나야…

사람을 기쁘게 하려고 하다 보면 노예의 삶을 살 가능성이 많습니다. 우리 삶의 기준은 사람을 기쁘게 하는 것이 아닙니다. 요즘은 노예가 없지만, 노예적 삶을 사는 사람들은 상당히 많습니다.

이스라엘 백성이 출애굽한 후에 왜 그토록 광야에서 고생해야 했습니까? 그 이유는 그들이 출애굽은 했을지언정 여전히 노예적 사고, 노예적 습성에서 벗어나지 못했기 때문입니다. 노예 정신에서 해방되지 않는 한 자유인이 될 수 없습니다. 몸이 풀려났다고 전부가 아니라 정신이 자유로워야 합니다. 이스라엘 백성이 광야에서 온갖 혹독한 훈련을 받으며 방황이 길어진 것은 노예 정신에서 벗어나지 못했기 때문입니다.

원망과 불평이 많고, 주인의 눈치를 보며, 눈가림으로 일하는 것이 노예의 특징입니다. 눈가림이란 '아이서비스'(eye service)를 가리키며, 주인 앞에서만 잘하는 것처럼 군다는 뜻입니다. 눈치 보고 사는 삶은 참으로 피곤합니다. 그리스도인은 누군가의 눈치를 보며 사는 것이 아니라 하나님을 의식하며 살아가야 합니다. 어떤 직장에서 녹을 받고 일해도 그 주인을 위해서라기보다 궁극적으로 하나님을 위해 일해야 합니다.

창세기의 요셉을 보면 그는 보디발의 집에서 주인으로부터 모든 권한을 위임받았습니다. 비록 노예였지만 노예로 살지 않고 주인의식을 가지고 살았던 결과입니다. 주인이 요셉을 통해 무엇을 느끼게 되었습니까? "그의 주인이 여호와께서 그와 함께하심을 보며 또 여호와께서 그의 범사에 형통하게 하심을 보았더라"(창 39:3). 보디발이 하나님을 알지 못하는 사람인데도 여호와께서 요셉과 함께하심을 목격할 수 있었다는 뜻입니다. 요셉은 하나님의 임재 가운데 일했습니다. 비록 신분은 천한 노예였지만 하나님을 의식하며 일을 했을 때 믿지 않는 주인일지라도 그에게서 하나님의 임재를 본 것입니다.

오늘 우리의 삶은 어떻습니까? 내가 하는 모든 일에 하나님의 영광의 빛이 드러나고 있습니까? 요셉이 지녔던 것과 같은 하나님에 대한 경외심이 오늘 우리에게도 있어야 합니다. 내가 무슨 일을 하든 하나님 앞에서 한다는 생각을 가져야 합니다. 이것이 바로 '코람데오'(Coram Deo), 즉 신전의식(神前意識)입니다.

하나님을 의식하면 그분을 기쁘시게 하고자 정직하고 성실하게 일할 수밖에 없습니다. 비단 거창한 사업 계획뿐만 아니라 일상의 작은 일들에서도 마찬가지입니다. 식당일을 하더라도 재료를 다듬는 데서부터 벌써 그 손길이 다릅니다. 어느 정직한 곰탕집에서는 어느 날 '오늘 사골이 충분히 우러나지 않아 문을 닫습니다. 내일 제대로 해서 열겠습니다'라고 안내문을 붙여 놓았다고 합니다. 어떻습니까, 믿을 만한 식당 아닙니까? 바로 이런 태도를 우리도 지녀야 합니다. 하나님 앞에서 주님을 경외하며 사는 사람의 태도가 바로 이렇습니다.

성실함은 어디에나 통한다

골로새서 3장 23절의 "마음을 다하여"는 그리스도인의 기본 태도가 이러해야 함을 가르칩니다. 오늘 내 삶의 태도가 인생의 향방을 결정하고, 오늘의 나는 지금까지의 내 삶에 의해 이루어졌습니다. 태도가 삶의 형태와 방향을 결정하는 것입니다. 그리고 내 인생과 삶의 태도를 다른 누가 아니라 바로 하나님께서 지켜보십니다.

언제나 마음을 다하는 성실함을 갖춰야 합니다. 삶의 방향키만 제대로 잡혀 있다면 그것으로 충분합니다. 어느 누구에게나 그렇지만, 청년 사역에서 특히 중요한 부분이 바로 이것입니다. 일찍부터 인생의 방향을 바로 잡도록 도우면 반드시 기회가 찾아오게 됩니다.

하나님은 결코 우리의 수고의 땀을 무시하지 않으십니다. 성실한 자세를 갖추는 일이 중요합니다. 성실이 기적을 낳습니다. 그러나 애초에 방향 설정이 잘못되었다면 열심히 해봤자 소용이 없습니다. 열심을 내도 잘못된 길을 가게 되니 결국엔 후회만 남게 됩니다.

요셉의 삶을 보십시오. 어려움이 계속 그의 삶을 밀고 들어왔지만 결국엔 좋은 쪽으로 흘러갔습니다. 무슨 일을 하든지 주님께서 주신 성실과 총명으로 대하면 어디에서나 경쟁력이 있는 삶을 살 수 있습니다.

어디서나 요셉은 신뢰를 얻을 만한 사람이었습니다. 보디발의 집에서 정직하던 태도 그대로 감옥에서 행동했을 때 동일한 인정을 받습니다. 그 태도로 바로 앞에서 인정을 받고 애굽의 모든 것을 위임받게 됩니다. 하나님이 사용하시는 사람의 특징이 뚜렷하게 나타남을 보게 됩니다.

그리스도인은 두 나라의 백성입니다. 세상 나라의 백성이기도 하지만, 하나님 나라의 백성이기도 합니다. 교회를 섬기고, 직장을 다니고, 가정생활도 하려고 하면 다른 사람보다 기본적으로 세 배는 부지런해야 합니다.

잘 것 다 자고, 하고 싶은 것 다하고, 모든 모임에 다 참석해서는 책임을 온전히 감당하기가 어렵습니다. 절대 불가능합니다.

성실이라는 말은 대충하지 않는 태도입니다. 하나님을 두려워하는 사람은 성실할 수밖에 없습니다. 성실한 사람은 믿을 만한 사람입니다. 무엇을 맡기든 신뢰가 가는 사람입니다. 그런 사람에게는 가장 좋은 일들이 맡겨지게 되어 있습니다. 인생을 땜질하듯이 대충대충 살면 안 됩니다. 최선을 다해야 합니다. 그리스도인들이 하는 모든 일은 주님과 연관된 것입니다. 내가 잘하면 하나님께서 영광을 받으십니다. 내가 하는 일이 예배가 된다는 것을 잊지 않아야 합니다. 탁월하신 하나님을 섬기는 신자의 삶에서 탁월함이 드러나야 정상입니다. 성실한 삶의 태도는 갈수록 진가가 드러나게 되어 있습니다. 하나님이 우리 안에 드러내시면 그 일 속에서 하나님의 영광이 나타날 것입니다.

나는 노예가 아니다

노예들이 원망과 불평을 입에 달고 사는 것은, 그들의 의식 속에 늘 억울함이 깔려 있기 때문입니다. 그래서 대개 마지못해 일합니다. 자기 삶에 대한 비참함을 담뿍 느끼면서 말입니다. 그러나 부정적인 사고와 정체성을 가지고는 능력 있는 삶을 살 수 없습니다. 직장생활을 해도 마지못해 다니는 사람들은 "아, 오늘도 또 가야 하나" 하면서 매번 투덜댑니다.

또한, 노예는 새로운 일에 도전하기를 싫어합니다. 그러니 창의성이 나올 리 만무합니다. 그들은 되도록 모험에 나서지 않으며 길을 가도 아는 길로만 갑니다. 따라서 우리가 노예의 삶을 정리한다는 것은 그저 되는 대로 끌려가는 것이 아니라 주도적으로 인생을 살아가게 됨을 가리킵니다.

스티븐 코비(Stephen R. Covey)가 쓴 《성공하는 사람들의 7가지 습관》(The 7 Habits of Highly Effective People)이라는 책의 제1장 제목이 "주도적이 되라"입니다. 이 책은 제목 그대로 성공한 이들의 습관을 이야기해 주고 있습니다. 습관이 왜 중요합니까? 습관은 일종의 태도이고, 태도는 내면의 사고를 드러내기 때문입니다. 주도성을 놓치면 인생은 피곤해집니다. 비록 지금은 누가 시키는 일을 하고 있더라도 내 안에 설득을 하고 감동을 주고 동기부여를 해서 내가 주인이 되어 그 일을 해야 실력 발휘가 되고 삶이 즐거울 수 있습니다.

삶의 습관이 중요합니다. 삶을 바꾸려면 습관을 먼저 고쳐야 합니다. 습관을 고치는 가장 근본적인 방법은 내면의 소극적이고 부정적인 사고를 들어내고 주도적이 되는 것입니다. 누가 시킨다고 하고 안 시킨다고 가만히 있는 것이 아닙니다. 사실 시키는 대로만 일한다면 이미 게임 끝이나 다름없습니다. 누군가 시키기 이전에 시킬 일 이상으로 내가 먼저 계획하고 손수 실행으로 옮겨야 합니다.

노예의 심장은 힘차게 뛰지 않습니다. 맥박만 겨우 미세하게 뛰는 정도입니다. 영화 〈벤허〉(Ben Hur)를 보십시오. 포로가 된 벤허는 노예선 밑바닥에서 다른 노예들과 함께 배를 젓고 있었습니다. 그때 배의 지휘관이 순찰을 돌다 지하로 내려와서 노예들이 배를 젓는 모습을 보게 되었습니다. 그러다 벤허와 눈이 마주친 순간, 지휘관은 움찔합니다. 왜 그랬을까요? 바로, 벤허의 눈빛은 노예의 것이 아니었기 때문입니다.

배 밑에서 험한 일을 도맡는 노예의 신분에 처했지만, 그의 눈만큼은 비탄에 젖어 있지 않았습니다. 그래서 절망과 탄식과 억울함과 분노에 사로잡힌 눈이 아니라, 반드시 살아서 내 조국을 구해 내겠다는 비전으로 이글거리는 눈을 지니고 있었던 겁니다. 어떻습니까, 이런 눈을 가지고 싶지 않습니까? 나의 눈빛이나 모습에서 어떤 포스가 품어져 나오고 있습니까?

아무리 하찮은 일에도 열심을 내야 합니다. 청소를 해도 하나님이 만드신 환경을 내가 관리한다는 생각을 하기 바랍니다. 어떤 아이가 학교에 자기 아버지 직업을 적어 냈는데, '곡물 확장업'이라고 썼다고 합니다. 알고 보니 시장에서 뻥튀기 장사를 하는 분이셨습니다. 이 얼마나 긍정적인 마인드입니까? 이 아이처럼 긍정적인 시선으로 자신의 직업이 무엇이든 주님께 감사하기 바랍니다. 세상에 우연히 주어진 것은 하나도 없습니다. 세상의 모든 일들 속에는 주님이 심으신 크고 놀라운 비밀들이 숨어 있습니다.

무엇보다 우리는 청교도 정신을 본받아야 합니다. 오늘의 미국을 이룬 선조들은 청교도자들이었습니다. 이 청교도 정신의 핵심이 바로 '직업은 소명이다'라는 주창입니다. 내가 무슨 일을 하든지 이 일은 하나님으로부터 온 부르심이라는 가치관입니다. 어떤 일을 하든 결코 함부로 할 수 없습니다. 무슨 일을 하든지 최선을 다해야 합니다. 직업엔 귀천이 없고 모든 일은 성직이어야 합니다. 내가 맡은 모든 일에 감사하며 최선을 다하는 삶의 태도가 세상을 바꾸어 놓았던 원동력입니다.

청교도자들은 노동을 부정적으로 보지 않았습니다. 그 노동에서 오히려 신성함을 느꼈습니다. 그런 태도로 최선을 다할 때 하나님께서 그들을 축복하셨습니다. 먹고 살기 위해 마지못해 한다면 그것은 노예의 태도이지만, 청교도 정신을 지닌 사람은 삶에 매우 적극적이고 긍정적으로 대처합니다.

더불어 돈도 너무 부정적으로만 보지 마시기 바랍니다. 사실 돈 자체는 나쁜 것이 아닙니다. 돈은 그냥 물질입니다. 다만 돈이 누구의 수중에 있느냐, 어떤 가치관에 따라 사용되느냐에 따라 거룩하게 쓰일 수도 있고 천하게 쓰일 수도 있습니다. 어떤 사람은 '더러운 돈'이라고 하는데 돈이 왜 더럽습니까? 때가 묻어 더럽긴 하지만 돈을 귀하게 사용하면 거룩할 수 있습니다.

주어진 상황이 좋지 않아도 있는 그대로를 끌어안고 사랑하기 바랍니다. 그것이 무엇이든 그 일을 통해 하나님은 내 인생을 빛나게 해 주실 것입니다. 신통치 않게 운영하면서 괜히 '바울식당', '다니엘빵집', '임마누엘병원' 이러지 마십시오. 맛은 하나도 없고 비싸고 불결하면서 복음 성가를 틀어 놓고 성경책을 곳곳에 쌓아 둔 채로 "예수 믿으세요"라고 하면 예수님에게 욕이 돌아가게 하는 것입니다.

오늘날과 같은 포스터모던 시대에는 가능한 한 예수 믿는 것을 은근하게 드러내십시오. 전도도 은근한 방식이 효과적입니다. '정말 좋은 가게다. 서비스도 좋고, 맛도 좋고, 친절하다'는 호평이 끊이지 않는데, '알고 보니 그 주인이 교인이다'라고 한다면, 풍겨 나오는 예수 믿는 향기에 감동이 배가 됩니다.

현실에 뿌리박은 영성으로 살다

유진 피터슨(Eugene Peterson)이 쓴 《다윗: 현실에 뿌리박은 영성》(Leap Over a Wall)이라는 책은 다윗의 영성이 일상의 영성이었음을 잘 설명해 줍니다. 그 핵심 내용은 무슨 일을 하든 마음을 다하여 주께 하듯 하고 사람에게 하듯 하지 말라는 것입니다. 이는 매우 중요합니다. 사실 하나님은 피곤할 정도로 어떤 때는 오지 않으셔도 될 곳까지 찾아오십니다. 예를 들어 거래할 때 견적서를 쓸 때, 무엇인가 마음에 유혹이 오고 갈 때도 주님은 가까이 오셔서 관여하기 원하십니다. 사업할 때는 종종 주님의 임재가 부담스러울 수가 있습니다. 하나님의 임재를 구하면서도, 정작 하나님의 임재가 필요한 순간에는 부담이 되어 혼자 결정하기를 원하는 것입니다.

우리는 언제 어디서든 하나님이 가까이 계심을 잊지 말아야 합니다. 그것을 부담으로 느끼는 것이 아니라, 든든한 배후로 여기십시오. 그럼으로써 일상의 매 순간, 집과 직장에 있을 때, 견적서를 작성할 때, 사업상 사람들과 만나 대화를 할 때, 학생이 시험을 칠 때, 아무리 사소한 때에라도 곁에 계신 주님의 임재의식 안에서 살아야 합니다.

일터에서 예배드리는 일이 중요합니다. 일터를 하나님의 예배처로 삼아야 합니다. 이것이 일터 신학입니다. 주님은 내가 선 곳은 어디나 거룩한 땅이라고 말씀하십니다.

기도와 일은 같이 붙어 있는 것입니다. 예배와 일은 하나입니다. 예배를 서비스(service)라고도 하는데, 서비스라는 말은 '일'이라는 뜻이 함께 있습니다. 이처럼 단어 그 자체로 일과 예배가 하나임을 나타냅니다. 마찬가지로, 직장 일도 아주 중요한 주님의 일로 생각해야 합니다.

다윗은 일상의 영성을 가진 사람이었습니다. 그래서 양을 칠 때에도 하나님의 임재를 경험했습니다. 곰과 사자의 발톱에서 도우시는 하나님의 손길을 경험했습니다. 그런 경험이 쌓이고 쌓여 골리앗과 맞붙는 용기에 이르기까지 자라간 것입니다.

정육점에서 저울을 정확히 해서 파는 것, 식당에서 위생을 깨끗하게 하고 최상의 것으로 대접함 역시 예배입니다. 겨울날 밖에서 떨고 있는 노숙자를 위해 털실로 옷을 짜는 행위가 곧 거룩한 예배 행위입니다. 주님을 섬기는 것과 전혀 상관없는 듯한 이런 일들이 사실은 모두 예배입니다. 우리 일상의 모든 것이 예배이므로 이 세상에서 하나님과 상관없는 일이란 전혀 없습니다.

하나님의 임재를 나만 느끼는 것이 아니라, 내 일을 통해 세상 사람들이 느끼게 하는 것이 중요합니다. 다른 사람들의 입에서 이런 말이 터져 나오도록 해야 합니다. "저 친구는 무엇인가에 사로잡혀 있는 것 같아", "저 친구는 어쩐지 돈을 위해 사는 사람은 아닌 것 같네", "저 친구가 하는 모든 일을 보면 무엇인가 경외감이 느껴져." 내가 하는 모든 일을 통해 하나님을 기쁘시게 할 수 있다면 그 모두가 예배입니다.

뉴욕에서 버스를 모는 한 흑인 운전기사가 있었습니다. 그는 아침마다 기도로 하루를 열었습니다. 오늘 하루 동안 자신의 버스를 탈 사람들을 위해 기도하고, 그 버스를 타는 사람마다 지성소로 초대하는 것이라 생각하며 승객 한 사람 한 사람을 축복했습니다. 그러자 그의 버스를 타는 사람마다 무언가 뭉클한 감정을 갖게 되었습니다. 밝은 미소와 친절함, 따뜻한 말 한마디, 감성을 터치하는 음악 등을 통해 하나님의 빛을 느꼈던 것입니다. 승객들은 고단한 일상 가운데 지나치는 작은 버스 속에서 하나님의 임재를 체험하게 되었습니다.

이처럼 그곳은 일반 버스가 아닌 하나님의 임재로 가득한 지성소인 것입니다. 한 사람의 경건한 그리스도인의 삶은 모든 곳을 하나님의 향기가 가득한 예배처로 바꾸어 놓을 수 있습니다.

우리도 이럴 수 있기를 바랍니다. 우리는 얼마든지 직장을 하나님의 지성소로 바꾸어 놓을 수 있습니다. 만약 사장이라면, 최선을 다해 하나님을 섬기는 모습이 교회뿐 아니라 일터의 현장에서도 반영되어야 합니다. 사업장을 하나님의 임재가 가득한 곳으로 바꿔 놓아야 합니다. 이중장부를 만들지 않고 정직한 사업을 하고 성경적 원리로 경영하는 것을 직원들이 보면서 하나님을 의식하게 해야 합니다.

내가 종업원이라도 마찬가지입니다. 하나님 앞에서 신전의식을 가지고 눈치를 보고 요령껏 하는 것이 아니라 최선을 다해야 합니다. 식모가 예수를 믿고 은혜를 받으니 일하는 집의 침대 안까지 깨끗해지는 것입니다. 일터 속에서 하나님을 만나고, 이웃이 하나님의 임재를 느끼는 일상의 영성을 펼칠 수 있어야 진짜 신앙입니다.

예수님께서 목수 일을 하셨던 것을 떠올려 보십시오. 예수님은 아버지께서 일찍 돌아가시고 가사를 책임지셨던 것 같습니다. 그분은 직접 목수 일을 하면서 가정을 먹여 살렸을 것이고 견적서도 썼을 것입니다. 거친 손으로 문짝을 손수 만드셨을 것입니다.

예수님이 빈둥빈둥 일하시다 시일이 다가오자 아무 곳에나 못을 박진 않으셨을 것입니다. 허술하게 작업하거나 불평하거나 하지도 않으셨을 것입니다. 늘 그러셨던 것같이 최선을 다하고 성실하게 일하셨을 것입니다. 주님이 그러셨다면 우리 역시 그래야 마땅하지 않겠습니까? 이것이 참된 그리스도인다운 모습임을 기억하기 바랍니다.

일터에 기름 부으심이 필요하다

요한복음 2장에 나오는 가나 혼인 잔치 이야기를 생각해 봅시다. 예수님께서 이 잔치에 초대를 받으셨음은 매우 주목할 만한 대목입니다. 그때는 아직 주님이 그리스도의 영광을 나타내지 않으셨고 역사의 무대에 서지 않으신 때였습니다.

예수님께서 잔칫집에 초대 받으셨음은 이미 사람들의 사랑을 받고 계심을 보여 줍니다. 잔치에 초대하고 싶은 사람, 매력적인 삶은 향기를 뿜어냅니다. 이것이 바로 일상의 영성에서 오는 축복입니다.

그리스도인의 향기가 번져, 주변으로부터 존경과 사랑과 인정을 받게 되어야 정상입니다. '신앙이 좋다'는 것이 다른 사람에게 혐오 대상이 되는 것이라고 오해하면 안 됩니다. 우리는 교회에서 예배드릴 때만 성령의 기름 부으심을 구하는 것이 아니라 세상에서 일할 때도 기름 부으심을 구해야 합니다.

왜 일상의 사업장에도 기름 부으심이 필요합니까? 직업도 하나님의 영광을 드러내는 중요한 수단이기 때문입니다. 그래서 예배 때만 아니라 내가 하고 있는 사소한 일상의 사건에서도 하나님의 영광을 드러내야 합니다. 하나님의 도우심을 힘입어 삶의 작은 부분에서나마 하나님께 영광 돌리는 삶을 살아간다면, 그곳이 곧 예배의 자리요 지성소가 될 줄 믿습니다.

일상 속에서 일터의 영성을 놓치지 말기를 바랍니다. 교회 바깥에서 하나님의 임재를 경험하기 바랍니다. 모든 곳이 예배의 자리요 지성소가 되기를 바랍니다. 나는 물론이고 예수를 믿지 않는 사람들마저도 우리를 통해 하나님의 임재를 느끼는 일상이 된다면 최상의 삶을 살아가는 것입니다다. "이같이 너희 빛이 사람 앞에 비치게 하여 그들로 너희 착한 행실을 보고 하늘에 계신 너희 아버지께 영광을 돌리게 하라"(마 5:16). "영성은 특별한 장소, 특별한 사람, 어떤 경계선 안으로 제한되지 않는다. 영성은 삶 전체에서, 삶의 어떤 경계선 안에 있는 특정한 구역이 아니라 매일의 삶 한복판에서 우리를 찾으시는 하나님께 반응하는 것이다"(폴 스티븐슨).

Day 09

마리아의 영성으로 마르다의 사역을

●

그들이 길 갈 때에 예수께서 한 마을에 들어가시매 마르다라 이름하는 한 여자가
자기 집으로 영접하더라 그에게 마리아라 하는 동생이 있어 주의 발치에 앉아
그의 말씀을 듣더니 마르다는 준비하는 일이 많아 마음이 분주한지라 예수께 나아가 이르되
주여 내 동생이 나 혼자 일하게 두는 것을 생각하지 아니하시나이까 그를 명하사
나를 도와 주라 하소서 주께서 대답하여 이르시되 마르다야 마르다야
네가 많은 일로 염려하고 근심하나 몇 가지만 하든지 혹은 한 가지만이라도 족하니라
마리아는 이 좋은 편을 택하였으니 빼앗기지 아니하리라 하시니라

누가복음 10장 38~42절

모든 상황 속에서 내가 해야 할 일이 무엇인지, 무엇부터 해야 하는지를 아는 것이 분별력이다. 주님의 발치에 앉아 즐거이 예배 드리자. 예배보다 사역이 앞서면 안 되고, 기도보다 급한 일이 없음을 기억해야 한다. 주님에 관한 일이 아니라 바로 주님을 사랑해야 한다.

우선순위를 붙들면 모든 것이 선명해진다

교회 안에는 크게 두 부류의 사람이 존재합니다. 먼저, 은혜 받는 것을 좋아하는 사람이 있습니다. 이들은 주로 각종 집회와 세미나에 빠짐없이 참석합니다. 그러나 정작 나서서 일하기는 좋아하지 않아서 활동에 적극적으로 참여하는 것을 꺼립니다. 반면 나서서 활동하기를 좋아하고 일하기를 즐기는 사람도 있습니다. 이들은 일만 보면 물 만난 고기처럼 신이 납니다. 나는 어느 쪽입니까?

이 질문에 자유롭게 대답하고 싶겠지만, 아무래도 누가복음의 본문이 마음에 걸릴 것입니다. 주님은 마리아를 칭찬하고 마르다를 책망하셨다는 것 때문에 생각을 하게 됩니다. 이 사건에 대한 오해가 꽤 많습니다. '그래, 나는 은혜 받는 쪽을 택해야지. 하지만 그럼 일은 누가 한담?' 이렇게 생각할 수 있는 것이지요.

누가복음의 핵심은 흑백을 가리려는 의도를 가지고 있지 않습니다. 예배가 먼저냐 사역이 먼저냐를 택해야 하는 이분법이 아닙니다. 전적으로 우선순위(priority)의 문제를 나타내는 것입니다. 말하자면 어떤 것을 먼저 하고 어떤 것을 나중에 하느냐의 문제입니다. 이것이냐 저것이냐 하는 선택의 문제도 아니요, 어떤 것이 좋으냐 나쁘냐의 문제도 아닙니다.

중요한 것은, 주님께서 그 집에 방문한 지금 시점에서 마리아의 선택에 손을 들어 주신 것입니다.

첫 단추를 잘 꿰어야 만사가 순조롭다

그렇다면 마르다가 무시한 것은 무엇입니까? "마르다야, 마르다야! 네가 많은 일로 염려하고 근심하나 몇 가지만 하든지 혹은 한 가지만이라도 족하니라"(눅 10:41~42). 바로 신앙의 우선순위입니다. 모든 상황 속에서 가장 먼저 선택해야 하는 것이 무엇인지를 아는 것이 곧 분별력입니다. 마르다에겐 이런 분별력이 부족했습니다. 주님께서 이것을 안타까워 하셨습니다.

우리는 왜 염려하고 근심하게 됩니까? 염려와 근심은 우선순위가 맞춰지지 않았을 때 옵니다. '염려'라고 하는 단어에는 본래 '마음이 나뉘다'라는 뜻이 있습니다. 마음이 깨지고 분산되었다는 의미입니다.

마음이 분산되니까 여러 목표가 생기고, 이들을 동시에 이루려니 곤란한 지경에 이르는 것입니다. 자연히 염려가 되고 근심이 찾아오는 것입니다. 마음이 다(多)초점이어서 하나에만 집중하지 않았다는 뜻입니다. 실제로 여러 가지 목표를 동시에 다 행하려고 시도해 보십시오. 염려는 물론이고 나중에는 무기력 증세가 찾아오게 됩니다.

마리아는 우선순위를 분명히 정했습니다. 주님 앞에 십자가가 얼마 남지 않은 순간이었습니다. 어떻게 보면 제자들도 다 주님의 곁을 떠난 것이나 다름없는 외로운 순간입니다. 지금 이 순간 주님의 발치에 앉아 말씀을 듣는 것보다 더 중대한 일은 없었습니다. 주님은 마리아야말로 가장 좋은 것을 택했다고 칭찬하셨습니다.

심방을 가보면 주인은 부엌에서 과일 깎고 음식 준비한다고 분주한 경우가 많습니다. 그러나 목사님은 먹으러 그곳에 간 것이 아닙니다. 예배드리러 간 것인데, 주객이 전도되었습니다.

삶의 모든 일에서도 첫 단추를 잘 꿰야 합니다. 첫 단추를 잘못 꿰면 계속 문제가 발생합니다. 신앙생활도 이와 마찬가지입니다. 인생이 왜 꼬입니까? 우선순위에서 문제가 생겼기 때문입니다. 정말 해야 할 일을 먼저 하고 그다음에 차차 풀어 가야 하는데, 첫판부터 잘못 진행했으니 모든 것이 복잡해져 갑니다. 내 삶이 무엇인가 잘못되어 간다고 생각된다면, 깨달음의 지점에서 곧바로 원점으로 돌아가야 합니다.

바쁘게 일하는데 어쩐지 허공을 치는 듯합니까? 많은 일을 했으나 아무것도 이룬 것이 없습니까? 앞에서는 되는데 뒤에서는 이상하게 꼬이고 있습니까? 이런 어려움들은 모두 우선순위를 잘못 따질 때 발생하는 문제들입니다. 우선순위의 원칙을 간단히 생각해선 안 됩니다. 먼저 할 일이 있고 나중에 할 일이 있습니다. 우선순위를 잘못 뒤집으면 인생도 뒤집히는 수가 있습니다.

주님과 함께 앉아 말씀을 나누고 은혜 받은 후 시작하겠다고 결심한 분들은 첫 단추를 잘 꿰신 것입니다. 그런데 어떤 사람은 아침에 눈뜨자마자 돈을 묵상하면서 자리에서 일어납니다.

마리아를 보십시오. 확실한 것을 붙잡았습니다. 지금 이 순간 주님의 발치에 앉는 것보다 더 중요한 일이 없음을 깨달았습니다. 우선순위가 분명했던 것입니다. 마리아는 이 한 가지 일만으로 족하다고 생각해서 그것을 재빨리 붙잡았습니다. 주님이 그 선택을 칭찬하셨습니다.

우선순위를 놓치면 모든 것이 뒤엉킨다

열심히 일하는 것을 좋아하는 사람일수록 마리아의 우선순위를 배울 필요가 있습니다. 아무리 주님을 위해 열심을 내더라도 주님의 발치에 앉아 말씀을 들을 기회를 놓치면 문제가 찾아오게 됩니다.

우선순위를 놓치면 원망과 불평이 뒤따릅니다. 마르다를 보십시오. 열심히 일했지만 그 입에서 원망과 불평이 쏟아져 나옵니다. 왜 그랬습니까? 마르다는 모든 것을 자기중심적으로 풀어 가려고 하고 있습니다. 자기 욕심이 잔뜩 들어가 있는 사람은 다른 사람을 자기 힘으로 움직이려고 합니다. 그리고 내 마음대로 되지 않으면 분노를 터뜨리게 됩니다.

주님 앞에 먼저 나아가는 일이 없는 사람은 자기 주도적이고 혈기가 일어나게 됩니다. 그런 경우는 늘 자기 생각과 자기 계획, 자기주장을 앞세웁니다. 주님의 의도와는 전혀 상관없는 열심이 됩니다. 때문에 결국엔 불평과 원망이 일어나고 짜증이 복받쳐 올라 기분이 상하고 마는 것입니다. 열심을 내도 열매를 맺기 힘들어집니다.

마르다의 행동을 가만히 보십시오. 주님께 하는 말투도 따지고 보면 탁 쏘는 말투입니다. "주님, 상황 좀 파악해 보세요. 마리아는 지금 언니가 하는 일을 도와주지 않고 가만히 앉아 있는데 어찌 그냥 방관하시는 겁니까? 저를 좀 도와주라고 하세욧! 제가 지금 누구 때문에 고생을 하는데!" 이런 식입니다. 이것이 바로 사역자들에게 흔히 찾아오는 희생자 증후군(victim syndrome)입니다.

말 그대로 이 증상이 찾아오면 자신이 희생당했다는 느낌이 듭니다. 희생당했다고 생각이 드니 억울해집니다. 나만 고생하는 것 같습니다. '폼은 남이 다 잡고 나는 뭐지? 섭섭하다.' 이런 생각이 머릿속을 가득 채웁니다. 사실 교회에서 가장 무서운 손님이 바로 이것입니다. 섭섭함으로 인해 자기 연민에 빠지면 대책이 없습니다. 시험에 든 것입니다.

주님의 발치에서 모든 것은 시작된다

마리아가 선택한 일, 즉 주님의 발치에 앉아 말씀을 듣는 것의 의미가 무엇일까요? 고대 사회에선 누군가의 발치에 앉는 행위가 랍비와 제자와의 관계를 의미합니다. 그러니까 발치에 앉는다는 것은 스승으로부터 배우기를 결정하고 전적인 경청의 태도를 취함을 가리킵니다.

마리아의 태도가 바로 이렇습니다. 마르다가 보기에는 일도 하지 않고 이기적인 생각으로 가만 앉아 있는 듯하겠지만, 주님의 발치에 앉아 있는 그 자체만으로도 대단한 복종과 헌신을 드러내는 셈입니다.

지금 마리아는 이렇게 고백하는 것이나 마찬가지입니다. "주님께서 말씀하신다면 내 생명도 걸 수 있습니다." 바로 이런 수준의 복종을 각오할 때 그 발치에 앉을 수 있는 것입니다. "나는 다른 어떤 희생을 감수하고라도 당신으로부터 무언가를 듣기 원합니다. 지금 당신과 시간을 가지지 않으면 나는 아무것도 할 수 없습니다" 하는 고백입니다.

특별 새벽 기도회 기간 동안에 서울에서 부산까지 왔다 갔다 하며 참석하는 분이 계셨습니다. 대단한 일입니다. 아마 그분이 바로 이런 태도인지 모르겠습니다. 마찬가지로 거제도에서 2시간가량 오가는 수고를 아끼지 않는 분도 이처럼 엄청난 대가를 지불하신 것입니다. 어째서 그러는 걸까요? 바로, "이 시간을 통해 내 인생의 첫 단추를 잘 꿰고 내 삶을 잘 풀어 가고자 합니다" 하는 굳은 의지와 말씀에 대한 열정이 있기 때문일 것입니다.

주님의 발치에 앉는다는 것은 결코 가벼운 태도가 아닙니다. 신앙인의 결연함이 서려 있습니다. "나는 주님의 말씀을 듣지 않고는 움직일 수 없습니다. 나는 세상의 어떤 사람을 만나기 전에 주님의 도움이 필요합니다"

"모든 것은 주님으로부터 흘러나옵니다"라는 고백이나 다름없습니다.

그러나 안타깝게도 마르다에게서는 마리아와 같은 이런 고백을 찾아볼 수 없습니다. 마르다는 그저 주님을 접대하는 일에만 신경을 씁니다. 일 그 자체에 함몰된 것입니다. 아마도 마르다는 이처럼 열심히 일함으로써 주님의 칭찬을 독차지하려는 욕심을 가졌는지도 모릅니다.

그러나 자기 의를 쌓아 가기 때문에 분주함은 배교(背敎)와 비교됩니다. 스스로의 열심에 빠져 자기만족을 추구하는 순간에 찾아드는 분주한 삶은 매우 위험한 것입니다.

열심히 하는데 누구를 위한 일인지 불분명하다거나, 출처 불명의 헌신이 빈번하다면 즉시 태도를 돌이키십시오. 주님은 마르다에게 그 일을 시키신 적이 없었습니다. 마르다는 자기 내면의 욕구에 충실했습니다. 주님보다 주님에 관련된 일에 더 집중했습니다. 그것은 결코 주님에게나 자신에게 유익하지 않은 일이었습니다. 우리의 삶에서 이런 일들이 발생하는 경우가 많습니다.

우선순위는 결국 핵심 파악의 능력입니다. 마리아는 핵심을 파악했습니다. 주님에게 초점을 맞춘 것입니다. 주님이 가장 기뻐하시는 일이 무엇인가를 알았던 것입니다. 이것이 지혜입니다.

하나님은 우리가 오늘 하루를 어떻게 살기 원하실까요? 요한복음의 포도나무에서 해답을 찾을 수 있습니다. "나는 포도나무요 너희는 가지라 그가 내 안에, 내가 그 안에 거하면 사람이 열매를 많이 맺나니 나를 떠나서는 너희가 아무것도 할 수 없음이라"(요 15:5). 여기서는 '아무것도'라는 말씀이 매우 중요합니다. 우리가 주님을 떠나서는 아무것도 할 수 없으니 붙어 있으라는 것입니다. 주님 안에 거하는 것은 선택의 문제가 아니라 절대적이라고 말씀하십니다.

포도나무의 가지를 떠올려 보십시오. 그 생사가 포도나무에 달려 있습니다. 나무에 굳건히 붙어 있지 않으면 아무런 열매를 맺을 수가 없습니다. 마찬가지입니다. 우리 스스로에게서 선한 것이 나오지 않습니다. 오직 주님께 붙어 있는 우리에게서 무엇인가 흘러나오게 되어 있습니다. 자가 생산이 불가능합니다.

요즘엔 내장용 배터리를 많이들 쓰고 있습니다. 컴퓨터, 휴대폰, 면도기 등 모두 내장용 배터리가 있습니다. 그래서 이 물건들을 제대로 쓰려면 충전이 필요합니다. 아무리 멋진 제품이 있어도 충전되지 않으면 소용이 없습니다. 충전할 때 그냥 플러그에 잠시 꽂았다가 들고 다니면 종일 사용하지 못하고 금방 작동이 멈추고 맙니다. 휴대폰 겉모양이 아무리 멋져도 충전되지 않으면 통화가 안 됩니다. 아무리 비싸도 사용하지 못합니다. 제가 왜 뜬금없이 배터리 이야기를 꺼냈을까요? 바로, 특별 집회 시간은 우리의 영적 상태를 '완전 충전'(full charge)하는 기회이기 때문입니다. 주님 안에 온전히 거하면 완전 충전된 것처럼 훨훨 날아다닐 수 있습니다.

다만 언제까지 이 에너지가 끊이지 않을 것만 같아도, 시간이 지나면 또다시 방전이 됩니다. 그러면 어떡해야 합니까? 다시금 주님께로 와서 잠잠히 붙어 충전해야 합니다. 우리의 힘으로 살아갈 방법은 전혀 없습니다. 그래서 매일 아침마다 주님 앞에 나아가야 합니다.

어제 받았던 은혜로는 오늘을 살 수가 없습니다. 우리에게는 오늘을 살기 위한 오늘의 은혜가 필요합니다. 오늘의 은혜가 없으면 방전된 배터리와 똑같습니다. 아무 소용이 없습니다. "나를 떠나서는 너희가 아무것도 할 수 없음이라"(요 15:5). 아무리 급해도 주님께 충분히 붙어 있는 시간을 아까워하면 안 됩니다. "나를 떠나서는, 나를 떠나서는" 굉음처럼 들려지기 바랍니다.

영적 친밀도가 생명이다

수동태의 관점에서 신앙을 생각해야 합니다. 즉, 오래 붙어 있는 사람이 이기기 마련입니다. 그러나 누구에게 붙어 있느냐가 중요합니다. 승패는 거기서 결정됩니다. 내가 아무리 능력이 많고, 아무리 재주가 많고, 아무리 경험이 많아도 소용없습니다. 주님께 붙어 있는 것이 곧 생명입니다. 주님과 함께 있는 그 일에 생명을 걸지 않으면, 내 안에선 아무것도 선한 능력이 나올 수 없고 에너지도 고갈됩니다.

상하고 지치고 깨지고 망가지고 삶이 뒤엉켜 도저히 이대로는 끌고 갈 수 없는 인생이 얼마나 많은지요. 그런데 여기에 대한 해결책은 딱 하나입니다. 바로, 본문의 마리아의 태도로 돌아가는 것입니다.

주님의 발치에 앉으십시오. 주님 안에 머무르는 사람은 무한 공급을 받습니다. 마리아는 이 점을 잘 알고 있었습니다. 잘 달리는 차가 갑자기 멈추는 경우가 있습니다. 무한 질주는 없습니다. 오일이 떨어지면 아무리 고급 자동차라도 별수 없습니다. 신앙의 길에서도 자기 힘으로만 버티려고 애쓰면 몇 년 못 가 제 풀에 나가떨어지기 십상입니다. 그러면 신앙이 뒷걸음질 칩니다. 어느 순간부터 백 슬라이딩을 하는 사람들이 있습니다. 더 이상은 올라갈 힘도, 버틸 힘도 사라졌기 때문입니다.

그러나 주님의 발치에 앉은 사람은 다릅니다. 마리아는 주님과 함께 있기를 즐거워했습니다. 그녀는 만사를 제쳐 두고 주님의 발치에 앉는 것을 붙잡았습니다.

마리아는 주님과 친밀함을 누렸습니다. 이처럼 주님과의 친밀한 사귐을 한번 맛본 사람은 어떻게 해서든 주님께 붙어 있는 것보다 더 좋은 것은 없음을 알고 있습니다.

하나님과의 친밀함이 신앙생활의 핵심 중 핵심입니다. 마리아는 주님의 임재를 갈망했습니다. 마리아에게 그보다 더 갈급한 것은 없었습니다. 복음서에는 마리아가 총 세 번 등장합니다. 그런데 놀랍게도, 마리아는 언제나 일관된 모습입니다. 그녀는 언제나 주님의 발치에 앉았습니다. 그녀가 항상 예배자 자세인 것은 우연의 일치가 아닙니다.

주님의 발치에 앉는 것, 그것이 곧 예배입니다. 우리는 예배보다 사역을 앞세워선 안 됩니다. 기도보다 더 급한 일은 세상에 아무것도 없습니다. 결국 주님과 시간을 어떻게 보내는가에 나의 모든 것이 달려 있는 셈입니다.

미국 윌로우크릭교회의 빌 하이벨스(Bill Hybels) 목사가 쓴《너무 바빠서 기도합니다》(*Too busy not to pray*)란 책이 있습니다. '너무 바빠서 기도하지 못합니다'가 되어야 할 것 같은데, '너무 바빠서 기도합니다'라고 합니다.

오늘날 대부분의 사람들은 너무 바빠서 기도할 틈을 얻지 못한다고 합니다. 자신의 힘으로만 살아가려고 하니 더욱 바빠집니다. 그렇다면 바쁘기 때문에 기도 못한다가 아니라, 바쁘기 때문에 오히려 기도의 양을 늘려야 합니다. 그것이 문제를 푸는 방식입니다.

주님의 일을 하는데 힘에 부칩니까? 그렇다면 그 일이 힘들어서가 아니라 은혜가 떨어진 것입니다. 힘들다고 자꾸 입버릇처럼 말하지 마십시오. 그것은 마치 내 안에 은혜가 다 고갈되었다는 고백이나 마찬가지입니다. 힘들기 때문에 하는 일을 줄여야 하는 것이 아니라 은혜의 수로를 열어야 합니다. 똑똑 떨어지듯이 하고 있다면 폭포수처럼 흐르도록 바꾸어 놓아야 합니다.

인생이 힘든 까닭은 다른 문제가 아닙니다. 그것을 감당할 만한 능력을 잃어버렸기 때문에 그렇습니다. 그러므로 힘들고 어려울 때마다 못하겠다고 고개를 젓지 말고 하나님의 더 큰 은혜를 구해야 합니다. 주님의 발치로 나아가면 살아납니다. 바로 이것이 하나님의 사람들이 선택하는 길입니다.

주님의 발치를 생각하면 에스겔 47장이 떠오릅니다. 성전 문지방에서 솟아나던 미세한 양의 물이 계속 흘러 나중에는 그 물줄기가 거대한 강을 이룹니다. 강 좌우에 나무가 자라고 실과가 맺히고 모든 생물이 소생한다는 기가 막힌 환상입니다. 그런데 그 출발이 어디입니까? 바로 성전 문지방에서부터 흘러나오는 물입니다.

여기서 성전의 문지방은 곧 주님의 발치입니다. 이처럼 우리가 상상할 수 없는 것들이 주님의 발치로부터 흘러내립니다. 따라서 주님 앞에 엎드리는 사람, 주님 앞에서 잠잠히 기다리는 사람은 하늘의 지혜를 맛볼 수 있습니다.

주님의 발치에서 하늘의 능력이 쏟아져 나오고, 우리가 알 수 없는 세상의 소망이 흘러넘치고, 하늘의 비전이 열매처럼 맺힘으로 이전에는 보지 못했던 기이한 세상을 보게 되는 것입니다. 우리가 주님의 발치에 꼭 붙어 있기만 하면 하나님께서 승리의 삶을 살아갈 수 있는 충분한 능력을 선사하신다는 것을 믿습니다.

오늘 필요한 은혜가 따로 있다

마리아는 주님에 관한 일이 아니라 주님을 사랑한 사람입니다. 우리 또한 주님을 사랑해야 합니다. 주님과 사랑을 나누어야 합니다. 그 후에야 비로소 다른 일을 시작할 수 있습니다. 그러면 이전과는 전혀 다른 결과를 맛볼 수 있습니다.

사탄은 우리를 분주하게 만들고자 호시탐탐 노립니다. 약간의 틈만 생겨도 얼마나 허둥대게 만드는지 모릅니다. 도무지 정신을 못 차리게 합니다. 마치 파리가 유리병에 들어가서 웽웽거리다가 죽는 것과 똑같습니다. 우리는 이렇게 살면 안 됩니다. 죽도록 일만 하다 정말로 죽으면 안 됩니다. 그리스도인답게 살고자 노력해야 합니다.

그럼 어떻게 해야 합니까? 지금까지 이야기한 것이 바로 여기에 대한 것이었습니다. 바로, 우선순위를 지켜 행해야 합니다. 만사를 제쳐 두고, 죽는 한이 있어도 주님의 발치 앞에 앉으려는 결단이 필요합니다. '주님을 예배하는 자리에 나아가겠다, 주님의 임재를 더욱 경험하기 원한다, 나는 주님의 음성을 듣고 움직이겠다'는 마음의 태도가 필수입니다. 이렇게 결단하지 않으면 마르다와 같은 태도를 취하는 쪽으로 흐르기 쉽습니다.

특별히 청년들에게 이 부분을 당부하고 싶습니다. 어떤 때 보면 청년들에게 엄청난 은혜가 임한 것을 봅니다. 청년들은 열정이 넘칩니다. 은혜의 불이 잘 붙는 편입니다. 은혜를 받을 때 보면 무서울 정도입니다. 마치 전 인류를 주의 손에 올려놓을 것 같아 보입니다.

그런데 한 일주일쯤 지나면 시들시들합니다. 무슨 일이냐고 물으면 바쁘다고 합니다. 피곤하다고 합니다. 벌써 은혜가 떨어졌다는 것입니다. 왜 이렇게 되었습니까? 집회 때는 은혜 받았지만, 일상 가운데 은혜를 다 소진해 버렸기 때문입니다. 날마다 하나님의 면전에 서는 묵상의 삶, 기도의 삶을 살지 못했기 때문입니다.

이처럼 매일 첫 시간을 주님 앞에 드리려는 우선순위의 삶이 없으면 곤란합니다. 누구라도 마찬가지입니다. 특별 새벽 기도회에서 은혜를 왕창 받았다고 간증했다가 며칠 지나지 않아 와장창 깨지는 경우가 비일비재합니다. 만나보면 "잘 안 되더라구요" 하면서 볼멘소리를 합니다. 때로는 기쁨의 영성이 넘치던 그날 더 우울해졌다고 푸념하는 사람들도 있습니다.

이런 분들은 어찌해야 합니까? 매일매일 우선순위를 다잡아야 합니다. 다른 도리가 없습니다. 주님 앞에 나아가는 첫 시간을 내 삶의 그 무엇보다 귀중하게 여겨야 합니다. 그렇게 함으로써 주님의 보좌로부터 흘러나오는 은혜를 누리는 인생이 되어야 합니다. 그래야 승리합니다. 그렇게 나날이 승리하고, 일주일을 승리하고, 한 달을 승리하면, 결국 일평생을 승리하게 됩니다. 중요한 것은 매일입니다.

매일 아침 주님 앞에 나아오는 것보다 더 귀한 일은 없습니다. 그래서 저는 부흥회를 많이 하려고 하지 않는 편입니다. 대신 매일 아침 새벽 기도하고 말씀 묵상하는 것을 강조하는 편입니다. 오늘의 은혜를 위해 주님 앞에 먼저 나아가 말씀을 묵상하고, 주님께 지혜를 구하고, 주님 음성 듣기를 우선순위로 삼는 것이 참으로 중요합니다. 이 일에 성실함이 없다면 그 무엇을 열심히 하더라도 믿을 수가 없습니다. 그가 어떤 일을 하든지 다 자기 의를 앞세우거나 주님의 뜻보다 자아도취에 빠지게 되고 주변의 사람들의 충분한 인정과 박수가 없으면 영적 탈진에 빠지거나 시험에 들게 됩니다.

누가복음에서 주님이 칭찬하신 마리아의 선택, 곧 주님의 발치에 앉는 일에 초점을 맞추어야 합니다. 지난밤에 아무리 상하고 지쳤더라도 아침마다 주님의 발치에 앉기를 잊지 않는 사람은 그 보좌로부터 솟아나는 생명의 생수를 마심으로써 하나님의 온전한 회복과 위로를 맛볼 수 있습니다. 주님의 발치에 앉은 사람에게는 매일 소망을 품고서 다시 살아나는 역사가 임합니다. 승리의 열쇠가 바로 그 자리에 있습니다. 이 발치를 놓치면 아무것도 이룰 것이 없습니다.

매일매일 마리아의 선택의 삶, 제대로 된 우선순위를 행하는 삶을 지켜가길 바랍니다. 주님의 발치에서 승부가 나게 되어 있습니다. 주님께 꼭 붙어 있는 포도나무의 가지가 되면 주님께서 모든 것을 알아서 해 주실 것입니다.

Day 10

건강한 영적 체질로 바꾸라

네가 이것으로 형제를 깨우치면 그리스도 예수의 좋은 일꾼이 되어
믿음의 말씀과 네가 따르는 좋은 교훈으로 양육을 받으리라 망령되고 허탄한
신화를 버리고 경건에 이르도록 네 자신을 연단하라 육체의 연단은 약간의
유익이 있으나 경건은 범사에 유익하니 금생과 내생에 약속이 있느니라
디모데전서 4장 6~8절

하나님 앞에서 어떤 사람이 되어야 할지 목표를 분명히 세우고 영적으로 도약하는 역사가 일어나야 한다. 견고한 믿음을 세우고 다른 사람을 도울 수 있어야 한다. 그러기 위해 말씀을 묵상하고 기도를 게을리 하지 말라.

육적 체질에서 영적 체질로 전환하라

살다 보면 체질에 따라 음식을 가려 먹기도 하고 수면 시간을 조절하는 등 건강을 위해 여러모로 애쓰게 됩니다. 이처럼 신앙의 세계에서도 체질로 말할 수 있습니다. 크게 두 체질이 있는데, 바로 육적 체질과 영적 체질입니다.

아담의 후손으로 태어난 우리는 육적 체질에 가깝습니다. 죄짓는 일이 그리 어렵지 않고 죄에 대해 능수능란한 것입니다. 죄짓는 일을 위해 학원을 다녀보았거나 과외를 받은 적이 있습니까? 거짓말하는 법을 가르치는 6주 속성 과정이 있습니까? 물론 있을 턱이 없습니다만, 우리는 배우지 않아도 죄짓는 일을 참 잘합니다.

우리 죄의 뿌리는 상상하는 것보다 훨씬 더 깊습니다. 우리의 심령 한가운데는 죄성이 심겨져 있어, 은혜 받기는 힘들어도 잃어버리는 것은 한순간입니다. 예배드리러 와서 은혜를 한가득 받고 나가다가 주차장에서 쏟아 버리는 일도 부지기수입니다. 앞에서 차가 끼어들기라도 하면 짜증 내고 온갖 불평을 하며 그나마 남은 은혜마저 쏟습니다. 그래서 우스갯소리로 가장 은혜가 많은 곳이 주차장이라는 얘기가 있을 정도입니다. 받은 은혜를 그곳에서 모조리들 쏟아 놓고 간다는 것입니다. 실제로 교회의 주차 요원 일은 은혜가 충만하지 않으면 감당하기 힘든 사역입니다.

우리의 죄성은 금방 드러납니다. 훈련을 받거나, 부흥회와 집회에 참석해 은혜를 받고 일주일 동안 충만했어도 그 은혜는 그리 오래가지 못합니다.

특히 요즘처럼 매스미디어가 발달한 시대에는 우리의 영혼을 파고드는 선정적이고 육감적인 콘텐츠들로 인해 웬만큼 은혜 받지 않고서는 금방 주저앉기 십상입니다.

더욱이 세상이 너무나 빠르고 분주해져서, 예전에는 일주일 이상 부흥회를 했지만 요즘엔 2박 3일 부흥회나 수련회로 만족합니다. 그러나 사실 이 정도의 시간으로는 은혜가 뿌리내리기 힘듭니다. 우리 안의 죄성을 생각해 보면 이해가 쉽습니다. 단 한 주간이라도 거짓말하지 않고 살려고 작정해 보십시오. 결코 쉽지 않을 것입니다.

우리가 죄도 짓지 않고 천사처럼 살아간다면 얼마나 좋겠습니까? 그러나 구원받은 그 자체로 모든 삶을 보증해 주지 못합니다. 구원은 일회적으로 한순간 일어나는 사건이지만, 구원 이후 영적으로 성숙해 가는 과정은 일평생의 작업입니다. 우리 안에 있는 죄의 본성은 그렇게 만만하지 않기 때문입니다.

신앙생활을 제대로 하려고 마음먹어 본 분이라면 아마도 상당한 갈등을 겪어 보았을 겁니다. 왜 내가 이 모양 이 꼴이고, 왜 변화가 일어나지 않는가 하는 깊은 탄식을 했던 적이 있을 것입니다. 그렇다고 금방 포기해 버려선 안 됩니다. 죄의 본성을 꺾고 영적인 체질로 바꿔 가는 그 고단한 작업을 하지 않으면 늘 어린아이 신앙에서 벗어나지 못하게 됩니다.

속성 과정이 없다

육적 체질을 영적 체질로 바꾸는 작업에는 속성 과정이 없습니다. 단 며칠간의 부흥회로 성공할 수 없습니다. 체질이란 그리 쉽게 바뀌지 않습니다. 더욱이 영적 체질로 충분히 바뀌기 전까지는 예수를 믿는다고 해도 옛날로 돌아가려는 경향이 많습니다. 특별히 늦게 예수를 믿은 사람일수록 더욱 그러합니다. 비단 성도뿐 아니라 목사도 마찬가지입니다. 늦게 예수를 믿고 목사님이 되신 분들은 마음에 들지 않는 사람을 대할 때 옛날 기질이 나오기도 한다는 것입니다.

어린 시절부터 은혜를 받으신 분들은 기도로 준비하고 은혜 받은 분이라 문제가 생겨도 무릎 꿇고 해결하는 것이 몸에 배어 있습니다. 정필도 목사님은 기도로 모든 것을 해결하시는 분으로 알려져 있습니다. 어린 시절부터 아예 체질화되신 것입니다. 그러나 누구나 그렇게 되는 것은 아닙니다. 늦게 예수를 믿고 술 한 잔씩 하던 분들은 은혜를 받아도 문제가 생기면 갑자기 그 한 잔이 생각난다는 것입니다. 기도가 몸에 배지 않고 하나님께 의지하는 데도 익숙해지지 않았으니 더 강하게 다가오는 세상과 옛날 방식으로 끌려가는 것입니다.

한 예로, 매춘 여성이 예수를 믿고 교회 나와도 다시 떠나는 경우가 매우 높다는 통계가 있습니다. 참으로 안타까운 일입니다. 호주에서 실제로 그런 경험을 한 적이 있습니다. 거리의 직업여성을 우리 영어권 청년들이 전도를 해서 예배에 참여하게 하고 사랑을 베풀었는데 결국은 이전으로 돌아가 버린 일이 있었습니다. 옛날부터 그를 사로잡던 육의 사슬이 너무도 강한 것임을 실감했습니다. 강력한 죄의 권세가 육적 체질과 함께 뒤엉켜 있어 마치 한 몸이 되어 있어 삶을 돌이키기란 너무도 어려운 것입니다.

체질을 바꾸기란 거대한 영적 전쟁입니다. 혈과 육의 싸움은 한 번의 불같은 은혜로 해결되지 않습니다. 불의 특성을 생각해 보면 쉽게 이해할 수 있습니다. 불은 언젠가 꺼지게 되어 있습니다.

참 이상한 일이지요. 무협지는 밤을 새며 읽는데 성경은 10분만 읽어도 지루해서 잠이 듭니다. 노래방에서는 첫 페이지부터 끝까지 소리를 치며 부를 수 있는데 찬송은 5절짜리가 나오면 목이 잠깁니다. 영적 체질이 자리 잡지 못하면 단 10분도 기도하지 못하고 쩔쩔 맵니다. 사실 성도들 가운데 한 시간, 두 시간 이상 기도하는 분은 그리 많지 않습니다.

세상에서 사랑하는 사람과 만나 한 시간 지내는 것이 뭐 어렵습니까? 그런데 왜 주님과는 그런 시간을 보내지 못합니까? 사실 우리 주님과 같은 분이 이 세상에 어디 있습니까? 그런데도 한 시간을 채 버티지 못하고 고작 30분도 견디지 못한다면 근본적인 문제가 있습니다. 죄의 체질로 인한 생활이 너무도 익숙하고 편해서 돌이키지 않는 것입니다.

여러분은 어떠십니까? 오늘날 분쟁이 일어나는 교회를 보면 "저 사람들이 예수 믿는 사람이 맞나?" 싶을 정도입니다. 사실 요즘 싸우는 교회가 많은데, 서로 분열되어 1, 2층에서 따로 예배를 드리기도 합니다. 하나님을 전혀 기쁘시게 하지 못하는 모습입니다. 이런 사람들은 훈련되지 않은 야생마 같은 죄의 체질을 그대로 지닌 채 겉으로만 믿는 척합니다.

오늘날 무늬만 신자가 많아졌다고 하는 이야기를 많이 듣습니다. 핵심은 체질을 바꾸는 문제입니다.

은혜를 담는 그릇이 따로 있다

하나님의 아들이시고 능력이 많으셨지만, 예수님은 습관을 좇아 기도하러 감람산에 가셨습니다. 우리가 마땅히 따라야 할 모습입니다. 어떤 사람들은 기도를 하기는 하는데 아직 몸에 배지 않아서 들쭉날쭉합니다. 하지만 이처럼 미숙한 상태로 계속 지내다 보면 신앙이 매우 불안정해집니다.

뿌리가 생겨나지 않았기 때문입니다. 따라서 그냥 은혜를 계속 받기만을 원하는 것이 아니라, 그 은혜가 계속적으로 내 안에 머물고 제대로 발휘될 수 있도록 은혜 받을 그릇을 준비해야 합니다. 은혜의 그릇으로 다듬는 일, 그것이 바로 거룩한 습관을 만드는 일입니다.

  습관은 반복 행위를 통해 체득됩니다. 주님의 모습을 좇으려는 반복적 노력이 중요합니다. 단, 형식주의로 흘러가는 기계적인 반복이라면 주의해야 합니다. 반복이 기적을 낳는다는 말은 바로 이럴 때 유효합니다. 거룩한 습관은 갈수록 강력한 힘을 발휘합니다. 습관이 처음에는 거미줄같이 약하지만 갈수록 밧줄과 같이 강력해집니다. 영적 지속성은 습관을 낳고 거룩한 영적 습관은 나를 다른 세계로 이끌어 주게 됩니다. 모든 영적 거인들에게 예외 없이 발견하게 되는 특징입니다.

  비가 오나 눈이 오나 기도하기로 했으면 하는 겁니다. 물론 쉽지 않은 일입니다. 기도의 자리를 지키기란 얼마나 고됩니까? 특히 새벽 기도를 지키기는 매우 고통스러울 수 있습니다. 그러나 습관이 될 때까지는 이 지루하고 오랜 반복을 인내하며 이겨 내야 합니다. 어떤 날은 일어나기 몹시 힘든 날이 있을 것입니다. 그러나 순간의 유혹을 이기고 발걸음을 옮겨 기도의 자리를 지키다 보면 작은 승리가 모여 거대한 산을 만들게 됩니다.

  처음부터 눈치채지는 못한다 할지라도, 언젠가는 그것을 깨닫습니다. 바로 이런 체험을 하게 되면 기도하지 않고 사는 삶이 훨씬 힘들다는 것을 깨닫게 됩니다. 새벽 기도의 비밀을 깨달은 분들은 새벽에 나아가지 않는 일이 오히려 더 힘든 일입니다. 영적 습관으로 정착되었기 때문입니다. 거룩한 습관이 되면 이후 일이 그렇게 쉬워집니다. 좋은 습관은 둘도 없는 무형의 자산이고 값비싼 보배입니다.

은혜 받을 그릇을 만들어 놓는 데는 특별 새벽 기도 같은 집회가 좋은 기회입니다. 보통 습관이 잡히는 데는 3주간, 즉 세이레가 매우 중요하다고 합니다. 무언가를 21일 정도를 지속하면 체질이 바뀌기 시작한다는 것입니다. 3주간만 새벽 기도를 나오면 그다음부터는 저절로 잠에서 깨어납니다.

거룩한 영적 습관을 많이 가진 사람들은 승리의 삶을 살고 있습니다. 바울은 "망령되고 허탄한 신화를 버리고 경건에 이르도록 네 자신을 연단하라"(딤전 4:7)고 디모데에게 권면합니다. 무수한 연단과 훈련을 통해 비로소 우리가 경건에 이를 수 있게 됩니다.

성장하지 않으면 비정상이다

스포츠 센터에 몇 년간 꾸준히 다니면 몸에 근육이 생기지요. 마찬가지로 태권도 도장을 10년 다니면 유단자가 됩니다. 이 모든 게 훈련의 결과입니다.

영적 세계에서도 마찬가지입니다. 5년 이상 교회 안에서 잘 훈련받고 성장하면 자신은 물론 다른 사람을 도울 수 있게 됩니다. 5년 정도면 교회 안에서 웬만한 것을 다 배울 수 있기 때문입니다. 그다음 단계에서는 다른 사람을 돕는 그리스도인이 되어야 합니다.

사실 많은 신자들이 오랫동안 신앙생활을 하고도 대체적으로 의존적인 신앙으로 살아갑니다. 어떤 사람은 무슨 상처가 그리 많은지 치유 세미나만 쫓아다닙니다.

성숙한 그리스도인의 자세가 아닙니다. 한번 치유 받았으면 그다음 단계로 넘어가 주님을 위해 살려고 하는 영적 투지가 있어야 합니다. 헨리 나우웬(Henri Nouwen)이 이야기한 것처럼, 우리는 예수님처럼 '상처 입은 치유자'가 되어야 합니다. 세상을 살다 보면 상처를 주고 받는 일은 불가피합니다. 그렇다고 늘 상처 안에 갇혀 살아서는 안 됩니다. 상처에도 불구하고 오히려 남을 치유하다 보면 나도 살고 남도 사는 역사가 일어나게 됩니다.

어떤 분은 몇 년 전에 갈등하던 문제를 수년 동안 동일한 레퍼토리로 머리를 싸매고 살고 있습니다. 얼마나 안타까운 일입니까? 상처와 문제에 매몰되어 삶의 모든 에너지를 엉뚱한 곳에 방출하며 살아가는 사람들이 의외로 많습니다. 그런 것은 빨리 떠나보낼수록 좋습니다. 할 일은 많고 인생은 너무 짧습니다. 하나님의 은혜 안에서 과거와 빨리 결별해야 합니다. 그리고 새롭게 시작해야 합니다. 매듭짓기를 빨리빨리 해야 합니다.

상처에 매몰되지 않기를 기도하며, 진리를 굳세게 붙잡고, 갈등이 있더라도 짧은 시간에 끝내십시오. 힘들고 이해되지 않더라도 주님의 말씀에 순종하십시오. 그러면 하나님의 놀라운 기적이 일어나게 됩니다. 이것이 바로 참된 그리스도인이 가져야 할 태도입니다.

'어른 아이'(adult child)라는 것이 있습니다. 피터팬신드롬(Peter Pan syndrome)을 지닌 사람을 뜻하는 말입니다. 피터팬신드롬이란 몸은 다 자란 어른인데 정신 연령과 하는 짓이 어린아이와 같은 경우를 가리킵니다.

영적으로도 이런 경우가 있습니다. 신앙 연수가 많아도 성장하지 못한 채 어린아이로 남아 있는 사람이 있습니다. 그런 사람은 늘 의존적이고, 남을 돕지도 못하고 나약한 신자로 늘 불안스럽게 서 있습니다. 훈련이 되지 않아 영적 미숙아로 살아갑니다. 죄의 체질에 따라 늘 넘어지기를 반복하며 살아갑니다.

　무술을 하는 사람도 10년, 20년이 지나면 내공이 쌓여 일정한 경지에 이릅니다. 그런 유단자들은 평상복을 입고 가만히 서 있어도 다른 사람들이 기품을 느낍니다. 초보자들이나 폼을 잡지, 도 닦은 사람들은 일부러 티 내지 않는데도 우러납니다.

　영성에 있어서도 마찬가지입니다. 예수님을 믿지 않는 사람이, 예수님을 10년, 20년 믿은 우리를 척 보면 '와, 뭐가 있다. 함부로 할 수 없구나' 하고 생각해야 합니다. 예수님을 믿지 않는 사람이 직장에서 나를 함부로 대한다면 이미 끝난 게임입니다. 그가 왜 나를 무시합니까? 내게서 그리스도인다운 기품을 느끼지 못했기 때문입니다. 교회를 다닌다고 다녔지만, 초보 단계의 수준에 머물러 그냥 왔다 갔다 한 것입니다.

　우리 자신을 진단해 보기 바랍니다. 얼굴만 봐도 무언가 다른 느낌이 있어야 하는데, 교회를 20년 다녔어도 날라리 신자 같다고 한다면 대성통곡해야 합니다. 지금까지 하나님 앞에서 믿음으로 살아왔다면 영적 내공이 품어져 나와야 합니다. 세상 사람들을 압도하는 위엄이 드러나야 정상입니다. 나는 조금씩이라도 매일 변화를 경험하고 있습니까?

영적 근육질을 다듬어라

　영적 훈련을 통해 습관을 만들 때, 훈련이라고 해서 교회에서 무슨 코스를 밟는 것을 연상해서는 곤란합니다. 그보다는 우리 삶의 전 영역을 통해 훈련받는다는 자기 훈련의 관점에서 생각해야 합니다. 물론 교회의 여러 가지 훈련 프로그램에 참여하는 것도 좋은 일입니다. 그러나 가장 중요한 것은 삶의 전 영역에서 스스로가 하나님 앞에서 훈련하기로 마음먹고 실행하는 일입니다.

 흔히 운동선수라고 하면 목에 메달을 걸고 태극기를 응시하는 영광스러운 모습을 연상하기 쉽지만, 그것만이 전부가 아닙니다. 특히 스포츠 스타들이나 유명한 예술가들에게서 그런 것들을 발견할 수 있습니다.

 독일에서 발레리나로 이름난 강수진 씨는 독일 사람들도 추앙해 마지않을 만큼 아주 유명합니다. 몸은 가늘디 가늘어 아주 연약해 보이는데, 의외로 별명이 '강철 나비'라고 합니다. 한때 인터넷에서 화제를 일으킨 그녀의 발 사진을 본 적이 있습니다. 참으로 충격적이었습니다. 그것은 여자의 발이라고 보기 힘든 것은 물론, 사람의 발처럼 보이지도 않았습니다. 얘기를 들어보니, 공연을 위해 어찌나 연습하는지 한 공연을 위해 발레용 신발인 토슈즈 수백 켤레가 다 닳아서 없어질 정도라고 합니다. 그러니 발이 남아날 리 만무하지요. 그래도 아름다운 발입니다.

 정경화 씨가 바이올린 연습을 하는 것을 보고 '매일 고시를 치르는 사람처럼 보인다'고 그녀의 형부가 말했습니다. 그렇게 대가인데도, 큰 공연이 아니어도 그 전날 밤엔 어김없이 밤을 새워 연습한다고 합니다.

 김연아 선수는 어떻습니까? 고난도의 점프 하나를 위해 수없는 엉덩방아를 찧습니다. 이처럼 훈련 과정은 결코 쉽지 않습니다. 사실 '훈련', '연단'은 무시무시한 단어입니다.

 이것은 영적 세계에서도 마찬가지입니다. 바울은 신앙을 운동 경기에 비유했습니다. "운동장에서 달음질하는 자들이 다 달릴지라도 오직 상을 받는 사람은 한 사람인 줄을 너희가 알지 못하느냐 너희도 상을 받도록 이와 같이 달음질하라"(고전 9:24).

뛰는 사람은 많지만, 상 받는 사람은 많지 않습니다. 우리 마음 같아서는 올림픽에 출전하기만 하면 메달을 딸 것 같지만, 실제로 나가서 뛰는 것과 머리로 생각하는 것은 다른 문제입니다. 바울은 이렇게 덧붙이고 있습니다. "내가 내 몸을 쳐 복종하게 함은 내가 남에게 전파한 후에 자신이 도리어 버림을 당할까 두려워함이로다"(고전 9:27).

내가 남에게는 전파했지만 도리어 나 자신은 버림받지 않을까 두렵기 때문에 날마다 자기 몸을 쳐 복종케 한다는 것입니다. '몸을 친다'는 것은 복싱 용어입니다. 당시에는 운동 경기가 매우 활발했는데, 바울이 그 장면을 염두에 두고 이 구절을 쓴 것입니다. 마치 복서가 코너로 상대방을 몰아가며 KO패시키듯이 자기 자신을 쳐서, 육신을 쳐서, 완전히 복종시켜서 KO패시키는 삶을 살았다는 고백입니다.

우리가 하나님 앞에서 취해야 할 삶의 태도가 어떤 것인지를 알게 해 줍니다. 쉽지 않습니다. 오죽하면 바울이 땀을 뻘뻘 흘리고 연습하는 모습을 상상하면서 이 말씀을 기록했겠습니까? 영적인 세계로 나아가는 것을 간단하게 생각하지 않아야 합니다. 그러나 너무 겁먹지도 마십시오. 땀을 흘리고, 대가를 지불하면 보상은 너무도 큰 것입니다. 영광의 날을 기대할 수 있습니다.

영적 체질을 바꾸려면 끊임없이 하나님 앞에 엎드리는 훈련이 필요합니다. 어떤 때는 기도하는 것이 쉽지 않습니다. 앉아 있으면 별 생각이 다 나고, 새벽 기도라도 나오려고 하면 나오지 못할 온갖 이유와 변명이 쏟아집니다. '나는 새벽잠이 많다. 나는 최소한 7시간은 자야 한다. 오늘 할 일이 많다. 몸이 피곤하다. 건강이 중요해. 꼭 교회에 가서 기도해야 하나, 주차할 곳이 없다' 등등 그야말로 나오지 못할 사연은 얼마든지 만들 수 있습니다. 그러나 바꾸어 생각해 봅시다. 나오지 않아야 할 이유만큼 나와야 할 이유도 많지 않습니까? 이처럼 우리로 하여금 부정적으로 생각하게 만들고 영적인 삶을 살지 못하도록 하는 다양한 이유들을 극복해야 합니다. 그러려면 일정한 훈련이 필요합니다. 이미 살펴보았듯, 나 자신을 훈련시키는 일은 시간이 걸릴 뿐더러 일정한 대가를 치러야 하는 과정입니다.

대가 지불을 한 만큼 열매는 달다

너무 쉽게, 너무 편안하게 신앙생활하려고 해서는 안 됩니다. 실력을 검증받는 순간은 언젠가 반드시 오게 되어 있습니다. 사실 평소에는 자기 훈련을 했는지, 연단을 했는지, 자신을 쳐서 복종시키는 그런 삶을 살았는지 알 수 없습니다. 그러나 검증의 시간은 반드시 오게 되어 있습니다. 시험이 찾아올 때, 삶의 위기가 닥칠 때에는 그동안 내가 어떻게 신앙생활을 해 왔는지가 뼈저릴 정도로 확연히 드러나는 법입니다.

어려움이 오면 누구라도 기도합니다. 그러나 지금까지 기도해 왔던 사람과 그렇지 않은 사람은 확연하게 다른 모습을 드러내게 됩니다. 기도로 훈련되어 온 사람은 쉽게 산을 넘어갑니다. 그러나 훈련되지 않은 사람은 어려움이 찾아왔다고 기도가 술술 풀리지 않습니다. 마음은 하고 싶어도 선뜻 입이 떨어지지 않습니다. 바로 육적 체질이 잡혀 있기 때문입니다. 영적인 체질이 아니면 기도도 되지 않아서 그저 한숨만 푹푹 내쉴 뿐입니다.

반드시 기억하십시오. 육체가 요구하는 대로 따라가면 소망이 없습니다.

잠깐 신앙이 뜨거워진다고 안심하지 마십시오. 결정적인 순간 제자리로 돌아가려고 하는 힘의 지배를 받는 것입니다. 몸을 쳐 복종케 하십시오. 육체가 요구하는 것을 뿌리치고 하나님의 진리의 말씀을 따라 살아가고자 투쟁하는 삶을 살기 바랍니다.

다윗이 골리앗을 향해 물맷돌을 들고 뛰어가는 장면을 상상해 보십시오. 그의 돌팔매 실력이 하루아침에 나온 것이겠습니까? 하나님은 다윗이 평소에 갈고 닦았던 것을 사용하셔서 역사를 이루셨습니다. 훈련이 그만큼 중요합니다. 잘 훈련되어야 주님이 쓰고자 하실 때 적재적소에서 효과를 발휘할 수 있습니다. 교회를 섬기는 훈련도 평소에 조금씩 해 둬야 합니다. 언젠가 여유가 생기면 훈련하겠다고 말하는 것은 핑계일 뿐입니다. 실력은 한순간의 결심으로 이루어지지 않습니다.

바울은 경건의 훈련을 하게 되면 금생과 내생에 유익이 있다고 강조합니다. "육체의 연단은 약간의 유익이 있으나 경건은 범사에 유익하니 금생과 내생에 약속이 있느니라"(딤전 4:8). 말씀 묵상을 훈련하십시오. 기도 생활을 훈련하십시오. 남을 섬기고, 교회를 섬기고, 전도하는 훈련에 힘쓰십시오. 성경을 펴면 무언가 눈에 확 들어오도록 실력을 갈고 닦아야 합니다. 말씀 묵상이 별것 아닌 것 같지만 매일 조금씩 쌓이면 1년, 2년, 10년 사이에 무서운 실력이 됩니다.

새벽 기도의 훈련은 우리에게 큰 축복이 됩니다. 도시의 삶은 너무나 분주합니다. 새벽마다 모든 난관을 뚫고 나와 기도하기가 쉽지 않지만 훈련이 되면 내 삶을 붙들어 주는 힘이 됩니다. 꾸준한 훈련을 통해 무언가 계속 경건의 모습을 가지려고 노력하는 과정이 중요합니다. 그러다 보면 영적 근육질이 생기게 되고 어느 날 나도 모르게 영적 거인의 자리에 서게 됩니다.

우리 믿음의 선진들이 걸어갔던 그 길을 오늘 우리도 열심히 따라가야 합니다. 날마다 약골 신앙으로 허덕이며 살아가는 것이 좋습니까? 병든 신앙, 병든 체질로 남의 도움만 구할 것이 아니라 매일 훈련을 통해 건강한 영적 체질이 잡혀야 합니다.

영적 훈련의 목표

영적 훈련을 하려면 정확한 목표를 세우는 것이 필요합니다. 과욕을 부려 너무 높은 목표를 설정하지 말고 우선 하나에서 세 가지 정도의 목표를 세우는 것이 좋습니다. 그래야 질리거나 지치는 일 없이 꾸준히 훈련할 수 있기 때문입니다. 무엇보다 의지적 결단에 따라 작정하고 빠짐없이 실행에 옮기는 일에서 실패하지 말아야 합니다. 세상에 저절로 이루어지는 일은 아무것도 없습니다. 영적 세계에서도 공짜가 없습니다.

영적 훈련 과정은 결코 쉽지 않습니다. 포기하고 싶은 때가 한두 번이 아닐 것입니다. 그래도 버텨 내야 합니다. 김연아 선수도 포기하고 싶은 순간이 한두 번이 아니었다고 고백하더군요. 그래서 어머니와 수없이 싸우고, 그만두기를 다짐하기도 했답니다. 그래도 포기하지 않고 끝까지 했더니, 그 힘든 기술을 터득했다고 합니다. 마침내 그 결과가 어떠했습니까? 명실상부한 월드 챔피언, 금메달리스트의 자리에 오르게 되었습니다.

세상의 영광을 위해서 이 정도라면 우리는 더욱더 노력할 필요가 있습니다. 우리에게 주어질 면류관은 세상의 것과 비교할 수 없는 영광이 있습니다. 성경에는 상에 대한 약속이 많이 언급되고 있습니다. 상을 얻고자 하는 마음을 가진 사람과 그렇지 않은 사람은 태도가 완전히 다릅니다. 하늘의 상을 기대하는 신자가 되어야 합니다. 상을 기대하는 사람은 지금보다 나중에 더 좋은 것을 기대하는 삶입니다. 이 땅에서 승부를 내려고 하지 않고 마지막 날에 하나님 앞에 서는 날에 대한 기대를 가지고 달려가야 합니다.

모두 하나님 나라의 스타플레이어들이 되시기 바랍니다.

체질을 바꾸면 자유가 온다

힘든 훈련 끝에는 자유가 옵니다. 처음에는 영적 훈련의 과정이 자신을 속박하는 듯하지만, 일단 습관이 잡히면 오히려 자유로워집니다. 영적 체질과 훈련된 거룩한 습관이 나로 하여금 건강한 삶을 영위하게 하기 때문입니다.

이것이 주님의 메시지입니다. "진리를 알지니 진리가 너희를 자유롭게 하리라"(요 8:32). 진리를 안다는 것은 머리로 아는 것을 가리키지 않습니다. 진리가 삶 속에 체득되고 깊이 경험되면 어느 순간부터 진리가 나를 자유로운 삶으로 이끌어 간다는 뜻입니다.

우리는 별것 아닌 일에 너무 자주 흔들립니다. 몇 번이고 결심해도 오래지 않아 재수강할 때가 많습니다. 유치원을 20년 다니면서 회장하면 무얼 합니까? 한 단계씩 성장하지 않으면 헛수고요 시간 낭비일 뿐입니다. 마찬가지로 우리의 신앙도 자라나야 합니다. 작년보다 올해가 더 나아져야 합니다. 만약 내가 10년을 믿었다면, 10년만 한 신앙의 깊이를 지녀야 합니다.

여러분, 오해하지 마십시오. 어떤 직분을 가지라는 이야기가 아닙니다. 중요한 것은 영적인 실력입니다. 지난 2000년 기독교 역사에서 수많은 믿음의 사람들이 각자 하나님 앞에서 자신만의 레이스를 달려갔습니다. 그러나 그들은 오직 자기 자신과 경쟁했을 뿐, 어느 누구와 자신을 비교하고 경쟁하진 않았습니다.

마찬가지로 우리의 믿음도 그러해야 합니다. 내가 하나님 앞에서 어떤 사람이 되어야 할 것인가에 목표를 두고, 성경의 위인들을 바라보며 힘차게 달려가야 합니다. 주위의 누구보다 앞서기 위해서가 아니라, 내게 맡겨진 여정을 차분히 밟아 가야 합니다. 그럼으로써 해가 가면 갈수록 영적으로 더 도약하는 역사가 일어나야 합니다. 견고한 믿음의 뿌리를 내림으로 흔들리지 않고, 어떤 시련과 유혹이 와도 제자리를 지키며 주변에 위안을 주는 걸출한 믿음의 인물이 되어야 합니다.

영적 거장이 되고 영적 거목이 되는 꿈을 가지십시오. 특별히 신앙 생활한 지 5년 이상 됐다면 영적 거목의 길이 이미 시작된 것입니다. 두려워 말고 자신의 현재 모습을 냉정하게 평가해 보아야 합니다. 거듭 말하지만 겉모양이 중요한 게 아닙니다. 우리의 심령이 하나님 안에서 깊어져 가야 합니다. 이것은 너무도 영광스러운 일입니다. 우리가 서로 격려하며 달려가야 할 목표는 분명합니다. 늘 넘어지고 깨어지는 모습의 반복을 당연하게 받아들이면 안 됩니다. 믿어 온 세월만큼 마땅한 모습이 드러나야 합니다. 도중에 포기하지 않기 바랍니다. 대가를 지불한 만큼 진가를 드러낼 것입니다. 못된 육이 시키는 대로 따라하는 삶을 청산해야 합니다. 그리고 성령이 이끄는 대로 살아가는 자유인이 되어야 합니다.

Day 11 　건강한 신자는 늘 목마르다 시 63:1~4

Day 12 　신앙은 길이가 아니라 깊이다 시 1:1~6

Day 13 　바닥을 긁지 말고 흘러넘치게 하라 요 10:10

Day 14 　축복의 강은 반드시 이곳으로 흐른다 수 6:15~16

Day 15 　성령이 이끄시는 공동체 행 2:14~18

Part 3
풍성한 삶을 기대하며

Day 11

건강한 신자는 늘 목마르다

●

하나님이여 주는 나의 하나님이시라 내가 간절히 주를 찾되 물이 없어 마르고 황폐한 땅에서 내 영혼이 주를 갈망하며 내 육체가 주를 앙모하나이다 내가 주의 권능과 영광을 보기 위하여 이와 같이 성소에서 주를 바라보았나이다 주의 인자하심이 생명보다 나으므로 내 입술이 주를 찬양할 것이라 이러므로 나의 평생에 주를 송축하며 주의 이름으로 말미암아 나의 손을 들리이다
시편 63편 1~4절

가장 겸손한 사람에게 주님의 은혜가 임하신다. 따라서 우리는 목마른 자의 겸손을 지니고, 얼마든지 채워 주실 하나님 앞에서 좀 더 주시기를 간청하며 물러서지 않아야 한다. 성령의 역사가 일어나는 곳은 굶주린 영혼이 간구하는 자리이다. 은혜 받지 못하면 살지 못하리란 고백이 있는 곳에 부흥이 임할 것이다.

목마름이 생명으로 이끈다

시편 63편의 시인은 목마른 영혼입니다. 보통 목마른 것이 아니라 죽기 직전의 상황으로 보입니다. "하나님이여 주는 나의 하나님이시라 내가 간절히 주를 찾되 물이 없어 마르고 황폐한 땅에서 내 영혼이 주를 갈망하며 내 육체가 주를 앙모하나이다"(시 63:1).

물이 풍족한 우리나라의 환경에서는 실감하기 어려운 말씀입니다. 사막이 많은 척박한 팔레스타인의 환경에서는 심각한 상황입니다. 사막에 가 본 적이 있습니까? 사막에서는 가도가도 온통 모래 바다만 가득합니다. 그곳을 상상해 보면, 시편 63편의 상황은 우리의 상상을 초월하는 환경입니다.

가장 위험한 순간이 찾아올 때

시편 42편의 시인은 자신을 척박한 사막 한가운데 목말라 기진한 사슴에 비유합니다. "하나님이여 사슴이 시냇물을 찾기에 갈급함같이 내 영혼이 주를 찾기에 갈급하니이다"(시 42:1).

만약에 물을 찾지 못하면 필경 죽게 될 지경으로, '갈급하다'란 그저 목이 좀 마르다는 정도가 아닙니다. 생명의 촌각이 오간다는 뜻입니다. 그야말로 대단히 심각한 상황입니다.

한번 상상해 보기 바랍니다. 사슴이 목말라 이리저리 샘물을 찾아 헤맸지만 결국 물을 찾지 못했습니다. 그래서 이젠 기운도 다 빠졌는데, 야속하게 태양만 내리쬘 따름입니다. 결국 사슴은 지쳐 쓰러지고 말았습니다. 완전히 기진맥진해 혀가 반쯤 나오고 진액이 빠져 헉헉대는 상태입니다. 이젠 발가락 하나 까딱할 수 없을 만큼 지쳐서 완전히 탈진해 눈만 겨우 깜빡

거리고 있습니다. 거의 죽기 직전에 처해 있습니다.

시인은 지금 자신의 영혼이 이 사슴과 같은 상황이라고 표현합니다. 주님을 찾기에 그만큼 갈급하다는 뜻입니다. 죽음의 공포가 몰려오는 심각한 상황, 물 한 방울이라도 떨어지기를 바라는 절박한 상황을 묘사하고 있습니다.

신앙생활을 하다 보면 위험한 순간이 많이 있습니다. 영적인 갈급함이 사라질 때가 그렇습니다. 예배에 참여하고 교회에 빠짐없이 오가며 영적 배고픔이 없는 상태에 놓일 수 있습니다. 영적 포만감에 빠져 지냅니다. 특히나 우리 교회와 같이 대형 교회는 집회가 많고 은혜 받을 기회가 많다 보니 그 위험성이 더욱 높아질 수 있습니다. 늘 채워지고 있으니까, 언제 가든 먹을 수 있으니까, 갈급해 하지 않는 것입니다.

반면 오지에서 사역하는 선교사님들은 한국인도 만나지 못하고, 은혜 받을 길도 없어 항상 영혼이 갈급한 상태에 있습니다. 그런 갈급한 상태에 있던 분들이 한국을 방문하여 우리가 드리는 예배당 안으로 들어오면 들어서는 순간부터 눈물 콧물 다 흘리며 은혜의 바다에 빠집니다. 과장된 표현이라 생각할지 모르겠지만, 말 그대로 기절합니다. 너무 오랜 세월 동안 은혜로운 환경에 굶주렸기 때문입니다. 너무 목이 말랐던 것입니다.

지금도 러시아나 중국 오지의 지하 교회에 가면 예배를 마쳤는데도 성도들이 돌아가지 않는답니다. 아직도 은혜에 목이 말라 한 번의 예배로 돌아갈 수 없다는 것입니다. 일주일에 한 번 한 시간의 예배로는 만족하고 돌아갈 수 없다는 겁니다. 북한의 지하 교회도 그렇지 않겠습니까? 이들을 교회에 머물게 하는 것은 바로 그러한 배고픔과 갈증입니다. 당장 단 한 방울의 물이라도 얻고자 물러설 수도 없다는 강력한 의지의 표현인 것입니다.

가끔 외부 집회를 인도하다 보면, 첫날 성도들의 영적 갈증과 배고픔의 정도에 따라 그 집회의 성패를 어느 정도 가름하게 될 때가 있습니다. 그래서 목회를 잘하는 분들은 미리 성도들로 하여금 영적으로 굶주리게 만드는 것을 보게 됩니다. 기도를 많이 하고 주님께 갈망하게끔 해서 가난하고 의에 주리고 목마른 자로 돌려놓는 겁니다. 그러면 집회 인도자가 별말을 하지 않아도 성령이 임하시는 것을 봅니다. 반면 어떤 교회에 가 보면 "됐습니다. 목사님! 그저 이대로 충분합니다"라는 분위기가 감지될 때도 있습니다.

목마른 자, 갈급한 자를 위해 성령님은 말씀을 전하는 자를 사용하십니다. 따라서 말씀을 전하는 자는 그저 성령의 도구입니다. 하나님께서 영혼의 갈급함을 보시고 저와 같은 도구를 사용해서 아낌없이 흘러 보내게 하십니다.

제가 호주에 있을 때 어느 날 새 한 마리가 교회 주차장에 집을 짓고 새끼를 여러 마리 낳은 것을 본 적이 있습니다. 새끼들은 쩍쩍거리며 먹을 것을 달라고 야단이었습니다. 그러자 어미 새가 먹이를 잡아 새끼들에게 나눠 주는데, 가만히 보니 여러 마리의 새끼들이 입을 벌리고 있는데 어미 새는 어떤 새끼에게 조금 전에 먹이를 줬는지 정확히 기억하고 골고루 분배하는 것이었습니다. 어떻게 그럴 수 있을까요? 입을 가장 크게 벌리는 새끼에게 주었던 겁니다. 재미있는 것은 조금 전 한 번 받아먹은 새끼는 입이 적게 벌어지고, 배고픈 새끼는 더 크게 벌리기 때문에 식별하기가 쉬웠던 것이지요.

하나님이 보실 때 우리 역시 이런 모습이 아니겠습니까? 신앙생활의 위험 신호는 갈급함이 사라지는 순간 나타납니다. 멈추어 서서 더 이상 신앙이 자라지 않을 때, 성장 멈춤병에 걸릴 때는 주로 이런 현상이 일어납니다. 문제는, 신앙이 정체로 인해 영적 분별력이 사라지고 스스로의 상태를 보는 감각이 둔감해지는 것입니다. 갈급함 자체가 사라져 버리는 것입니다. 영적 아쉬움이 전혀 없어지는 것이 문제입니다.

이런 주변 분들을 보면 안타깝습니다. 헛배가 불러서 갈급함이 없어진 것입니다. 영혼은 피골이 상접해 지쳐 쓰러질 지경인데도 굶주림을 느끼지 못하고 영적으로 죽어가는 것입니다. 배가 고프고 목이 마르다는 사실을 인식조차 못한다는 것은 비극입니다. 그야말로 중증입니다. 스스로 어떤 상태인지 전혀 모르는 것입니다. 죽어 가는데 그런 느낌이 없습니다. 정말이지 위험한 상태입니다.

건강한 신자는 언제나 갈급하다

건강한 신자는 언제나 목마른 사람입니다. 언제 만나도 며칠 굶은 사람 같습니다. 조금 전에 집회에서 은혜를 받았는데도 돌아서면 여전히 목이 말라 은혜가 필요하다는 얼굴입니다. "지금 내게는 하나님의 은혜가 필요합니다. 나는 굶주린 자입니다" 하는 고백을 온몸으로 쏟아 내는 사람입니다.

며칠을 굶으면 증세가 어떻습니까? 말 그대로 눈에 보이는 것이 없습니다. 저는 군대에서 그런 경험을 했습니다. 입이 까다롭다 보니 훈련소에서 음식들이 불결해 보여 먹지 않는 일이 잦았습니다. 고된 훈련을 하고 제대로 먹지 않았더니, 나중에는 보이는 것이 없어졌습니다. 급기야 쓰레기통의 음식이라도 먹을 수 있을 것 같은 지경이 되었습니다. 심히 배가 고파지면 체면도 없습니다. 배고파 쓰러질 지경인데 무슨 지성이 필요하겠습니까?

우리가 주님 앞에 나올 때도 이와 마찬가지입니다. 정말로 은혜를 간구하는 사람들은 태도가 다릅니다. 집어삼킬 듯 외칩니다. "하나님, 나를 살려 주세요! 하나님께서 은혜를 주지 않으시면 저는 일어나지 못합니다. 오늘 세상을 살지 못합니다. 내 힘으로 살 수 없습니다!" 이처럼 외친 성경의 인물들이 참 많습니다.

수로보니게 여인을 생각해 보십시오. 주님은 그 여인을 외면하셨습니다. 자꾸 귀찮게 하니 의도적으로 내쳐 버리기까지 하셨습니다. 뿐만 아니라 모욕적인 말씀도 하셨습니다. 모진 수모를 당했지만, 여인은 결코 물러서지 않았습니다.

"개들이라 해도 주인의 상에서 떨어지는 부스러기라도 먹지 않습니까?"(막 7:28)라는 그녀의 대답을 보십시오. 바닥까지 바싹 엎드렸습니다. 필사적으로 매달립니다. 그래서 어떻게 되었습니까? 은혜를 얻었습니다. 이것이 바로 갈급한 사람의 자세입니다.

교회에 오다가 주차장에서 주차 요원이 약간 기분 나쁘게 했다고 예배를 드리지 않은 채 돌아가는 분들도 가끔 있습니다. 아마도 아직 영적으로 배가 고프지 않은 것입니다. 하나님의 은혜를 사모하는 사람은 "발로 차고 밀어낸다고 해도 나는 들어가겠습니다" 하는 자세로 예배드리러 옵니다. 그럴 때 은혜를 받습니다. 조금 기분이 상했다고 "이 교회, 서비스가 왜 이래?" 하는 것은 배부른 사람의 타박일 뿐입니다.

맹인 바디매오는 어떠했습니까? "다윗의 자손이여! 나를 불쌍히 여기소서!"라고 소리쳤습니다. 주변에서 온통 그를 야단쳤지만 결코 물러서지 않습니다. 왜 그랬습니까? 심히 배고팠기 때문입니다.

삭개오를 보십시오. 그는 얼마나 목말라 했습니까? 그토록 원하던 돈도 벌었고 세상 지위도 다 가졌습니다. 로마의 권력을 등에 업은 채, 세상적으로 말하면 성공한 인물이었습니다. 그런데도 그는 주님께 대한 목마름이 있었습니다. 그래서 예수님이 오신다는 소문을 듣고 바로 달려 나간 겁니다. 키가 작아 수많은 무리 가운데 계신 예수님을 볼 수 없자, 자신의 체면조차 잊어버리고 뽕나무 위로 올라갔습니다. 아무리 그래도 사회적 위신이 있는 사람인데, 나무 위로 기어 올라가서 주님을 보겠다니 그야말로 목이 탔음을 온몸으로 보여 준 것입니다.

삭개오는 대단한 용기를 냈던 것입니다. 주님 얼굴을 보기 위해 나무를 탈 수 있겠습니까? 이는 예배드리기 위해 주차 공간을 뚫고 오는 일과는 비교도 안 되는 일입니다. 그야말로 죽어도 만나겠다는 겁니다. 오늘은 끝장을 내고야 말겠다는 것입니다. 삭개오가 올라가자마자 주님께서 고개를 돌려 그를 바라보셨습니다. "삭개오야! 내려오라." 주님은 이미 그의 목마름을 간파하셨습니다.

목마른 만큼 채워진다

좋은 신자는 영적인 사모함이 남다릅니다. 은혜가 있는 곳에 항상 그도 언제나 있습니다. 남들보다 훨씬 더 강력한 영적 갈망을 지녔기 때문입니다. 이것은 마치 하나의 공식과도 같습니다. 목이 마른 만큼 채워지는 것입니다. 아무리 하늘에서 은혜가 장대비처럼 쏟아지고 있어도 내 영이 무언가로 가득 채워져 있다면 아무 소용없습니다.

오늘날 이런 영적인 목마름이 우리에게서 사라져 가고 있습니다. 개인의 문제만이 아니라 한국 교회 전체에 밀려오는 분위기입니다. 옛날, 가마니를 깔고 하나님 앞에 엎드렸을 때의 첫사랑을 잃어버린 것입니다. 너무 좋은 조건과 환경을 다 갖추었는데 영적 갈망은 사라져 버렸습니다.

육신의 배부름이 가져온 부족함

일반적으로 경제 성장과 영적 성장은 긴밀히 연관됩니다. 바로 서구 교회의 붕괴도 경제적 부와 직결되어 있습니다. 일반적으로 국민소득 1만 불이 넘어가면서 조짐이 시작되고, 2만 불이 넘어가면서 급격하게 세속주의가 가속화되고 맘몬주의가 기승을 부리는 것입니다.

제가 호주에 있을 때 여러 해 동안 한국 교회를 오가면서 느낀 인상도 그러했습니다. 한국이 경제적으로 윤택해져 가는 것과 동시에 느껴지는 영적 기상도의 변화였습니다. 경제적 성장은 지독한 가난을 겪었던 우리 민족에겐 너무도 다행스런 일이고 축복인 것이 사실입니다. 경제적으로 성장하고 세계적으로 경제대국이 되었습니다. 하나님의 은혜입니다.

그런데 문제는 여기서부터입니다. 영적 계기판에 빨간 불이 켜진 것입니다. 먹고 살 만하면서 절박한 기도 제목이 사라져 버렸습니다. 인간은 참으로 간사한 존재입니다. 다음 먹을 끼니만 있어도 기도가 나오지 않는 것이 인간의 모습입니다.

한국 교회가 세계에서도 알려진 것은 뜨거운 기도의 헌신과 열정입니다. 한국 교회의 기도 종류도 얼마나 다양합니까? 철야 기도, 새벽 기도, 통성 기도가 모두 한국산입니다. 특히 통성 기도와 '주여 삼창'은 우리만 하는 것입니다. 우리에게는 부르짖는 영성이 있습니다. 부르짖어야 기도한 것 같습니다. 이 부르짖음의 영성이 바로 배고픔에서 나왔습니다. 배가 고프지 않는데 어찌 부르짖겠습니까?

몇 년 전부터 서구 교회나 풀러신학교에서도 한국 교회의 통성 기도가 위력이 있다고 하면서 따라하기 시작했다고 합니다. 처음엔 "Lord! Lord! Lord!" 했지만 뭔가 살아나지 않는 것 같아, 이제는 한국말로 "주여! 주여! 주여!"라고 외친다고 합니다.

제가 어릴 때만 하더라도 금식 기도가 아닌 굶식 기도였습니다. 먹을 것이 없으니 자연스레 금식 기도가 되었습니다. 그래서 소나무를 붙잡고 당장이라도 뽑을 듯한 기도를 할 수 있었습니다. 한국 교회의 영성은 바로 여기에 깊이 뿌리내리고 지금까지 왔습니다.

저도 고등학교 방학에 김해의 한 기도원에 가서 일주일씩 금식 기도를 하던 기억이 있습니다. 고등학생이면 먹고 싶은 것이 얼마나 많았겠습니까? 한참 자랄 나이인데다 남학생이니 한 끼라도 건너뛰면 죽을 맛입니다. 그런데 일주일씩이나 금식을 하려니, 정말 쉽지가 않았습니다. 제가 신앙이 좋아서 그렇게 한 것이 아니라 그만큼 절박하게 부르짖을 일들이 많았던 겁니다. 어린 시절이었지만 일주일 금식을 할 만큼 갈급했던 사연들이 있었던 것입니다. 당시는 어려움들로 인해 어쩔 수 없이 기도를 했지만 그것이 바로 나를 살려 준 것이고 신앙을 다지는 기회가 된 것입니다.

우리는 이런 기도의 야성을 회복해야 합니다. 한국 교회의 새벽 기도, 철야 기도가 다시 뜨거워져야 합니다. 예전에는 철야 기도를 하지 않는 교회가 없었습니다. 불길처럼 밤을 지새우며 기도했습니다. 그런 후 장의자에 누워 잠깐 눈을 붙이고는 바로 또 새벽 기도를 드렸습니다. 집에도 가지 않았습니다. 완전히 밤을 새웠습니다.

옛날 한국 교회에는 기도의 야성이 있었습니다. 기도가 동력이었고, 기도하는 힘이 한국 교회를 살렸습니다. 그런데 이제 그 야성이 사라져 가고 있습니다. 참으로 안타깝습니다. 지금은 철야 기도를 하는 교회가 많지 않습니다. 심야 기도, 저녁 기도로 간단하게 모이다가 아예 없어져 버렸습니다. 어느 교회나 기도회는 인기 없는 프로그램이 되고 말았습니다.

수영로교회가 지금도 금요 철야 기도회와 월요 산 기도를 계속하고 있다는 것은 축복된 일입니다. 지금도 철야 기도회는 유명합니다. 산 기도를 드릴 때도 한밤중에 산의 곳곳으로 흩어져 겨울이라도, 비가 와도 무릎 꿇고 기도를 했던 기억이 있습니다.

이렇게 강력하게 기도를 붙들었던 힘은 무엇일까요? 우리가 목마르고 굶주렸기 때문입니다. 당면한 현실이 부르짖지 않으면 안 되는 절박한 일들로 가득 차 있었던 것입니다.

한국 교회에 무엇인가 이상한 징후가 생겼습니다. 영적인 갈망이 많이 사라졌습니다. 푹신한 소파에 앉아 있다 보면 기도가 터져 나오지 않습니다. 기도가 달라졌습니다. "하나님, 뭐 필요한 것 있으세요? 제가 뭐 좀 도와드려요?"

우리는 지금 한국 사회가 선사하는 배부름의 문화에 자신도 모르게 빠져들어 있습니다. 이제는 돌이켜야 합니다. 심령이 가난한 자, 의에 주리고 목마른 자의 자리로 돌아가야 합니다. 그것만이 살 길입니다.

영적 교만에는 약이 없다

라오디게아 교회는 영적 포만감에 몸을 가누지 못하고 있었습니다. 주님은 그들을 향해 "실상은 벌거벗었으나 자신의 부족함을 알지 못했다"(계 3:17)고까지 말씀합니다. '나는 부자라, 부요하고 부족함이 없다'고 자신만만했지만 그들은 벌거벗은 자들, 아무것도 없는 자들이었습니다.

당시 라오디게아 지역은 온천이 있었고 부요한 지역이었습니다. 물질적 부가 영적 자만과 연관됨을 반증하는 또 하나의 예라 하겠습니다.

왜 이런 영적 교만이 찾아든 것입니까? 더 이상 배울 것이 없다는 생각이 고개를 든 순간 교만이 찾아드는 것입니다. 한순간이었습니다. 아주 조그만 틈으로 교만이 침투해도 그것으로 끝입니다.

10년, 20년 다니고 직분도 받게 되면 '이 정도면 됐다'고 합니다. '나만큼 은혜 받은 사람이 어디 있냐'고 합니다. 모두가 나만큼은 못해 보이고 내가 받은 은혜가 최고인 듯 생각됩니다. 그래서 늘 다른 사람을 가르치려고 하고 배우려고 하지 않습니다. 이때가 바로 영적 교만이 찾아온 것입니다. 그런데 이 영적 교만에는 처방약도 별로 없습니다. 그래서 다른 교만보다 훨씬 위험합니다. 이 병에 빠지면 아무 말도 듣지 않기 때문입니다.

오늘 여러분은 어떻습니까? 직분이 어떻든, 얼마 동안이나 신앙생활을 해 왔든, 영적 경륜을 자랑하지 않고 언제나 하나님 앞에 바싹 엎드린 채 영적 허기를 호소합니까? 언제나 처음과 같은 마음을 가지고 주님의 은혜를 갈망하십니까? 훈련을 아무리 열심히 받고 아는 것이 아무리 많아도 그것이 전부가 아닙니다. 하나님의 은혜가 아니면 한순간도 나를 지탱할 수 없는 연약한 인간임을 고백하는 겸손한 태도가 필요합니다.

언제나 초신자 때의 자세, 초심을 유지해야 합니다. 하나님의 충만은 아무 곳에나 채워지지 않습니다. 영적으로 교만해지는 순간 영은 죽습니다. 언제나 나를 비우고 내 영이 갈급한 만큼 하늘의 것으로 채워집니다.

몸부림쳐야 산다

우리 시대에는 몸부림이 필요합니다. 마지막 때에 가만히 있으면 안 됩니다. 몸부림을 쳐야 하는데, 현대인들에게 특히나 필요한 영적 몸부림은 바로 금식입니다. 금식은 스스로 결단해 영적인 노력을 기울이는 것을 가리킵니다. 따라서 단지 식사를 하지 않는 것에 국한되지 않는 개념입니다.

다양한 금식을 꼽을 수 있습니다. 미디어 금식, 특히 텔레비전 시청 금식, 쇼핑 금식, 세상적으로 즐기는 것들에 대해 절제하는 일 모두가 금식입니다.

금식이란 나 스스로 광야를 만드는 행위입니다. 모든 것에 절제하면서 내 영혼이 주리도록 만드는 과정입니다. 육체가 원하는 대로 나를 내버려두면 한순간에 육적인 사람이 됩니다. 그러므로 거기에 종종 제동을 걸어야 합니다.

풍요로운 세상을 살다 보면 원하는 것이면 무엇이든 가질 수 있습니다. 잠시도 자신의 부족한 상태를 견디지 못하게 조장하는 이 부요한 문화의 한가운데서 우리는 스스로에게 절제 시스템을 가동해야 합니다. 물론 쉽지 않습니다. 그러나 육체가 원하는 대로 행한다면 우리에겐 소망이 없습니다.

육체적으로 연약해져 봐야 합니다. 단 며칠만 밥을 먹지 말아 보십시오.

사흘째가 제일 힘듭니다. 이 시간들을 통해 자신이 얼마나 연약한 존재인가를 절실히 깨닫게 됩니다. 얼마나 하나님의 도우심을 필요로 하는 나약한 모습인가를 깨닫게 될 때 내 영혼이 하나님을 갈망하게 됩니다.

병에 걸리신 분들이 이전보다 훨씬 더 하나님 앞에 갈망하는 모습을 보게 됩니다. 그 이유가 무엇일까요? 건강할 때는 늘 그럴 것처럼 생각되었는데, 육신에 질병이 찾아오고 한계에 부딪히면 자신의 무력함을 절감하기 때문입니다. 절박할수록 주님께 더 간절히 매달리게 됩니다.

우리 시대에 금식이 너무도 필요하다는 생각이 들고 적극 권장하고 싶습니다. 자주는 할 수 없을지라도 가끔씩이라도 시도할 필요가 있습니다. 하나님 앞에 나의 연약함을 선포하며 주님께 나아가기로 결단하십시오. 금식을 하다 보면 우리 안에 숨겨진 죄의 본성과 대면하게 됩니다. 내가 믿고 의지하던 것들이 무엇인지 자연히 드러나게 됩니다. 영혼이 청명해지는 것을 느낄 수 있습니다. 육체가 조금 불편할 뿐 영혼이 기뻐 춤을 추게 됩니다.

금식이 오히려 영적으로는 신자에게 양식이 됩니다. 다소 모순된 표현같지만, 우리 영혼을 하나님으로 배부르게 합니다. 모든 것이 넘쳐나고 손만 내밀면 원하는 것을 줄 수 있는 환경이 영적으론 대단히 위험한 때입니다. 그러므로 몸부림쳐야 합니다. 그렇지 않으면 나도 모르게 서서히 감지하지 못하는 가운데 죽어 가는 것입니다. 요즘 이 병에 걸린 분들이 많습니다.

우리가 의지적으로 결단해야 하는 영역이 참으로 많습니다. 순간적으로 가슴이 뜨거워질 수는 있지만, 그것만으론 충분치가 않습니다. 기본적인 틀이 잡혀야 하나님의 은혜가 제대로 담기게 됩니다. 말씀을 듣고 그저 '좋았다'로 끝나면 진짜 끝난 것입니다. 말씀을 듣고 순종할 부분이 어떤 것인지 결단하고, 하나님 앞에서 몸부림을 치려는 노력이 뒤따라야 합니다.

혹시 어떤 분들에게는 이런 메시지가 너무 부담될지도 모르겠습니다. 그러나 우리가 위험한 시대를 살고 있다는 것만큼은 분명히 기억하십시오. 그나마 몸부림이라도 쳐야 내 영혼이 하나님 앞에 어느 정도 설 수 있습니다.

겸손해야 할 이유

우리가 얼마나 자만하기 쉬운 존재인지, 조금만 힘을 가지면 내 힘으로 만사를 이룬 것같이 착각합니다. 인간의 심리가 이렇습니다. 처음에는 하나님의 은혜로 했다고 하더라도 나중에는 나도 좀 도왔다는 마음이 일어나는 것입니다. 좀 더 지나면 하나님은 나 없이는 아무것도 할 수 없다고 합니다. 마지막에는 내가 다 했다고 주장합니다.

인간의 교만은 아무리 억눌러도 다시금 고개를 듭니다. 옛 자아가 자꾸 되살아나는 것입니다. 항상 겸손해야 합니다. 하나님께서 손끝만 까딱하셔도 인류 역사의 흥망성쇠가 결정됩니다. 시편에서는 하나님의 콧김으로도 바다가 흉흉하게 된다고 말씀합니다(시 18:15). 우리는 정말 아무것도 아닙니다.

한국 사회의 성장은 전적으로 하나님의 은혜입니다. 전쟁의 폐허 속에 소망 없던 나라가 여기까지 온 것은 아무리 해석해도 주님의 은혜 때문인 줄로 믿습니다. 우리가 잘나서 이렇게까지 누리고 있다고 꿈에도 착각하지 않아야 합니다. 하나님께서 안아서 여기까지 오게 되었습니다.

오늘 우리에게 절대적으로 필요한 것은 겸손입니다. 돈이 많고 세상적으로 아쉬울 것 없는 분이 철야 기도회에 누비바지 같은 것을 입고 구석 자리에 무릎 꿇고 기도하는 모습은 아름답습니다. 가진 것 다 가지고 세상에 아쉬움이 없는 것 같은데, 아무것도 없는 자처럼 엎드려 기도하는 모습을 보노라면 그 자체가 은혜가 됩니다.

우리는 조금만 채워지면 어깨에 힘이 들어갑니다. 다리를 떨면서 폼을 잡고 마치 내 힘으로 모든 것을 이룬 양 착각합니다. 그러나 잠시라도 모든 것을 다 가진 듯 살지 않기를 바랍니다. 예수를 2, 30년씩 믿어도 언제나 초신자처럼 살기 바랍니다. 그때 주님의 은혜가 임하게 됩니다. 직분이 무엇이든, 얼마나 오래 믿어 왔든, 얼마나 큰 은혜를 받았든 언제나 가난한 자처럼 살아가십시오. 혹시 내 안에 자아가 가득 들어차 있다면 하나님께서 어떤 것으로도 채워 주실 수 없으니 회개하며 비우십시오.

바다에 왜 물이 모여드는지 아십니까? 그것은 바로 바다가 가장 낮은 곳에 위치하기 때문입니다. 영적 세계의 이치도 이와 같습니다. 은혜는 가장 낮은 데로 임하게 됩니다.

은밀히 찾아오는 적당주의

겸손이 없어지면 은혜도 그칩니다. 교회에 오실 때마다 빈 그릇으로 오시기 바랍니다. 완전히 비우고 오십시오. 자기 것으로 가득 채워져 온다면 채울 것이 없습니다. 다른 것으로 가득 차 있으면 그 위에 어떤 좋은 은혜를 부어도 다 흘러 버리고 맙니다. 아무리 오래 믿었어도, 아무리 큰 은혜를 받았어도, 아무리 모든 것을 가지고 있다 하더라도 주님 앞에 올 때는 다 비우고 오십시오.

오순절의 역사를 보십시오. 마가의 다락방에 모인 사람들은 모두가 빈 그릇이었습니다. 왜 그들이 기도에 힘썼습니까? 어째서 그 좁은 다락방에 120명이 모여 떠나지 않았을까요? 자신이 빈 그릇임을 깨달았기 때문입니다. 그들은 절박했기 때문에 엎드려 매달렸던 것입니다. 이처럼 하나님 앞에서 필사적으로 기도할 때, 그 빈 그릇 같은 영혼에 오순절 성령의 역사가 임하셨습니다.

오늘 한국 교회에 이런 역사가 재현되어야 합니다. 교회마다 갈급한 심령들로 채워져야 합니다. 짧은 기독교 역사 가운데서 이미 다 찬 것처럼 행동하는 우리의 모습을 하나님은 안타까워하십니다.

적당히 신앙생활하지 마십시오. 너무 쉽게 만족하지 않기를 바랍니다. 이 정도면 괜찮다고 말하지 않기를 바랍니다. 좀 더 원하십시오. 좀 더 거룩한 불만족을 가지고 신앙의 적당주의에서 빠져나와야 합니다.

여러분은 지금 얼마나 깊은 영적 목마름을 느낍니까? 목마른 자는 딱 보면 표가 금방 납니다. 목마른 사람은 헉헉거립니다. 사회적 체면이나 자기 지위도 내세우지 않습니다. 고상한 모습을 보이려고 하지 않습니다.

"누구든지 목마르거든 내게로 와서 마시라 나를 믿는 자는 성경에 이름과 같이 그 배에서 생수의 강이 흘러나오리라 하시니"(요 7:37~38). 여기서 "목마르거든"이라는 말에 주목하십시오. 주님께서 목마르거든 와서 마시라고 하십니다. 하나님의 은혜는 무궁하기 때문입니다.

지금 상태가 어떠하든지 만족하면 안 됩니다. 마치 파산 선고 직전의 모습처럼 절박한 마음으로 하나님을 구하시기 바랍니다.

Day 12

신앙은 길이가 아니라 깊이다

복 있는 사람은 악인들의 꾀를 따르지 아니하며 죄인들의 길에 서지 아니하며
오만한 자들의 자리에 앉지 아니하고 오직 여호와의 율법을 즐거워하여 그의 율법을
주야로 묵상하는도다 그는 시냇가에 심은 나무가 철을 따라 열매를 맺으며
그 잎사귀가 마르지 아니함 같으니 그가 하는 모든 일이 다 형통하리로다
악인들은 그렇지 아니함이여 오직 바람에 나는 겨와 같도다 그러므로 악인들은 심판을
견디지 못하며 죄인들이 의인들의 모임에 들지 못하리로다
무릇 의인들의 길은 여호와께서 인정하시나 악인들의 길은 망하리로다

시편 1편 1~6절

우리는 세상적인 방식을 거부해야 한다. 또한 너무 쉽게 문제를 해결하고자 해서도 안 된다. 무엇보다 먼저 신앙의 뿌리를 내려야 한다. 나무의 생사가 그 뿌리에 달렸듯 신앙생활에서도 예배와 말씀, 기도, 순종으로 뿌리내리는 일이 중요하다. 그러면 반드시 열매가 맺힐 것이다.

물가에 심겨진 나무

시편 1편의 배경이 되는 팔레스타인은 매우 척박한 땅입니다. 어찌나 척박한지, 나무 한 그루는커녕 풀 한 포기도 제대로 자랄 수가 없습니다. 그런 삭막한 환경을 배경으로, '물가에 심은 나무'를 노래한다고 생각해 보십시오. 상상할 수 있습니까? 웬만한 나무들은 생명을 유지하기조차 어려운 환경에서 푸른 잎사귀로 가득한 멋진 나무가 자리한 광경 말입니다. 얼마나 눈에 띄겠습니까?

그리스도인의 삶이란 바로 이런 것이 아닐까요? 광야와 같은 세상, 얼마나 퍽퍽한 인생입니까? 그런데 그 가운데 그리스도인의 삶은 물가에 심은 한 그루 나무와 같다는 것입니다. 아니, 반드시 그러해야 합니다. 눈에 띄게 푸르고, 먹음직한 열매가 주렁주렁 매달려 있어 많은 사람이 탄성을 자아내는 그런 인생을 살아가야 합니다.

나무는 한 사람의 생애에 비유됩니다. 한 그루의 거목이 되어 수많은 사람에게 그늘을 제공하고, 길가 한편에서 방향키가 되며, 그 열매로 인해 모두를 행복하게 하는 인생이라면 아름다운 인생이라 할 수 있습니다.

우리 인생을 두 종류의 나무에 빗대어 설명할 수 있습니다. 하나는 거목이고, 다른 하나는 묘목입니다. 거목은 비나 바람, 태풍에도 끄떡하지 않습니다. 그러나 묘목은 비가 올 때마다 땅에서 뽑혀 뒤집어집니다. 그 뿌리가 하얗게 드러납니다. 심지어 뿌리가 하늘을 향해 거꾸로 서기도 합니다.

시편 1편에서 우리가 주목해야 할 것은 뿌리입니다. 나무의 생명이 그 뿌리에 있기 때문입니다. 또한 물가에 심은 나무라는 것이 핵심입니다. 나무가 어디에 그 뿌리를 내리느냐가 관건입니다.

죽지 않으려면 깊이 뿌리내려야 한다

언젠가 중동의 사막 지대인 이집트를 여행하며 여러 그루의 나무가 서 있는 것을 보았습니다. 풀 한 포기 없는 정말 뜨거운 사막인데 눈에 띄는 나무가 있었습니다. 잎사귀가 그리 크지 않았지만, 어쨌든 그늘을 만들어 내고 있었습니다. 신기해서 물어보니, 여행 가이드가 성경에 나오는 '싯딤나무'라고 말해 주었습니다. 그리고 사막에서도 잎사귀를 내며 자라는 이유를 말해 주었습니다. 나무의 뿌리가 아주 깊다는 것입니다. 얼마나 깊은가 하면 물이 있는 곳까지 그 뿌리를 내린다는 것입니다. 대단하지 않습니까? 사막 지대라도 지하 깊숙한 어딘가에는 우기에 고여 있는 물길이 있습니다. 그 물길이 있는 데까지 뿌리를 내리니 사막 한가운데서도 푸른 나뭇가지를 드리웠던 것입니다. 결국 핵심은 뿌리였습니다.

호주에는 블루마운틴이라는 산이 있습니다. 이곳에는 크기가 어마어마한 나무들이 정말 많습니다. 그런데 여름이 되면 종종 산불이 납니다. 누가 화재를 일으키는 것이 아니라, 자연 발생적으로 열기에 의해 기름이 나무에서 쏟아져 나와 불이 붙는 겁니다. 불이 나니 그곳 나무들이 다 타 버릴 수밖에요. 그런데 한 가지 놀라운 사실은 그 나무가 다시 일어난다는 것입니다. 줄기와 몸통은 타고 없지만, 뿌리가 죽지 않고 살아 있기 때문에 이듬해에 보면 또다시 나무가 자라 있습니다. 뿌리가 살아 있으니 생명을 얻는 것이 가능한 것입니다. 이처럼 나무는 그 뿌리가 생사를 결정합니다.

신앙생활에서 중요한 것은 뿌리입니다. 내 신앙의 뿌리가 얼마나 깊어지는가가 관건입니다. 신앙생활을 겉모양만 가지고 판단할 수 없습니다.

어떤 면에서 집회나 예배에 참석하는 것 자체는 신앙의 겉모양에 속한다

할 수 있습니다. 그러나 예배에 참석해 들은 말씀을 나의 것으로 심화시키고, 기도로 더 깊이 나아가고, 그 말씀이 내 것이 되게 하고, 일상에서 순종하고, 노력에 노력을 거듭하면서 순종으로 이어 가는 부분은 뿌리의 영역입니다. 그런데 이 부분이 우리의 일상생활에서는 눈에 잘 띄지 않습니다. 아무도 알 수 없는 영역에서 천천히 이뤄지는 일이기 때문입니다. 따라서 겉모양만 가지고 그 신앙의 깊이를 판단해선 곤란합니다. 예배에 자주 참석하는 것만으로는 신앙의 깊이를 측정할 수 없습니다.

사실 말씀을 삶으로 뿌리내리는 일은 만만한 작업이 아닙니다. 수많은 갈등과 엄청난 대가를 지불해야 합니다. 그럼에도 그 말씀이 하나님의 진리임을 경험하고, 그 말씀을 삶에 체득하는 과정이 필요합니다. 진리라는 확신을 가지게 되면 생명을 걸고라도 포기하지 않는 결단을 가져야 합니다.

신앙생활에 겉멋이 들지 않도록 주의해야 합니다. 겉멋이 든 신앙을 이렇게 비유할 수 있습니다. 수영장에서 멋진 수영복을 입고 폼을 잡고 있어서 수영 잘하는 줄 알고 누군가 장난삼아 밀었더니 허우적대며 살려 달라고 외치는 식입니다. 수영복은 멋있고 폼은 좋아 보이는데 정작 수영 실력은 형편없다면 우스운 일입니다.

뿌리가 깊으면 어지간해선 흔들리지 않습니다. 내가 무언가에 쉽게 흔들린다면 스스로를 돌아봐야 합니다. 뿌리가 얕다는 뜻입니다. 신앙생활을 하다가 무너지는 까닭은 뿌리가 아직 약해서 뽑힌 것입니다. 날마다 뽑히고 다시 심고, 뽑히고 다시 심고 하다가는 날이 새는 것입니다.

들어보셨는지 모르겠지만, '뿌리앓이'라는 것이 있습니다. 나무를 뽑아 다른 토양에 옮겨 심으면 뿌리를 내리기까지 뿌리앓이를 한다는 것입니다.

이민자들의 삶이 힘든 것은 바로 이 뿌리없이 때문입니다. 뿌리를 뽑아서 다른 나라에 심었으니 뿌리를 내리기까지 그 과정이 아주 힘겹습니다.

우리 신앙도 보이는 데만 치중하다 보면 나중에 크게 후회하는 날이 오고야 맙니다. 신앙은 보이지 않는 세계의 일입니다. 기도생활도 결국은 보이지 않는 세계에서 일어나는 일입니다. 개인의 영성을 쌓아가는 노력이 눈에 드러나지 않습니다. 보이지 않는 일이지만, 그 일이 쌓이고 쌓여 결국 신앙을 결정합니다.

보이는 데 치중하면 꼭 탈이 나게 되어 있습니다. 순간적으로 불이 붙어서 열심히 하다가도 나중에 보면 제 풀에 넘어지는 사람이 많은 이유가 무엇입니까? 바로 뿌리에 신경을 쓰지 않고 영적인 허영에 빠졌기 때문입니다. 뿌리 없는 신앙은 외부 요인에 쉽게 흔들립니다. 그래서 불안정합니다. 언제 어떻게 될지 앞날을 알 수가 없습니다. 이처럼 미래가 불안하니, 감정에 치우치기 쉽습니다.

거목이라는 평가는 연수가 아니라 그 뿌리의 깊이에 따릅니다. 바람이 불고, 어떤 상황이 온다 할지라도 흔들림 없이 자기 위치와 삶의 모습을 그대로 유지하는 이들이 바로 거목 같은 사람입니다.

뿌리를 내린 만큼 열매는 다르다

시편 1편의 "철을 따라 열매를 맺으며"는, 뿌리 깊은 신앙은 세월이 흐를수록 열매를 맺게 된다는 말입니다. 열매가 풍성하다는 것은 열매의 수가 많다는 뜻입니다. 결국 나무의 품질은 열매의 질과 양으로 결정됩니다.

어떤 사람은 이런 말을 합니다. "나는 열심히 했습니다. 땀 흘렸습니다.

새벽부터 일을 했습니다. 그런데 열매가 없습니다." 그렇다면 문제가 있는 것입니다. 처음에는 열매 맺는 나무인지 잘 모를 수 있습니다. 그러다 한순간 판가름 납니다. 일단 열매가 맺히면, 열매의 크기와 빛깔이 드러나기 때문입니다. 이처럼 신앙의 깊이는 보이지 않는 영역에 속하지만 반드시 열매를 통해 보이게 됩니다.

우리가 기억할 것은 열매를 내가 맺는 것이 아니라는 사실입니다. 뿌리 내리는 작업은 내가 하지만, 열매 맺게 하는 분은 하나님이십니다. 요한복음 15장에서도 마찬가지입니다. 가지가 스스로 열매를 맺는 것이 아닙니다. 붙어 있기만 하면 됩니다. 우리는 열매에 신경 쓰기보다 뿌리내리는 데 유의해야 합니다. 내 신앙의 뿌리는 얼마나 깊은 데까지 내렸는지를 점검해야 합니다. 산상수훈에서 주님은 열매로 나무를 안다고 했습니다.

시편 1편에서 열매를 맺되 한때로 끝나지 않고 계속 맺는다고 말씀합니다. "철을 따라 열매를 맺으며"의 경우, 개역한글판에서는 "시절을 좇아"라고 옮겼습니다. 철을 따라, 때를 따라 열매를 맺는다는 말씀입니다. 단 한 번이 아니라 계속적으로 열매를 맺어야 함을 기억합시다. 이것이 참으로 중요합니다. 한번은 크고 실한 열매를 맺을 수 있겠지만 다음번에도 그러리라는 보장이 없습니다. 게다가 한철의 열매는 오래가지도 않습니다. 계속적으로 풍성한 열매를 맺는 것이 중요합니다.

30대라면 30대의 열매를 맺겠지요. 40대가 되면 또 다른 풍성한 열매를 맺어야 합니다. 뿌리가 더 깊이 내려갔기 때문입니다. 50대, 60대, 70대, 80대에 이를수록 그 열매의 크기나 빛깔도 달라져야 합니다. "철을 따라"라는 말에 유의하십시오. 내 인생의 계절에 따라 다른 열매를 맺는다는 의미입니다. 그래서 만약 내가 지금 50대라면 60대에 대한 기대감이 있어야 합니다. "아이고, 내가 이제 죽을 때가 되었구나" 하는 탄식이 아니라 언제나 때에 따라 열매를 맺을 것에 대한 기대감이 있어야 합니다. 특히 노년이라면 더욱 그리하십시오. 젊은 날에는 흉내 낼 수 없는 아름다운 열매들이 맺히기를 기대해야 합니다.

세상 사람들은 육체도 정신도 쇠하지만, 하나님의 사람들은 바울의 고백처럼 그 속사람이 날로 새로워지는 인생입니다. 세월이 흐를수록 더 원숙하고, 농도 짙고, 더 깊이 있는 풍성한 열매를 맺게 되기 바랍니다.

3절의 "그 잎사귀가 마르지 아니함 같으니"는, 결정적인 것은 어려움이 와 봐야 드러난다는 뜻입니다. 고난을 겪어야 그 뿌리의 깊이를 알 수 있습니다. 좋은 때라면 잘 모릅니다.

신앙생활을 하다 보면 참 별일이 다 일어납니다. 우리의 신앙을 송두리째 흔드는 시험들이 닥칩니다. 이겨 내면 뿌리가 더 깊어지지만, 지면 뿌리가 흔들리거나 뽑히게 됩니다. 한번 뽑히면 다시 내려가기까지 오랜 세월이 걸립니다. 그래서 순종하려고 노력해야 합니다. 기분 나쁘다고 때려치워 버리고, 가던 길을 멈추면 안 됩니다. 도중하차하면 남는 것이 없습니다.

뿌리 깊은 영성은 흔들리지 않는다

"악인들의 꾀를 따르지 아니하며 죄인들의 길에 서지 아니하며 오만한 자들의 자리에 앉지 아니하고"(시 1:1). 여기에 등장하는 악인, 죄인, 오만한 자는 '하나님을 의중에 두지 않는 사람'으로, 이들이 곧 인본주의자입니다.

인본주의적 삶이란 꾀와 술수와 음모와 순간적 이득을 추구하는 생활 패

턴을 가리킵니다. 인본주의자들은 멀리 앞날을 내다보지 않습니다. 그저 눈앞의 목표를 이루면 그만입니다. 또한 과정도 중요하게 생각하지 않습니다. 그래서 수단과 방법을 가리지 않습니다. 일정한 기준도 없습니다. 순간 순간 말을 바꾸고, 얼굴을 바꾸면서 자기 편한 대로 목적을 쟁취합니다. 이것이 인본주의적 삶입니다. 특히 이들은 처세술에 능합니다. 잔머리도 잘 굴립니다. 대화를 해보면 머리가 팽팽 돌아가는 소리가 들릴 정도입니다.

시편 1편에서는 이들의 특징을 이렇게 묘사합니다. "바람에 나는 겨와 같도다"(시 1:4). 참으로 적절하고도 인상 깊은 구절이 아닐 수 없습니다. 바람에 나는 겨는 얼마나 변화무쌍한지 모릅니다. 그 가볍디가벼운 겨가 바람에 따라 굴러다니는 모양을 상상해 보십시오. 방향도 기준도 중심도 없이 그저 떠돌아다닙니다. 마음에 뿌리내린 진리가 없으니 그저 목적만 이루면 그만이라 생각하고 하루 하루 살아갑니다.

그들은 현실에 매우 밝고 요령 있게 살아가지만 옆에서 지켜보면 허망해지는 것을 확인하게 됩니다. 혹자는 이들의 밝은 눈을 부러워하기도 하고, 세상 사는 방식을 배우고 싶어 합니다. 그러나 그들에 대한 성경의 입장은 단호합니다. 성경은 그들을 '악인, 죄인, 오만한 자'라고 말합니다. 그리고 심판의 날에 견디지 못합니다. "악인들의 길은 망하리로다."

우리는 살아가면서 너무 쉽게 문제를 해결하려고 합니다. 물론 그러고 싶은 마음이 들 수 있습니다. 정말 뿌리치기 어려운 큰 유혹들이 찾아옵니다. 그러나 쉽게 문제를 해결하려 들면 항상 보이지 않는 덫에 걸리게 되어 있습니다. 세상이 거저 허락하는 일은 아무것도 없습니다. 한번 덫에 걸려 허우적대다 보면 어려움과 악순환이 반복됩니다.

그리스도인은 자신에게 찾아온 고난을 통해 하나님의 법칙을 배우고 하나님의 원리를 깨닫는 기회로 삼아야 합니다. 그러면 고난을 통해 하나님이 놀라운 축복을 부어 주실 것입니다. 중요한 것은 고난을 통과하는 것 그 자체 아니라 고난을 통해 신앙이 여물어지는 것입니다. 우리가 붙들어야 할 진리가 바로 이것입니다.

따라서 고난을 통해 하나님을 배우고, 주님의 율례와 법도를 배우고, 신앙의 깊이가 깊어지게 해 달라고 기도해야 합니다. 이것이 고난을 주신 이유입니다. 고난은 하나님의 말씀에 뿌리내릴 소중한 기회입니다. "세상에 붙들 것이 없구나, 하나님을 붙잡아야 되겠구나. 진리만이 승리하는구나!" 이렇게 다짐하며 뿌리를 자꾸 밑으로 깊이 뻗어야 합니다. 흔히 이런 상황에서 세상 쪽으로 구호의 손길을 청하면 문제가 해결되지 않습니다.

고난을 주님께서 주신 기회로 받아들일 때, 고통이 변해 축복이 됩니다. 삶이 더욱 명랑하고 풍성해집니다. 마치 다이아몬드가 다듬어지듯 말입니다. 다이아몬드를 잘 가공하면 원석보다 그 가치가 높아집니다. 이 가공 과정을 달리 표현하면 상처를 내는 것입니다. 고통을 주기 위한 상처가 아니라, 새로운 모습으로 재탄생시키기 위한 상처입니다. 상처 입는 고난을 통해 거대한 탄소덩어리가 귀한 보석으로 빚어지는 것입니다.

우리 역시 마찬가지입니다. 고난은 하나님께서 우리의 신앙에 물을 주고 영양분을 공급하시는 기회입니다. 따라서 고난의 시간을 통해 하나님의 이끄심을 체험하는 가운데 신앙을 견고히 뿌리내리는 작업을 완수하길 바랍니다. 이렇게 뿌리가 깊어지면 깊어질수록 신앙도 성숙해집니다. 신앙이 자라나면 마침내 열매가 맺힙니다.

성장하면 문제는 사라진다

그리되면 이전에는 문제였던 것들이 자동적으로 해결됩니다. 아니, 보다 근본적으로 해결되어 문제가 문젯거리로 의식되지 않는 것입니다. 자랐기 때문입니다. 아이들이 어릴 때는 돌부리에 걸리고, 문지방에 넘어지는 등 자꾸 다치지 않습니까? 그렇다고 해서 엄마가 모든 돌부리를 제거할 수는 없습니다. 해결 방법은 아이가 자라는 수밖에 없습니다. 자라면 어느 날 돌부리가 의식되지 않습니다. 말하자면 없어진 것이나 마찬가지입니다. 거기에 걸려 넘어지지 않는다면 없어진 셈입니다.

마찬가지로 우리 인생에도 갖가지 문제가 여전히 존재합니다. 다만 영적으로 자라고 나면 더 이상 문젯거리가 안 되는 것들이 많습니다. 그러나 영적으로 자라지 않으면 온갖 것들이 나의 삶을 괴롭히는 문제가 됩니다. 세상의 모든 것들이 나에게 시험거리로 다가오게 됩니다.

교회 생활에서도 마찬가지입니다. 시험을 받는다는 것은 아직도 내가 자라지 않았다는 것을 의미합니다. 신앙이 자라면 이전에 나를 넘어지게 했던 시험거리들이 나와 상관없게 됩니다.

왜 원망과 불평이 일어납니까? 영적으로 소화가 되지 않아서 그런 것입니다. 영적 소화 장애가 왜 자주 일어납니까? 바로 내 위장이 약하기 때문입니다. 혹시 마음에 들지 않는 사람이 많이 눈에 띕니까? 그래서 "하나님, 왜 가는 곳마다 이런 사람을 내 곁에 붙이셔서 힘들게 하십니까" 하는 원망이 절로 나옵니까?

하나님께서 그 사람을 통해 내 신앙을 자라게 하시기 위한 것입니다. 내가 자라면 그 사람과의 문제도 자연히 사라지게 됩니다. 전에는 그 사람 때문에 못 살 것 같았으나, 내가 자라면 그의 허물보다 내가 도울 것들이 눈에 띄게 됩니다.

다윗의 경우가 바로 그랬습니다. 처음 결전에 나서려 하자 형 엘리압이 "네가 어디 감히 골리앗에게 덤비겠느냐?"라고 깔보았습니다. 그러나 다윗은 연연하지 않았습니다. 다윗의 상대는 형 엘리압이 아니라 골리앗이었습니다. 골리앗을 잡으려고 하는 다윗에게 엘리압은 사소한 주제로 보였습니다. 문제를 문제로 여기지 않으면 문제는 문제가 아닙니다.

우리의 삶에서도 마찬가지입니다. 혹시 어떤 문제가 반복되고 있다면, 그리고 그로 인해 실패를 거듭 경험하고 있다면 일어난 상황을 탓하기 전에 자신을 먼저 돌아보는 태도를 가져야 합니다.

나의 미숙함을 인정해야 합니다. 하나님께서 나를 자라게 하시기 위한 레슨이라는 것을 보아야 합니다. 재수, 삼수하는 중입니다. 돈 문제로 늘 힘들고, 실패합니까? 그 문제를 하나님의 방식이 아닌 세상의 방식으로 해결하려고 하다가 힘이 듭니까? 레슨 기간이 더 길어질 수밖에 없습니다.

말씀이 차고 넘칠 때까지 채워야

시편 1편 2절의 "오직 여호와의 율법을 즐거워하여 그의 율법을 주야로 묵상하는도다"라는 말씀을 살펴봅시다. 묵상은 채우는 작업입니다. 지혜로운 사람은 겉이 아닌 속을 채웁니다. 이때 속을 채운다는 것은 무슨 뜻입니까? 바로 하나님의 말씀으로 채운다는 것입니다. 주님의 말씀의 풍성한 은혜는 골로새서에서도 밝히 드러납니다. "그리스도의 말씀이 너희 속에 풍성히 거하여"(골 3:16). 이처럼 성경은 여러 차례에 걸쳐 주님의 말씀이 우리 영을 충만케 하실 것을 이야기합니다. 사람은 채워진 것에 따라 살게 됩니다. 내 안에 무엇이 차 있는가에 따라 인생의 수준이 결정됩니다. 말씀이 내 안에 풍성히 거하는 단계는 흘러넘치는 단계입니다. 그때부터 나의 삶에 말씀의 역사가 일어나게 됩니다.

하나님의 거룩한 말씀이 내 영을 가득 채우시기를 갈망하십시오. 우리의 신앙생활이 말씀 안에 뿌리내리면 어떤 환경이나 시대의 조류에도 흔들리지 않는 견고한 삶을 살게 됩니다.

성도의 힘은 전적으로 말씀의 파워를 통해 주어지는 것입니다. 하나님의 백성은 말씀을 먹어야 힘을 낼 수 있습니다. 그래서 말씀을 읽고, 듣고, 공부하고, 묵상하고, 그리고 적용하는 과정이 매우 중요합니다. 말씀이 내 영혼에 뿌리내리도록 노력해야 합니다.

특히 말씀이 뿌리내리도록 하려면 기도의 능력이 발휘되어야 합니다. 말씀과 기도는 상관관계에 있습니다. 말씀과 기도는 같이 다녀야 합니다. 저는 성도들이 말씀만 듣고 금방 일어서 가 버리면 참 안타까운 생각이 듭니다. 받은 말씀을 끌어안고 기도하는 시간을 가질 필요가 있습니다. 말씀을 가지고 기도한다는 것은 뿌리내리기에 아주 중요한 시간입니다. 좋은 느낌만 간직한 채 바로 돌아서는 것이 아니라 사무실에서든 차 안에서든 기도로써 그 깨달음을 되새기고 다지는 시간이 필요합니다.

또 말씀을 읽고 그저 묵상하는 정도가 아니라 말씀에 온전히 순종하며 살아가려는 자세가 요청됩니다. 순종하는 가운데 내 영혼이 깊어지기 때문입니다. 말씀이 나를 사로잡고 주님의 교훈이 나를 주도하시는 단계로 나아가야 합니다. 내가 말씀을 붙잡는 것이 아니라 말씀이 나를 완전히 사로잡도록 하는 단계로 발전되어야 합니다.

그리스도인은 심겨진 하나님의 말씀이 서서히 자신을 사로잡는 체험을 해야 합니다. 그때 우리의 영혼이 소생함을 경험하고 하나님에 대한 기대감으로 가득하게 됩니다. 이것을 우리는 '말씀의 역사'라고 하는 것입니다.

이 같은 말씀의 역사는 말씀을 사랑하는 사람이 지속적으로 읽고 묵상하며 실천하는 과정에서 경험하게 됩니다. 말씀이 내면에서 솟아오르는 체험입니다. 성경 말씀이 문자가 아니라 입체적이고 총천연색으로 드러나는 경험입니다. 이전에는 전파 상태가 좋지 않은 흑백 TV를 보았다면 이제는 LED, HD TV를 보는 것과 같이 모든 것이 선명해집니다. 시편 119편 기자의 고백처럼 하나님의 말씀 한 구절구절이 와 닿고 꿀송이처럼 달고 사모하게 되는 것입니다. 말씀과 나를 분리할 수 없는 단계가 되면 말씀은 내 삶에 강력한 영향력을 미치게 되는 것입니다. 주변 상황에 휘둘려 일희일비하는 것이 아니라, 뿌리내려진 말씀에 의해서만 영향을 받는 인생입니다.

삶이 아무리 힘들고 고난이 밀려온다 해도 그 자체를 가지고서 씨름하면 안 됩니다. 문제로부터 약간 비켜나 말씀에 사로잡히도록 힘써야 합니다. 지금도 삶 속에서 힘들고 어려운 일을 당하고 있는 분들이 있을 줄 압니다. 그렇다면 평소보다 말씀 먹는 분량을 배로 늘려 보시길 권면하고 싶습니다. 사람들은 문제가 닥치면 염려의 분량이 늘어나고 불평하는 시간의 양이 늘어나는 경향이 있습니다. 그러면 문제를 이겨 낼 수 없습니다.

고난은 내가 어찌할 수 없는 부분입니다. 위기를 만나면 할 수 있는 일이 아무것도 없습니다. "오직 주만 바라보나이다"라고 고백하면서 말씀을 붙들고 기도하는 가운데 평정심을 유지하다 보면 하나님이 문제를 해결하실 줄로 믿습니다. 필사적으로 하나님의 말씀을 붙잡기 바랍니다. 말씀이 나를 사로잡고 내 영혼에 뿌리를 내리도록 간구하십시오. 말씀이 생명입니다. 말씀에 사로잡히면 살아납니다.

뿌리내리기는 시간 싸움

'뿌리'라는 것은 하루아침에 굳건해지는 것이 아닙니다. 오늘 읽은 말씀이 바로 뿌리를 내리는 것이 아닙니다. 말씀이 내 영에 뿌리를 내리려면 성실함을 바탕으로 인내하며 기다리는 시간이 필요합니다. 생각해 보십시오. 뿌리는 한없이 부드러운 것입니다. 그런데 딱딱한 땅을 파고들어 간다는 것은 오랜 시간이 필요합니다. 하나님의 말씀이 딱딱한 영의 토양을 뚫고 들어가 뿌리를 내리는 작업은 보이지 않는 영역에서 이루어지는 힘겨운 전투라 할 수 있습니다. 신앙생활의 질을 바꾸는 일은 간단한 일이 아닙니다.

그리스도인이 된 지 얼마나 되었습니까? 햇수로 따지면 상당한 분들도 있을 줄 압니다. 예수를 믿어 온 햇수만큼이나 말씀의 뿌리가 내려졌는지를 확인해야 합니다. 뿌리로 모든 평가를 받게 됩니다. 뿌리가 깊은 신자는 표가 나게 되어 있습니다. 웬만한 일로는 끄떡없이 견고해야 합니다.

오늘 우리는 어떻습니까? 만약 마음에 거리낌이 있다면 돌이켜야 합니다. 별것 아닌데 시험 당하고 힘들어 하면서 세월을 낭비하고 있다면 결단이 필요합니다. 어떤 경우에도 주님이 부르신 길에서 벗어나지 않아야 합니다. 모든 사람들이 다 떠나가도 나는 그 자리에서 믿음의 길을 지켜야 합니다. 그것이 바로 뿌리내린 신앙생활입니다. 기분 나쁘다고, 감정이 상한다고 때려치워 버리면 그간 쌓은 것들이 수포로 돌아갑니다. 시험에 들어

허덕이지 마십시오. 대신 시험을 영적 성장의 기회로 삼기 바랍니다. 바람이 많이 부는 곳에서 자란 나무들은 뿌리가 깊다고 합니다. 바람으로 인해 나무는 더 깊이 뿌리를 내리기 때문입니다.

뿌리 깊은 나무는 자리를 지키는 특성을 가지고 있습니다. 말씀 묵상은 말씀 앞에서 시간을 보내는 것입니다. 때로는 지루한 시간을 보낼 수도 있지만 좀처럼 물러서지 않는 꿋꿋한 태도가 필요합니다. 어떤 때는 한 달 내내 예레미야서를 붙들고 읽고 묵상하다 보면 예레미야의 심정이 밀려오는 것을 느끼게 됩니다. 애통하는 예레미야 선지자의 마음과 하나가 되는 특이한 경험을 하기도 합니다.

기도 생활을 하기로 결단했다면 때로는 무서울 정도로 기도의 세계 안으로 들어가는 열정을 가져야 합니다. 친구와 통화하는 정도보다 못한 시간 투자로 영적 뿌리가 깊어질 수 없습니다. 깊은 영적 은혜의 골짜기 안으로 들어가는 축복은 아무에게나 주어지는 것이 아닙니다. 기도의 양이 채워져야 합니다. 새벽 기도를 붙들고자 한다면 비가 오나 눈이 오나 포기하지 않고 지속적으로 계속하는 것입니다. 물론 쉽지 않은 일입니다. 그러나 뿌리를 내리는 작업은 세월 속에서 자신의 삶을 녹이고 또 녹인 열정과 시간을 곰삭인 지루함을 이겨 낸 끝에 이루어지는 것입니다.

헌신의 삶도 마찬가지입니다. 1, 2년은 누구나 할 수 있습니다. 중요한 것은 지속성입니다. 수없이 포기하고 싶은 유혹을 이겨 낸 영적 투지가 있어야 합니다. 이름 없이, 때로는 사람들에게 잊힐 수도 있는, 아무도 알아주지 않는 곳에서 묵묵히 자기 자리를 지킬 때 헌신의 뿌리가 깊이 내리게 됩니다. 말씀 안으로 깊이 뿌리내린 신앙은 웬만한 어려움이 와도 흔들림이 없습니다.

그러나 뿌리내리지 않은 신자는 상황에 따라 변덕을 부립니다. 늘 핑계가 많습니다. 새벽 기도를 가려 해도 안 갈 이유가 백 가지입니다. "내일 무슨 요일이야? 내일 비 오나? 내 몸 컨디션이 안 좋아. 나는 저혈압이야." 별 이유를 다 찾아서 결국엔 나오지 않습니다. 하지만 이런 식으로 새벽 기도를 했다 안 했다 하면 더 피곤합니다. 꾸준히 하면 오히려 피곤이 가십니다.

주일에 한 번 말씀 듣고서는 신앙이 뿌리내리기 힘듭니다. 그것도 예배 시간 반쯤 지나서 도착해 뒤에 잠시 앉았다 그냥 가면, 뿌리는커녕 아무것도 없습니다. 세상을 이길 힘도 안 생깁니다. 신앙이 깊어질 수 없습니다.

그래서 특별 집회 등을 통해 하나님께 매달리는 시간이 필요합니다. 일 순간 감정적으로 뜨거운 것으론 부족합니다. 오직 하나님의 말씀을 붙잡아야 합니다. 힘들지라도 끈질기게 붙잡고 온 힘을 다해 순종하면 반드시 하나님께서 우리 인생에 열매를 주실 것입니다.

내 삶에 열매가 없다면, 남에게 의지하는 정도의 신앙이라면, 별것 아닌 일로 시험 드는 수준이라면 얼마나 안타까운 인생이겠습니까? 대신 우리는 한 그루의 거목이 되어야 합니다. 그 그늘에서 많은 사람들이 안식을 얻고, 그 열매에 수많은 사람이 즐거워하며, 감격하고 감동 받는 역사가 일어나야 합니다. 그래서 우리가 서 있는 모습만 봐도 사람들이 위안을 얻는, 나도 저 자리에 가야겠다는 기대감을 품게 하는 그런 인생을 살기 바랍니다.

신앙은 길이가 아니라 깊이의 문제임을 기억하고, 내 신앙의 깊이를 늘 측정해 보아야 합니다.

Day 13

바닥을
긁지 말고
흘러넘치게 하라

•

도둑이 오는 것은 도둑질하고 죽이고 멸망시키려는 것뿐이요
내가 온 것은 양으로 생명을 얻게 하고 더 풍성히 얻게 하려는 것이라
요한복음 10장 10절

하나님은 그분의 자녀들이 풍성함을 받아 누리며 그 넘치는 은혜를 주위에 다시 흘러보내기를 원하신다. 따라서 그리스도인이라면 물질적인 것이든, 영적인 것이든, 정신적인 것이든 하나님께서 부어 주시는 모든 것을 마음껏 맛볼 뿐 아니라 주위에도 전해 주어야 한다.

흘러넘치는 삶 vs 쥐어짜는 삶

살다보면 자신의 한계를 넘어서는 일들이 많이 일어납니다. 내 힘보다, 내 에너지보다, 더 큰 짐이 지워질 때 우리는 맥없이 무너질 수밖에 없습니다. 여유는 별로 없는데 할 일이 많으면 결국 과부하에 걸리기 마련입니다. 이런 때는 지치고 힘들어 짜증과 원망이 늘고 피곤한 삶을 살게 됩니다.

신앙생활도 마찬가지입니다. 날아다닐 듯 너무도 신나게 예수 믿는 사람이 있는가 하면, 늘 힘들어 하며 어쩌다 조직에 걸려든 사람처럼 힘겹게 신앙생활을 하는 사람들이 있습니다. 넘쳐흐르는 신앙이 있고 마른 행주를 쥐어짜듯이 하는 신앙이 있습니다.

두 종류입니다. 흘러넘치기인가 쥐어짜기인가? 이끌어 가는 삶이 있고 이끌려 가는 삶이 있습니다. 거슬러 올라가는 삶이 있고 그냥 떠밀려 내려가는 삶이 있습니다. 벼랑 끝에서 하늘로 날아오르는 삶이 있고 벼랑 끝에서 떨어져 죽는 삶이 있습니다.

누군가 '신바람이란 신이 준 일을 할 때 일어나는 바람"이라고 했습니다. 무슨 일을 해도 신이 나야 합니다. 무엇보다 신앙생활은 신이 나야 합니다. 세상의 어떤 것과도 비교할 수 없는 즐거움을 신앙의 세계 안에서 경험해야 합니다. 우리는 충분히 그럴 만한 이유를 가지고 있는 사람들입니다.

널빤지보다 송사리

과연 구원이란 무엇입니까? 요한복음 10장에서 주님은 말씀하셨습니다. "내가 온 것은 양으로 생명을 얻게 하고 더 풍성히 얻게 하려는 것이라"(요 10:10). 예수님이 오신 이유는 양에게 생명을 주실 뿐만 아니라 생명 안에서 풍성한 삶을 얻게 하시기 위함이었습니다. 주님께서 오셔서 우리에게 주신 것이 곧 생명입니다. 그런데 여기서 말하는 생명은 그냥 생명이 아닙니다. 단순히 '살아 있음' 혹은 '버티기'의 의미가 아닙니다.

여기 생명은 하나님 안에 있는 생명입니다. 이 땅의 어떤 것에도 짓눌리지 않는 부활의 생명입니다. 이 생명 안에 엄청난 파워가 있습니다. 하나님의 생명 안에 접속되어 있는 생명입니다.

생명의 중요성은 아무리 강조해도 지나침이 없습니다. 거대한 널빤지는 강물에 그냥 떠내려갑니다. 그러나 아주 조그마한 송사리는 강물을 거슬러 올라갑니다. 차이는 크기의 문제가 아니라 생명이 있는가 없는가로 결정됩니다. 잡초를 보십시오. 잡초는 자체로 보면 연약한 풀입니다. 그러나 엄청난 괴력을 가지고 있습니다. 겨울이 지나고 언 땅을 뚫고 나오는 잡초의 힘은 곧 생명의 힘입니다. 제가 살던 집 뒷마당에 잡초가 콘크리트를 뚫고 나오는 것을 본 적이 있습니다. 생명의 에너지, 생명의 풍성함은 우리가 생각하는 것보다 위력이 있습니다.

무엇보다 하나님으로부터 온 생명은 신비로운 것입니다. 영생의 삶은 하나님의 생명 안에 있는 것입니다. 영생은 죽고 난 다음에 주어지는 삶을 말하는 것이 아닙니다. 예수를 믿는 순간부터 이미 영생의 삶은 시작되었습니다. 그리스도 안에서 하나님의 풍성한 생명 안에 내가 머물러 있다는 것은 놀라운 축복입니다. '내가 온 것은 이 양으로 생명을 얻게 하려는 것이다'라는 말씀에서, 생명이란 단어는 이제까지 살핀 것과는 또 다른 생명을 말합니다.

결국 생명을 얻게 하고 더 풍성히 얻게 한다는 것은 구원의 현재성을 가리킵니다. 예수 믿고 구원받아 천국에 가는 일은 미래의 사건이 아니라 현재적 구원을 의미하는 것입니다.

물론 우리는 언젠가 천국에 갈 것입니다. 그런데 지금 이곳에서 누리는 영생의 삶이 필요합니다. 신자의 삶은 천국에 갈 날만 기다리며 이를 악물고 하루하루를 겨우 버텨 내며 살아가는 삶이 아닙니다. 이 세상의 어떤 것에도 짓눌리지 않는 생명의 힘이 우리 안에 있습니다. 사망의 권세마저도 위협할 수 없는 생명의 풍성함의 비밀을 깨친 삶을 살아야 합니다.

내 잔이 넘치나이다

성도들이라면 누구나 좋아하는 성경 구절이 있다면 시편 23편일 것입니다. "여호와는 나의 목자시니 내게 부족함이 없으리로다"(시 23:1). 이 얼마나 좋은 말씀입니까? 특히 "내게 부족함이 없다"는 구절에서는 마음이 넉넉해지는 풍성한 이미지가 밀려 옵니다. 부족함이 없는 상태란 겨우겨우 연명하는 것을 의미하지 않습니다. 최상의 상태입니다. 무언가 흘러넘치는 풍성함이 있는 삶입니다.

또한 시편 23편 5절에서는 "주께서 내 원수의 목전에서 내게 상을 차려 주시고 기름을 내 머리에 부으셨으니 내 잔이 넘치나이다"라고 합니다. 원수의 목전에서 내게 상을 차려 주신다는 표현은 인생의 위기 가운데서도 하나님께서 상을 베풀어 주심을 의미합니다. 특히 여기서 베풀어 주시는 것은 만찬입니다. 바로 잔칫상입니다. 우리 하나님은 원수의 목전에서도 풍성하게 베푸시는 그런 하나님이십니다.

이어 다음 구절에서 '내 잔이 넘친다'고 전합니다. 이 말씀 그대로 주님을 목자로 모셔 들이면 내 잔이 차고 넘칩니다. 졸졸 흐르는 정도가 아니라 차올라 흠뻑 적십니다. 똑똑 떨어지는 물방울의 이미지가 아니라 마치 나이아가라 폭포가 흘러내리듯이 넘쳐나는 정경을 연상하게 합니다.

우리 주님이 벳새다 들판에서 일으키셨던 기적을 돌이켜 보십시오. 그분은 오병이어의 기적을 베푸셨습니다. 오천 명이 먹고도 열두 광주리가 남았습니다. 왜 남게 하셨을까요? 너무 복잡하게 생각하지 마십시오. 먹고 남은 조각이 열두 광주리라는 것은 그만큼 풍성하게 채우셨음을 보여 주는 메시지가 담겨 있습니다. 주님은 기적을 행하시되 겨우 몇 광주리 정도만 만들어 내셔서 제자들에게 "지금 형편이 그저 그러니까 조금씩 나눠 먹도록 하고 내가 다음에 언제 제대로 한번 내겠다"고 말로 때우신 분이 아닙니다. 하나님은 언제나 흘러넘치도록 역사하십니다.

하나님의 나라에는 늘 풍성함이 있습니다. 우리가 믿는 하나님의 풍성하심은 우리의 상상을 초월합니다. 그분은 우리가 간절히 매달려 애걸복걸하면 줄 듯 말 듯 하시는 분이 아닙니다. 우리 하나님은 계산적이신 분이 아닙니다.

하나님의 성품을 잘 알 수 있는 구절이 있습니다. "주라 그리하면 너희에게 줄 것이니 곧 후히 되어 누르고 흔들어 넘치도록 하여 너희에게 안겨 주리라"(눅 6:38) 하나님은 결코 인색하신 분이 아닙니다. 하나님은 부요하신 분입니다.

바울은 에베소서와 빌립보서를 통해 하나님이 어떤 분이신지 설명합니다. "우리 가운데서 역사하시는 능력대로 우리가 구하거나 생각하는 모든 것에 더 넘치도록 능히 하실 이에게"(엡 3:20), "나의 하나님이 그리스도 예수 안에서 영광 가운데 그 풍성한 대로 너희 모든 쓸 것을 채우시리라"(빌 4:19).

이 얼마나 위안이 되는 말씀입니까? 바울은 종종 그의 서신에서 지혜와 평강, 사랑, 은혜라는 단어를 쓸 때마다 '풍성'이라는 단어를 덧붙였습니다. 그럼으로써 하나님이 부요하고 풍성하며, 모든 것을 넘치도록 채워 주시는 분임을 증거하고 있습니다. 이때 풍요함을 꼭 물질적인 것으로만 생각하면 안 됩니다. 정신적인 것, 영적인 것을 두루 포함하는 넓은 개념으로 받아들이면 좋을 것입니다. 하나님은 우리가 풍성한 삶을 살기 원하십니다. 하나님은 당신의 자녀들이 풍성한 구원의 삶을 누리도록 도우시는 분입니다.

파도를 타듯 은혜에 의지해야 풍성함을 누린다

이제 이토록 차고 넘치는 하나님의 풍성하심을 마음껏 누리는 것이 우리의 과제입니다. 아무리 하나님의 풍성하심이 넘친다 한들 누리지 못하면 아무 소용이 없습니다.

하나님의 풍성하심을 누리면 일단 모든 것이 편안해집니다. 만사형통입니다. 그 이유는 하나님의 풍성한 은혜 안에 내 삶을 온전히 맡겨 놓았기 때문입니다. 그것이 비밀입니다.

우리는 쥐어짜며 살아야 할 사람이 아닙니다. 할 수 없이 예수님을 믿고, 억지로 주님을 섬겨야 하는 딱한 처지가 아닙니다. 교회 안의 희생자 증후군에 빠진 사람들은 무엇인가 잘못된 것입니다.

아프리카의 오지에서 복음을 전하는 선교사가 억울하게 선교를 한다면 얼마나 기가 막힌 일이겠습니까? 그러나 이런 일은 좀처럼 없습니다. 선교를 잘 감당하시는 분들을 만나 보면 예외 없이 행복 지수가 보통이 아님을 발견합니다. 적도권의 뜨거운 사막에서 사역하시는 한 선교사의 고백을 잊을 수가 없습니다. 폭염이 작렬하다 해가 지며 저녁이 되어 미풍이 불어오니까 그 바람결이 마치 주님의 손길과 같다는 것입니다. 어떻게 이토록 아름다운 고백이 흘러나올 수 있는 걸까요? 환경의 문제가 아니라는 것을 잘 알 수 있습니다. 아무리 좋은 조건이 주어진 환경이라도 하나님의 은혜가 없으면 행복할 수 없고, 아무리 환경이 열악해도 하나님의 은혜가 풍성하면 그곳이 천국이 되는 것입니다. 찬송가 "내 주 예수 모신 곳이 그 어디나 하늘 나라"입니다. 이것은 비밀이고 아는 사람만 압니다.

쥐어짜지 말고 흘러넘치게 하라

그러므로 은혜의 파도에 자신을 맡기십시오. 신앙의 기본기는 '내어 맡김'입니다. 내어 맡기는 만큼 풍성함을 맛볼 수 있습니다. 내어 맡김이 곧 하나님의 넘치는 은혜가 내게로 흘러오도록 하는 수로의 역할을 하는 것입니다. 목회자가 설교를 준비할 때도 그리해야 합니다. 하나님께서 은혜를 풍성하게 허락하시면 컴퓨터 자판에서 손을 따라가기가 바쁩니다. 계속해서 생각을 불어넣어 주시니, 전할 말씀이 샘물처럼 펑펑 솟아나기 때문입니다.

그런데 은혜가 임하지 않으면 한 줄 썼다가 지워 버리고 또 쓰기를 반복합니다. 게다가 금세 피곤해져서 한 줄도 쓰기 힘들어집니다. 한 페이지 만드는 데도 얼마나 쥐어짜야 하는지 모릅니다. 이렇게 해서 쥐어짜는 설교를 만들면 설교를 듣는 교인들 역시 힘들어 합니다.

목회를 하거나, 사업을 하거나, 직장생활을 하거나, 아이를 가르치거나 다 똑같습니다. 하나님께서 은혜를 주시면 좋은 아이디어가 마구 떠올라 다 못 쓸 정도로 넘쳐흐릅니다. 말씀을 듣고 기도하다 보면 하나님의 지혜가 내 영혼에 밀려오는 것을 경험하게 됩니다. 내 머리를 비틀어 짜낸 지혜로는 아무것도 할 수 없습니다.

창조의 하나님은 창의성의 대가 중 대가이십니다. 그분이 우리에게 창의력과 지혜를 풍성하게 흘려보내 주시면 세상을 놀라게 하는 일이 일어나게 됩니다. 믿음생활을 하다 보면 하나님이 우리에게 그런 창조성을 주시고 지혜롭게 하십니다. 그런데 어떻게 술 마시고 해롱대는 사람과 은혜 받고 기도하며 맑은 정신으로 살아가는 사람과 게임이 되겠습니까?

가끔 보면 교회에서 사역을 해도 너무 힘들게 하는 사람이 있습니다. 이런 사람의 특징은 자기도 힘들고 다른 사람도 힘들게 하는 것입니다. 왜 그렇습니까? 주님의 풍성하심을 맛보지 않고 자기의 힘으로만 해결하려니 그렇습니다. 그래서 바닥을 긁는 것입니다.

힘들어 불평이 터져 나오는 이유는 그 일이 힘들기 때문이 아니라 하나님으로부터 오는 풍성함을 누리지 못했기 때문입니다. 무엇을 하든지 먼저 하나님의 풍성하심을 맛보는 일이 중요합니다. 주님의 은혜를 마음껏 누리는 시간이 선행되어야 합니다. 힘들어지면 빨리 은혜의 보좌 앞으로 나아가야 합니다. 사역하는 시간보다 은혜를 공급받는 시간의 양을 늘려야 합니다.

인간관계도 마찬가지입니다. 왜 자꾸만 부딪힙니까? 내 안에 풍성함이 없기 때문입니다. 하나님이 주시는 평강과 기쁨을 충분히 맛보지 못하면 인간관계가 불편해지고 짜증이 나게 됩니다. 내게 있는 것으로 주려고 하기보다 상대에게 무엇인가를 기대하게 되고 기대하는 만큼 실망이 오게 되고 불평이 일어나게 됩니다. 신자는 다른 사람에게 의존해서 살아가는 사람이 아니라 내게 넘치는 풍성함을 흘려보내는 사람입니다.

주님은 요한복음에서 "내 기쁨이 너희 안에 있어 너희 기쁨을 충만하게 하려 함이라"(요 15:11)고 말씀하셨습니다. 그렇다면 누가 나를 향해 비난하거나, 욕하거나, 시비 걸거나, 알아주거나, 그렇지 않거나에 상관없이 주님께서 누리시는 기쁨 안에서 항상 기뻐해야 할 것입니다. 그래야 피곤해지지도 않습니다. 주님 안에 거하는 일에 실패하지 않으면 우리는 주님께서 누리셨던 불멸의 기쁨을 누릴 수 있습니다.

충만의 출처에 초점을 맞추라

신자가 능력 있는 삶을 살도록 하는 삶의 자원은 외부 환경이나 어떤 사람에게서 오는 것이 아니라 전능하신 하나님으로부터 오는 것입니다. 자원의 출처가 어디인지를 정확하게 아는 것이 중요합니다. 우리 안에 자체적으로 능력을 가지고 있지 않습니다. 능력의 자가 생산이 불가능합니다. 우리는 늘 한계를 가지고 살아가는 유한의 존재입니다. 나에게만 의존한다면 바닥을 긁는 삶이 예비되어 있습니다. 나의 한계를 분명히 안다면 무한 능력이신 하나님께 전적으로 의존해야 합니다.

천재적인 작가가 글을 쓰거나 예술가들이 작품을 만드는 과정을 한번 보십시오. 거의 모든 과정이 단번에 이루어집니다. 모차르트의 걸작과 헨델의 교향곡도 신들린 듯 단번에 완성해 낸 것들입니다. 이것은 학습한 것과는 다른 이야기입니다. 그 안에 창조주께서 심어 놓으신 것이 한순간에 폭발한 것입니다.

이것을 우리 식으로 풀어 설명한다면 성령 충만입니다. 위로부터 임하는 강력한 은혜입니다. 이처럼 위대한 것들은 모두 위로부터 주어지는 것입니다. 위로부터 내리꽂히듯이 쏟아지는 영감을 며칠간 밤낮으로 받아쓰면 위대한 작품이 탄생합니다. 우리 인생도 쥐어짜서 하는 것은 무엇인가 부족하고 힘은 힘대로 드는 것입니다.

쥐어짜서는 선한 것이 나올 것이 없습니다. 쥐어짜듯 살아온 인생은 왠지 보기에도 안쓰럽습니다.

흘러넘침에는 이유가 있다

하나님은 풍성하신 분입니다. "너희 중에 누구든지 지혜가 부족하거든 모든 사람에게 후히 주시고 꾸짖지 아니하시는 하나님께 구하라 그리하면 주시리라"(약 1:5). 우리에게 부족한 것을 구하라고 하십니다. 누가 구합니까? 자신에게 부족함이 있다는 것을 자인하는 사람입니다. 우리가 구할 때 하나님은 꾸짖지 아니하시고 후히 주신다고 약속하십니다.

사도행전 1장의 비밀도 이것입니다. 제자들이 자기 힘으로 섬기려고 할 때는 어김없이 실패했습니다. 그래서 약속하신 성령이 임하실 때까지 기다렸습니다. 그러자 마침내 성령 충만이 제자들에게 임해 이후로는 성령께서 모든 것을 책임져 주셨습니다.

이 말씀을 거울로 삼아야 할 것입니다. 내 의지는 십자가 아래 내려놓고 하나님의 부요에 잠기는 은혜를 먼저 경험해야 합니다. 사업을 시작하거나, 직장에 다니거나, 사역하는 모든 부분에 있어 가장 먼저 해야 할 것이 바로 이것입니다. 하나님의 지혜와 능력의 풍성하심을 마음껏 받아 누려야 합니다.

어떤 일이라도 내 힘으로 행하려고 하면 실패합니다. 우리에게는 선한 것이 하나도 없음을 인정해야 합니다. 내 힘을 믿고 한다면 상처만 남게 됩니다. 내 힘을 믿은 사람은 결국은 지쳐 희생자 증후군에 빠져 허우적거리게 됩니다. 나도 힘들고 남도 힘들게 합니다.

하나님께서 우리에게 넘치도록 베푸시는 이유는 무엇 때문일까요? 그것은 바로 섬김을 위해서입니다. 내 영이 흘러넘치는 상태가 되면 영적 여유 공간이 생깁니다. 그때 비로소 다른 이들을 섬길 마음이 일어나게 됩니다. 내게 삶의 여유가 전혀 없으면 자연히 이기적인 사람이 됩니다. 옆을 돌아볼 안목이 생기지 않습니다. 혼자 생존하기에 급급한 삶을 살게 됩니다.

풍성함은 사명이다

"요셉은 무성한 가지 곧 샘 곁의 무성한 가지라 그 가지가 담을 넘었도다"(창 49:22). 이는 야곱이 요셉에게 준 축복의 말씀입니다. "무성한 가지 곧 샘 곁의 무성한 가지라"는 표현은 어떻습니까? 그야말로 풍성한 이미지가 와 닿습니다. 샘 곁의 무성한 가지, 더욱이 그 가지가 뻗어서 담을 넘어 바깥까지 그늘을 만들 정도라는 것은 흘러넘침을 아주 잘 설명해 주는 그림입니다.

이런 아버지 야곱의 축복대로, 요셉의 생애에 풍성한 은혜가 임했습니다. 요셉 한 사람으로 인해 애굽과 그 주변의 나라들이 영향 받을 정도였습니다. 요셉은 자신의 가족들이 애굽의 고센이라는 땅으로 이주하게 하여 마침내 이스라엘 민족으로 일어나게 하는 데 결정적인 역할을 했습니다.

한 사람에게 흘러넘친 은혜가 야곱의 가정으로, 그리고 히브리 민족으로, 오늘 우리에게까지 흘러넘치는 역사를 경험하게 하신 것입니다.

은혜가 그냥 흘러넘치면 낭비가 됩니다. 하나님은 반드시 목적을 가지고 부어 주십니다. 자칫 엉뚱한 방향과 목표를 가지고 있다면 은혜가 엉뚱한 곳으로 흘러 낭비될 수도 있습니다. 우리의 잔이 막무가내로 흘러넘치는 것이 아니라, 반드시 어딘가로 누군가에게로 흘러가도록 정확하게 초점을 맞추어야 합니다.

만약 주님께서 베푸시는 목적을 깨닫지 못한다면 우리에게 아무리 부어 주셔도 소용이 없고, 우리가 그 풍성함을 제대로 누리지 못하게 됩니다. 하나님은 우리가 그 풍성한 축복들을 누군가에게로 흘려보내길 원하십니다.

하나님의 축복은 목적이 분명합니다. 일평생 자신과 가족만을 위해 살아가는 것으론 문제가 있습니다. 물론 자신과 가족을 위한 삶도 소중하지만, 그것으로만 끝내기에는 우리의 인생이 너무나 고귀합니다.

이제 40세 정도의 나이가 되었다면 자기만을 위해 살면 안 됩니다. 자기만을 위한 삶은 지금까지로 충분합니다. 공생애를 살아야 합니다. 무언가 받은 은혜를 다른 사람에게로 흘려보내는 인생이 되어야 합니다. 마냥 나에게 은혜를 달라고만 한다면 답답한 일입니다. 나 혼자 잘 먹고 잘사는 것으로는 안 됩니다. 나누어야 하고 베풀어야 합니다. 흘려보낼 곳을 정하고 은혜를 구하는 것이 건강한 신앙입니다.

나이가 들수록 여유로움을 확보하라

무엇을 먹어야 행복할까요? 어떤 집에 살아야 행복할까요? 어디에 살면 만족할까요? 그러나 이것은 우리 삶의 핵심 질문이 될 수 없습니다. 이런 질문은 올바른 질문이 아니기 때문에 해답을 얻을 수 없습니다. 좀 더 나은 조건이나 환경을 구하면 늘 바닥을 긁는 삶을 살아야 합니다. 결코 만족할 수 없습니다. 전도서에서 솔로몬의 고백처럼 모든 것은 바람을 잡으려는 것과 같은 삶이 됩니다.

그리스도인은 환경이나 조건에 따라 좌우되는 삶을 살아선 안 됩니다. 현재의 환경이나 조건과 상관없이 주어진 것을 이웃에게로, 연약한 자에게로, 복음을 듣지 못한 자에게로 흘려보내는 것에 집중하는 삶을 살아야 합니다. 그러지 않으면 내게 주신 것이 어떤 것이든 공허해지게 되어 있습니다.

세월이 흐를수록 바닥을 긁는 삶이 아니라 풍성한 삶을 경험해야 합니다. 삶의 여유가 늘어나야 합니다. 무엇을 하든지 거뜬히 해내는 능력을 확보해야 합니다. 남을 돕고 싶은 마음은 있는데 도울 능력이 나에게 없다면 아무 소용없습니다.

나이와 신앙의 경륜에 어울리는 능력과 여유로움이 흘러넘쳐야 합니다. 오랫동안 교회에 다닌다고 하면서도 왠지 궁상맞아 보이고 늘 초조하고 어딘지 힘겨워 보인다면 얼마나 안타까운 일이겠습니까?

우리 모두는 목자 되신 하나님께서 기르시는 양들입니다. 우리의 입술에서 "내게 부족함이 없습니다"라는 고백을 할 수 있기 바랍니다. 흘러넘치는 삶이 정상입니다. 힘겹게 악을 쓰며 버티기의 삶을 청산하기 바랍니다. 모든 좋은 것의 공급의 원천은 하나님이십니다. 우리는 하나님의 양 떼입니다. "자기 아들을 아끼지 아니하시고 우리 모든 사람을 위하여 내어 주신 이가 어찌 그 아들과 함께 모든 것을 우리에게 주시지 않겠느냐"

풍성함을 경험하십시오. 우리의 삶의 마땅한 특권입니다. 신앙생활은 쥐어짜는 삶이 아닙니다. 흘러넘치는 것입니다. 하나님께서 우리에게 주신 것들을 세상 가운데 흘려보내는 자로 살아가시기 바랍니다.

Day 14

축복의 강은 반드시 이곳으로 흐른다

●

일곱째 날 새벽에 그들이 일찍이 일어나서 전과 같은 방식으로
그 성을 일곱 번 도니 그 성을 일곱 번 돌기는 그날뿐이었더라
여호수아 6장 15~16절

순종하려면 말씀에 귀 기울여야 하며 단순해져야 한다. 또한 미루지 않고 말씀이 깨달아지는 순간 바로 순종해야 한다. 순종은 내 힘으로 하는 것이 아니며, 주님의 명령대로 행하면 그분이 이뤄 주신다. 인생을 바르게 살아가는 가장 큰 비결이 곧 순종이다.

가장 첫 번째 테스트, 순종

가나안으로 들어가던 이스라엘 백성들은 요단강을 건넌 후에 큰 장벽을 만나게 됩니다. 바로 여리고 성이었습니다.

역사가들에 따르면 여리고 성은 매우 견고한 성이라고 합니다. 성벽 위의 폭이 2차선의 차도가 날 정도로 거대한 성벽이었습니다. 이런 난공불락의 성을 이스라엘 백성들이 맞닥뜨리게 되었으니, 그 심정이 얼마나 막막했을지 상상이 됩니다. 이스라엘 백성들의 표정은 순식간에 어두워졌을 겁니다. 그런데 걱정과는 달리, 그 성은 너무 쉽게 무너졌습니다.

이 난공불락의 성을 당시 군사적으로 보면 오합지졸이던 이스라엘 백성이 무너뜨릴 수 있었다는 것은 놀라운 일이 아닐 수 없습니다. 승리의 비결은 무엇이었습니까? 해답은 의외로 간단합니다. 하나님께서 내리신 작전에 따라 이스라엘이 명령대로 순종한 것밖에는 아무것도 없습니다.

하나님께서 무어라 말씀하셨습니까? 일정한 대형을 갖추고 성을 매일 한 바퀴씩 여섯째 날까지 돌고 일곱째 날은 일곱 번 돌라고 하셨습니다. 너무도 싱거운 작전 지시였습니다.

생각해 보십시오. 그 당시 가나안의 문명국들은 거대한 군사력을 갖고 있었습니다. 뿐만 아니라 가나안은 강력한 도시 문명을 자랑하고 있었습니다. 반면 이스라엘은 지금까지 애굽의 노예 생활을 해온 사람들이었고, 무기는 고사하고 마땅한 군사적 전략 하나 제대로 갖춘 것이 없었습니다. 그런 이스라엘이 맞닥뜨린 첫 장벽은 너무도 거대했습니다. 그러나 승리했습니다. 너무도 간단하게 끝이 난 것입니다. 여리고 성에 관한 한 손 하나 댄 적이 없습니다. 이런 것을 우리는 기적이라고 부릅니다. 하나님이 하신 것입니다. 여기에 비밀이 있습니다. 하나님 나라의 일들을 이루어 가는 원리가 이 사건 속에 분명히 드러나고 있습니다.

하나님의 명령에 선택은 하나뿐이다

여리고 성 앞에서 하나님이 내린 명령이 무엇이었습니까? 너무나도 황당하지 않습니까? 이스라엘로 하여금 그냥 성 주변을 돌라는 것입니다. 매일 한 바퀴씩 말입니다. 세상에 이런 전략이 어디 있습니까? 게다가 아무 소리도 하지 말라고 하십니다. 이런 식의 작전명을 붙인다면 단순 무지 전략입니다. 말 그대로 도무지 납득이 될 만한 전략이 아닙니다. 기본적인 상식이나 주장할 만한 근거가 전혀 없는 명령이었습니다.

만약 우리에게 이런 명령이 내려졌다고 가정해 봅시다. 어떻게 받아들였을까요?

예를 들어, 죽을병에 걸려 당장 죽을 판인데, 매일 물을 한 잔씩만 마시라고 한다면 따지지 않을까요? 하나님이 내리신 여리고 작전은 현실성이 전혀 없어 보였습니다. 그냥 돌라는 것은 너무나도 황당하고 비현실적으로 여겨졌을 것입니다. 그야말로 바보들의 행진 꼴이 된 것입니다.

놀라운 것은 이스라엘이 그대로 순종했다는 사실입니다. 그들은 매일 한 바퀴씩 돌았습니다. 15절에서는 "새벽에 그들이 일찍이 일어나서 전과 같은 방식으로 그 성을 일곱 번 도니"라고 합니다. 여기 중요한 구절이 "전과 같은 방식으로"입니다. 말도 안 되는, 전혀 아무 일도 일어나지 않는, 미련하고 웃기는 것으로 보이는 그것에 대해서 "전과 같은 방식"을 또 선택한 것입니다.

그들은 6일 동안 매일 한 바퀴씩 돌고 돌았습니다. 그리고 7일 째에도 일찍 일어나 일곱 바퀴를 돌았다는 것입니다. 매일 돌았던 것같이 또 한 번 돌았다는 이야기입니다. 별 얘기 같아 보이지 않지만, 사실 이러기가 쉽지 않습니다.

하루, 이틀, 사흘, 나흘 정도는 미친 척하고 하나님이 그러라고 하셨으니 따를 수 있습니다. 그런데 사흘이 되고 나흘이 되도 아무런 변화가 일어나지 않으니 문제입니다. "이 미친 척을 계속해야 하나?" "이 말도 안 되는 바보들의 행진을 계속해야 하나?" 하나님의 명령은 마지막 순간까지 전혀 예측할 수 없는 막막함의 단계를 통과해야 합니다. 명령에 대한 선택은 오직 한 길 외에는 없습니다. 하나님은 다른 길은 모두 다 닫아 놓고 우리를 그리로 몰아가십니다. 명령입니다.

부분적 순종은 불순종이다

내가 지금 그 현장으로 들어가 있다고 한번 상상을 해보십시오. 아무리 성벽을 돌아도 변화가 일어나지 않았습니다. 여리고 성을 하루 돌고 나니 약간 분위기가 묘해지고, 이틀 도니 벽돌이 툭 떨어지고, 사흘 째 되니 벽돌이 갈라지고, 엿새 되니 땅이 약간 갈라지는 변화가 있었다면 모르겠지만 전혀 그렇지가 않았습니다. 이쯤 되면 포기하고 싶어지게 되어 있습니다. 별 생각이 다 들 수 있습니다. 누군가 소리를 치며 "이게 무슨 짓이냐!"고 하면 다른 사람들이 다 동조할 판입니다. 순종의 길은 멀고 험한 경우가 대부분입니다. 숨이 답답해져 오고 죽을 것 같은 고비를 넘겨야 합니다.

그런데 어떤 일이 일어났습니까? 끝까지 순종한 것입니다. 이스라엘 백성이 별다른 동요 없이 전과 같은 방식으로 성벽을 돌았다는 말씀입니다.

우리는 무슨 작은 기적이라도 일어나야 "와, 신난다"하며 순종하기 마련입니다. 어떤 분은 하나님의 말씀대로 살아왔지만 삶에 아무런 변화가 일어나지 않았다고 생각할지 모르겠습니다. 그렇다면 "전과 같은 방식으로"에 주목하십시오. 어제 순종해 왔던 방식 그대로 오늘도 계속 순종하라 하십니다.

순종이란 한두 번 그 뜻을 따르는 것 정도가 아닙니다. 어떤 사정을 무릅쓰고서라도 지켜 행하는 순종이 진짜 순종입니다. 이스라엘이 그랬더니 결과가 어찌되었습니까? 하나님께서 말씀하신 일곱째 날 일곱 바퀴를 완전히 다 돌자, 그 거대한 성이 무너졌습니다. 일곱 번, 완전수입니다. 완전한 순종이 순종입니다.

신앙의 세계가 바로 이러합니다. 성경을 보면 여리고 사건과 매우 유사한 일들이 빈번합니다. 여리고 사건은 신앙의 세계에 관한 하나의 전형이라 할 수 있습니다.

어렵게 보이지만 가장 쉬운 길

사실 처음에는 누구나 순종하기가 어렵습니다. 인간은 순종보다 불순종이 더 쉽습니다. 순종이 어려운 것은 우리의 자아의 문제 때문입니다. 자아가 펄펄 살아 있는 한 순종은 어렵습니다. 우리에게 있는 자아는 늘 자아 중심적으로 모든 것을 주도해 가고자 합니다. 나의 논리와 경험을 주장하고 싶어 합니다. 상식적이지 않고 이해도 안 되면 순종하지 않으려고 합니다. 늘 사고가 벌어지는 부분은 이곳입니다. 처음에 순종하기가 너무 어렵습니다.

　일상을 살아가는 인간의 이치와는 다른 명령을 내리실 때 따르기가 어렵습니다. 그런데 순종이란 원래 그런 것입니다. 순종은 시작하기가 어렵습니다. 그러나 순종을 배우기 시작하고 순종으로 일어나는 놀라운 결과들로 인해 조금씩 순종이 쉬워지기 시작합니다.

　이스라엘이 여리고 성을 무너뜨리기란 처음부터 불가능한 일이었습니다. 그런데 이스라엘은 손 하나 대지 않고 여리고 성을 무너뜨렸습니다. 얼마나 효율적인지요. 아무런 피해를 입지 않고, 손도 대지 않고 상대를 제압했다는 것은 놀라운 것입니다. 이스라엘 백성이 한 것이라곤 매일 성 주위를 가볍게 산책한 것밖엔 아무것도 없었습니다.

　우리가 믿음의 삶을 살 때에도 이렇습니다. 처음 순종하기가 어렵지, 순종하고 나면 그다음엔 놀라운 일들이 일어납니다. 그러므로 순종은 인생을 살아가는 참 손쉬운 방법입니다. 일단 순종하면 그다음부턴 하나님께서 다 알아서 해 주시기 때문입니다. 괜히 고집을 피워 인생을 험난하게 살아가는 것은 미련한 일입니다. 그렇게 어렵게 살 이유가 없습니다. 순종을 통해 하나님의 로드맵에 충실히 따르면 상상을 초월하는 길이 열리게 됩니다. 순종의 삶을 사는 사람만이 아는 비밀입니다. 제가 정필도 목사님을 뵈면서 늘 보고 듣는 모습도 이러합니다. 순종하니까 하나님께서 다 하시더라는 말씀을 노래처럼 말씀하시는 것에 큰 도전을 받습니다. 위대한 일은 명령에 대한 순종을 통해서 일어나는 것입니다.

재능보다 순종이 더 탁월한 삶을 보장한다

신앙 훈련은 곧 순종 훈련입니다. 머리를 복잡하게 굴릴 필요가 없습니다. 하나님은 이스라엘 백성들에게 여리고 성을 돌면서 머리를 좀 쓰라고 하지 않으셨습니다. 군사 훈련을 하라고 하지 않으셨습니다. 이스라엘 백성들에게 요구한 것은 딱 한 가지뿐입니다. 그냥 '돌아라'고 명령하신 것입니다. 그렇다면 이 말씀에 순종하십시오. 머리를 복잡하게 굴리거나 내가 힘을 쓰려다 보면 오히려 하나님의 일을 더 그르치게 됩니다.

하나님이 쓰셔야 하는 머리를 자기가 쓰려다 보면 몸만 더 상하게 됩니다. 안 되는 능력으로 자꾸 자기 힘으로 하려고 하다 보면 몸도 마음도 견디지 못하게 됩니다.

여러분, 신앙은 아이큐와 별로 상관이 없습니다. 아이큐가 높으나 낮으나 하나님의 일은 순종으로 판가름 납니다. 내 경험의 폭과도 상관없습니다. 신앙생활에 사회 경험이 많은 것이 도리어 방해가 될 때가 많습니다. 물론 도움이 될 때도 있지만 그렇지 않을 때가 더 많습니다. 사회 경험, 지식, 지성은 성령의 기름 부으심 후에 쓸모 있는 것입니다. 날 것 그대로는 쓰임 받지 못합니다.

신앙생활에는 어린아이와 같은 마음으로 순전하게 순종하는 사람이 필요합니다. 아브라함도 그러했지요. 그에게 순종의 훈련을 시키시는데, 마치 제식 훈련을 시키시듯 하셨습니다.

창세기 12장부터 22장까지 아브라함은 하나님으로부터 순종 훈련을 받는 것을 보게 됩니다. 여기서 눈에 띄는 것이 훈련 방식입니다. 군대에 가면 제식 훈련을 합니다. '앞으로 가, 뒤로 돌아가, 좌로 돌아가' 하면서 군대에 가면 몇 주 동안 이런 훈련만 시킵니다. 웬만하면 누구나 다 할 수 있는 단순한 것입니다. 그럼에도 반복해서 훈련시키는 까닭은 다른 것이 아니라 절대 순종을 가르치기 위해서입니다. 머리가 나쁘다고 훈련시키는 것이 아니라, 전쟁터에 나가서 지휘관의 말 한마디에 절대 복종하도록 만드는 작업인 것입니다.

소림사에서도 무술을 배우려고 하면 처음부터 가르쳐 주지 않는다고 합니다. 먼저 빗자루질과 설거지를 시킵니다. 그래서 수련자들이 1, 2년에 거의 도망을 갑니다. 그래도 마지막까지 남은 한 사람에게 비로소 한 수 가르쳐 줍니다. 기술보다 태도를 먼저 익혀야 합니다. 신앙의 기본기는 순종입니다. 순종을 배우기까지 신앙은 늘 설익은 상태에 있을 수밖에 없고 신앙은 한 발자국도 앞으로 진도가 나가지 않습니다.

하나님의 나라는 말씀에 얼마나 순종하느냐가 중요합니다. 순종의 단계로 나아갈 때 진정 믿음이라고 할 수 있습니다. 믿음과 순종은 동전의 양면과 같습니다. 그래서 내게 믿음이 있다면 반드시 순종이 따라야 합니다.

성경은 아브라함을 믿음의 사람이라고 말하는데, 무얼 보고 믿음의 사람이라고 합니까? 그가 요령 있게 잘 따랐다는 것입니까? 아닙니다. 순종했기 때문에 믿음의 사람이라고 합니다. 믿음은 곧 순종입니다.

하나님은 우리에게 순종을 요구합니다. "너희는 순종만 하라. 그다음은 내가 알아서 하겠다. 너희는 돌기만 해라. 어차피 너희 힘으로는 안 된다. 내가 하겠다." 우리 삶에서도 마찬가지입니다. 내 힘으로 애쓰지 말고 하나님께서 명하신 대로 지켜 행하면 하나님이 마침내 다 이루십니다.

그러므로 지혜로운 사람은 순종하는 삶이 가장 지름길이라는 것을 빨리 터득합니다. 그러나 미련한 사람들은 다 망가지고 난 후에야 깨닫습니다. 낭비하고 지나간 후에 늦게 알아챕니다. 일찍 깨닫는 것이 은혜입니다. 신앙의 기본은 순종입니다.

토를 다는 습관을 버리라

성경 어디를 봐도 순종이 없는 곳에서 역사가 일어난 적이 없습니다. 아람 군대 장관 나아만의 이야기 역시 그렇습니다. 실력자이고 유명한 그가 나병에 걸리자, 이스라엘에서 잡혀온 그의 여종이 이스라엘 선지자에 대해 소개합니다. 그래서 나아만이 선물을 들고 찾아갔는데 선지자가 만나 주지 않고 종을 보내 요단강에 가서 일곱 번 몸을 씻으라고 하는 말을 전합니다. 이것은 자존심을 상하게 하는 것이었습니다. 화가 난 장군은 그냥 돌아가려고 했습니다. 그런데 신하들이 속는 셈 치고 요단강에 들어가라고 강권합니다. 여기에 여리고 사건과의 공통점이 있습니다. 바로 '일곱 번 들어가 씻으라'는 부분입니다. 일곱은 완전수입니다. 여섯 번도, 여섯 번 반도 안 됩니다. 일곱 번 들어가야 했습니다. 여리고 성을 여섯째 날까지 다 돌았다고 일곱째 날 돌지 않으면 안 됩니다. 일곱째 날도 여섯 바퀴만 돌면 안 됩니다. 일곱 바퀴를 돌아야 합니다.

이처럼 완전한 순종이어야 합니다. 어떤 분은 "거의 순종했거든요" 하시는데, 그것은 사실 불순종입니다. 순종하면서 토 달면 안 됩니다. 순종하면서 원망과 불평하면 안 됩니다. 이스라엘의 역사를 보면 실패가 많았는데, 그때는 어김없이 부분적 순종을 할 때였습니다.

이스라엘 초대 왕 사울이 대표적입니다. 아말렉을 멸절하라는데 부분적 순종을 하고 자신의 머리를 자꾸 쓴 것이 문제였습니다. 순종을 하려고 하긴 하는데 자꾸 꾀가 생기고 자기 이론이 생겼던 것입니다. 그래서 주석을 답니다. 그런데 여러분, 성경을 읽을 때 자기 주석을 함부로 달면 안 됩니다. 말씀을 읽으며 '그러나' 하면서 토 달면 안 됩니다. 말씀 앞에서는 무조건 "아멘! 아멘!" 하는 '아멘 훈련'을 해야 합니다.

순종하려면 자기 생각을 내려놓아야 합니다. 어떤 사람과 대화하다 보면 가슴이 답답해질 때가 있지요. 그런 사람은 자기 이론이 딱 세워져 있는 사람입니다. 자기 주관과 논리로 무장을 해서 강한 철옹성 같은 사람입니다. 그런 상대와는 대화하기가 싫어집니다. 내 말이 채 끝나기도 전에 자기 이야기를 꺼내는 사람은 상대의 이야기를 듣지 않고 자기 할 말만 하고자 하는 사람입니다.

신앙의 세계에서도 마찬가지입니다. 우리는 자기 이론을 내려놓아야 합니다. 설교를 들을 때도 마음을 완전히 비우고 듣지 않으면 이상한 적용을 하게 됩니다. 특히 지성인들이 더욱 그렇습니다. 심지어 자기 이론과 맞지 않으면 설교 도중에 나가는 분도 계십니다. 말씀을 듣고자 하는 것이 아니라 자기가 말씀을 설득하려고 합니다.

하나님께서 이스라엘 백성이 여리고 성을 돌 때 아무 소리도 내지 말라고 하셨습니다. 이 부분은 하나님께서 인간의 심리를 잘 꿰뚫고 하신 명령입니다. 하루 이틀 돌다 보면 틀림없이 머리 좋은 사람이 이의를 제기했을 것입니다. 대책 회의를 하자는 둥, 비상 회의를 하자는 둥 투덜대면서 선동할 가능성이 있었습니다.

사실 회의를 해보면 말없이 헌신하고 순종하는 사람보다는 똑똑하고 자기 논리가 분명한 사람들이 이야기를 주도할 가능성이 높습니다. 회의는 성격 강하고 말을 잘하는 사람이 이기게 되어 있습니다. 만약 그랬다면, 이스라엘은 여리고 성을 더 돌지 못했을 겁니다. 아마 사흘 정도로 끝나지 않았을까요.

그러면 일곱째 날 일곱 바퀴를 돌게 하심으로 이루시려는 하나님의 의도는 무엇일까요?

일곱 번, 자아의 죽음

온전한 순종을 통해 이스라엘 백성이 경험한 것은 무엇입니까? 자기의 생각이 죽고, 자기의 이론이 죽고, 자기의 방식이 죽는 일입니다. 여리고 사건을 오늘 우리에게 적용하면, 철옹성같이 무너지지 않는 견고한 불신앙의 마음을 무너뜨리는 것입니다. 자기 내면에 도사린 세상의 이론들, 하나님의 말씀을 받아 순종할 수 없게 만드는 여러 생각들이 죽어 없어지는 경험을 하는 것입니다.

하나님 나라의 사역을 하는 데 가장 큰 장애물이 바로 자신입니다. 내 인생을 가로막는 것은 외부에 있지 않고 바로 내 안에 있습니다. 내 강한 자아와 집착과 고집과 세상의 논리 말입니다. 그것이 깨어지지 않고 십자가에 담금질 되지 않으면 우리 앞에 어떤 일도 일어날 수 없고 하나님의 역사도 경험할 수 없습니다.

따라서 불신앙으로 다져진 견고한 진을 무너뜨리는 작업은 매일 십자가를 통과하는 것입니다. 순종하지 않고자 하는 나의 자아가 깨어지는 경험들이 필요합니다. 자아는 쉽게 깨어지지 않습니다.

순종이 어려운 이유는 여기에 있습니다. 우리는 매일 십자가의 담금질을 통해 우리 안에 순종의 영이 흐르도록 해야 합니다.

가나안 입국 비자 스탬프, 순종

여리고 사건은 하나님께서 자기 백성을 철저하게 순종시키려는 훈련이었습니다. 그러므로 전쟁 전략이기보다는 이스라엘 백성다움을 위한 훈련 지침이었습니다.

하나님의 의도는 여리고를 무너뜨리는 것보다 더 중요한 것에 있었습니다. 이스라엘이 여리고를 통과하고 난 다음을 생각하셨던 것이지요. 가나안에 정착하고 살아갈 이스라엘에게는 지금 이 순간 여리고에서 하나님께 절대적으로 순종하는 이 훈련이 너무나 중요했습니다. 왜냐하면 가나안 땅의 화려한 도시 문명을 접하고 나면 얼마든지 변질될 수 있기 때문입니다. 젖과 꿀이 흐르는 그 땅에는 우상을 섬기는 타락한 문화가 가득했습니다. 이스라엘이 배교하고, 그 땅의 문명에 현혹되어 하나님의 백성으로서의 정체성을 잃어버리고 말씀과 법도를 따르지 않을 가능성이 높다는 것을 하나님은 알고 계셨습니다.

하나님의 명령에 대한 절대적 복종 훈련이 시급했습니다. 하나님에 대한 온전한 순종을 놓친다면 백발백중 가나안의 문화 안으로 빠져 들어갈 가능성이 높았습니다. 가나안 입성이 문제가 아니라 입성 이후에 하나님의 축복을 유지하는 것이 관건이었습니다.

오늘 우리도 마찬가지입니다. 하나님께서 우리를 축복하시고자 하는 마음에는 조금도 의심의 여지가 없습니다. 다만 우리의 변심이 문제입니다.

축복을 부어 주시고자 하지만 우리 안에 의심스러운 부분이 많은 것입니다. 우리의 관심은 내가 받을 축복이 아니라 축복을 유지할 신앙입니다.

불순종의 영이 문제다

우리 삶의 불행과 실패를 거슬러 올라가 보십시오. 원인은 딱 한 가지입니다. 바로 불순종입니다. 그것은 에덴동산에서 비롯된 것이고 우리 삶의 크고 작은 불순종이 빚어낸 결과들입니다. 우리 속에는 불순종하려는 아담의 피가 흐르고 있습니다.

아담의 피는 곧 우리의 내면에 불순종의 영이 자리 잡고 있다는 뜻입니다. 우리는 이 불순종의 영과 날마다 싸워야 합니다. 에베소서 2장을 보면, 사탄을 '불순종의 아들들 가운데서 역사하는 영'이라고 합니다. 실제로 사탄은 불순종하는 백성들과 손잡고 일합니다. '불순종의 영'이라는 구절에 한 번 더 유의하십시오. 한두 번의 불순종을 말하는 것이 아니라, 그것보다 무서운 것은 우리의 깊숙한 곳을 지배하고 있는 불순종하고자 하는 영입니다. 사탄이 노리는 것은 바로 이 부분입니다.

영이란 우리를 지배하는 정신 혹은 성향을 말합니다. 강한 불순종의 성향에서 벗어나는 일은 간단한 일이 아닙니다. 때문에 이를 완전히 걷어 내려면 강력한 예수의 보혈이 우리 안에 강같이 흘러야 합니다. 불순종의 척결은 한두 번 기도한다고 끝날 일이 아닙니다. 견고한 진을 무너뜨리는 일입니다. 포기하지 않고 끝없이 하나님을 의지하며 성령의 주권 안에 순복하는 삶을 살아야 합니다.

어린아이들을 보십시오, 그들에게도 불순종의 영을 보게 됩니다. "안해!" 하는 소리부터 배웁니다. 자기 고집대로 하려고 떼를 쓰기도 합니다. 이 불순종의 영을 그대로 두면 얼마나 고생할지 모릅니다. 성도들도 마찬가지입니다. 그 심령 속에 깊이 자리한 불순종 때문에 고생하는 사람들이 많습니다.

신앙의 세계에서 영적 실력의 차이는 재능, 은사, 머리, 경험, 실력이 아닙니다. 순종입니다.

주님은 산상수훈에서 주옥같은 말씀을 하시면서 결론적으로 이렇게 말씀하셨습니다. "그러므로 누구든지 나의 이 말을 듣고 행하는 자는 그 집을 반석 위에 지은 지혜로운 사람 같으리니"(마 7:24). 이것이 바로 예수님 설교의 결론 부분입니다. 또한, 우리가 듣는 모든 설교의 결론입니다. 그래서 설교를 들은 후에 무엇을 순종할 것인가 생각하고 붙잡지 않는다면 허탕친 셈이나 마찬가지입니다.

'내가 하는 이 말을 듣고'까지는 다 똑같습니다. 삶의 차이는 바로 '행하는 자'에서 생겨납니다. 실력의 차이는 듣는 데서 나오는 것이 아닙니다. 딱 하나, 자신이 행하는 자인가 아닌가에 따라 갈라집니다. '행하는 자'란 지혜로운 사람, 반석 위에 집을 짓는 사람입니다.

주님의 이 말씀을 새겨듣지 않으면 세월이 흐를수록 후회막급입니다. 불순종하는 자는 모래 위에 집을 짓는 사람과 같습니다. 이런 사람들은 매일 짓고 허물어지고 짓고 허물어지고를 반복합니다. 집이 세워질 수가 없습니다.

첫 번째 아담의 피가 불순종의 피라면 둘째 아담으로 오신 예수의 피는 순종의 피입니다. 그분은 기꺼이 아버지의 명령에 순종하심으로 십자가를 지셨습니다. 이것이 곧 아들의 영입니다. 우리 안에 예수의 피가 흘러야 삽니다. 예수의 영이 우리 안에 이식되는 은혜를 구합시다. "그가 아들이시면서도 받으신 고난으로 순종함을 배워서 온전하게 되셨은 즉 자기에게 순종하는 모든 자에게 영원한 구원의 근원이 되시고"(히 5:8~9)

순종은 타이밍이다

우리가 순종하려면 말씀에 귀를 기울여야 합니다. 어떤 설교든, 누가 설교하든지 은혜 받는 비결은 순종의 태도를 가지고 말씀을 듣는 것입니다. '나는 무엇을 순종할까'의 태도로 말씀을 들으면 유익하지 않은 설교가 없습니다. 성경을 읽고 묵상할 때도 마찬가지입니다. 시간이 흐르면서 묵상의 삶이 시큰둥해지는 이유는 묵상만 하고 구체적으로 순종의 삶을 살지 않기 때문입니다. 머리로만 하는 묵상은 얼마 못가서 머리가 아프게 되어 있습니다. 당연히 재미가 없습니다. 성경은 지식 쌓기가 아닙니다. 아무리 훌륭한 신앙의 지식을 가지고 있다 해도 그것만으로는 자랑할 것이 하나도 없습니다. 얼마나 순종했느냐 하는 것으로 신앙은 결정됩니다.

말씀에 순종하려면 단순해야 합니다. 때로 생각이 복잡한 사람은 순종하기 어렵습니다. 따지는 것이 많고 분석을 하고 난 다음에 순종하려고 하면 불가능해집니다.

베드로의 고백을 떠올려 보십시오. "말씀에 의지하여 그물을 내리겠습니다." 하고 싶은 말이 많았겠지만 그러나 이 한 가지 말로 모든 것을 다 뒤집고 말았습니다. 여기에 무슨 논리가 있는 것도 아니고 세상의 이론이 있는 것도 아닙니다. "말씀에 의지하여"는 밑줄을 그어 놓아야 할 명문장입니다. 베드로는 주님의 부르심에 곧바로 순종했습니다. "곧 그물을 버려두고 따르니라"(막 1:18). 간단합니다.

순종은 말씀이 깨달아지는 순간 시행해야 합니다. 설교를 듣다 깨달아지는 때가 은혜의 때입니다. 그 마음이 성령이 주시는 마음입니다. 내가 깨달은 것이 아니라 성령이 깨닫게 하신 것입니다. 그때 순종하면 축복이 임합니다.

하나님께서 어떤 마음을 주시든 순종하고자 하면 하나님의 음성을 계속 들을 수 있습니다. 그렇지 않으면 그 깨달음이 사라지게 됩니다. 영적으로 어두워지게 됩니다. 그러나 즉시 깨닫고 순종하면 깨달음이 계속적으로 이어지게 됩니다.

신앙의 갈림길이 바로 여기서 시작됩니다. 말씀을 주실 때 깨우치고 순종하는 사람을 하나님은 사용하십니다. 즉각적으로 순종하는 사람을 기뻐하십니다.

순종은 타이밍의 문제입니다. 말씀을 깨닫자마자 순종해야 합니다. 순종에는 타이밍이 중요합니다. 하나님은 타이밍을 중요하게 여기십니다. 만약 즉각적인 순종을 하지 않으면 하나님의 역사의 손길은 다른 곳으로 옮겨지게 됩니다. 미루지 말고 타이밍을 정확히 맞춰 순종하십시오.

살다 보면 막막한 순간을 겪게 됩니다. 앞이 보이지 않는 절박한 순간 길이 보이지 않을 때가 있습니다. 바로 그때 해결의 길이 있습니다. 지금 당장 내가 순종해야 할 것을 찾는 것입니다. 너무 멀리 생각할 필요가 없습니다. 오늘 순종할 것만 생각하고 행동에 옮기면 됩니다. 그러면 다음의 길도 보여 주십니다. 하나님은 한꺼번에 당신의 뜻을 알려 주지 않습니다. 지금 주어진 상황에 순종해야 그 길 끝에서 또 다른 하나님의 뜻과 비밀이 나타납니다.

그러므로 하나님께 다 보여 달라고 하면 안 됩니다. 일단 순종하고 그 길 끝에서 무엇이 나타나는지 기다려야 합니다. 순종하는 곳에 하나님의 역사가 일어납니다. 하나님은 늘 순종하는 자의 편에 서 계심을 믿으십시오.

때로 순종은 위험 요소를 동반하기도 합니다. 그리고 순종은 길고 지루한 과정입니다. 언제까지 이 일을 계속해야 하나 싶을지도 모릅니다. 그럼에도 하나님은 우리가 계속 순종하기를 원하십니다.

우리가 순종을 요구하는 설교를 듣다 보면 다른 설교보다 훨씬 더 힘들 수 있습니다. 순종해야 했는데 미뤄 둔 일이 생각나서 불안해지기도 합니다. 순종을 하려니 엄두가 나지 않는 일들도 있습니다. 순종은 쉬운 일이 아닙니다. 그러나 순종의 문제는 반드시 통과해야 합니다.

순종하려는 마음을 가지고 있으면 하나님께서 구체적으로 인도해 주십니다. 어떤 때는 집에서 밥 먹다가 어린아이의 입술을 통해서도 말씀하시는 것을 체험합니다. 주님은 나귀의 입을 열기도 하시고, 이 세상 모든 것을 움직여서 내게 말씀하십니다. 어느 날 걸어가다 불현듯 겪게 된 해프닝을 통해서도, 텔레비전의 뉴스를 통해서도 말씀하십니다. 소그룹에서 지체들의 입술을 통해서도 하나님의 음성이 들려옵니다. 지나가는 사람이 툭 던지는 한마디가 하나님의 메시지처럼 들려올 때도 있습니다.

이처럼 순종하려고 하면 하나님께서 얼마나 많은 말씀을 하시는지 모릅니다. 그러나 순종하지 않으면 하나님의 말씀이 들리지 않습니다. 이 점을 기억하시기 바랍니다.

순종함으로써 우리 삶의 모든 사슬들을 끊어 내기를 바랍니다. 우리 삶에 무언가 묶여서 풀리지 않는 문제가 있다면 해답은 하나입니다. 지금 즉시 하나님의 말씀으로 돌이키십시오. 내게 말씀하신 것이 무엇인지 곰곰이 생각해 보고, 힘들겠지만 그럼에도 순종하십시오. 그렇게 할 때 여리고가 무너진 것 같은 역사가 임할 것입니다. 우리는 손 댈 필요 없습니다. 괜히 내 힘으로 하려고 애를 쓰지 말고 순전한 마음으로 순종의 길을 걸으십시오.

하나님의 놀라운 축복은 순종하는 사람에게로 몰려가게 되어 있습니다. 순종하는 곳으로 하나님의 축복의 강이 흘러갑니다. 성경의 정확한 증언입니다. 겸손한 태도와 순종의 영을 가진 자로 말씀 앞에 무조건 순종한다면 세상에서 당할 자가 없을 것입니다. 무적 인생이 됩니다. 하나님이 팔을 뻗으시고 축복해 주실 것입니다.

Day 15

성령이 이끄시는 공동체

●

베드로가 열한 사도와 함께 서서 소리를 높여 이르되 유대인들과 예루살렘에 사는
모든 사람들아 이 일을 너희로 알게 할 것이니 내 말에 귀를 기울이라 때가 제 삼 시니
너희 생각과 같이 이 사람들이 취한 것이 아니라 이는 곧 선지자 요엘을 통하여 말씀하신 것이니
일렀으되 하나님이 말씀하시기를 말세에 내가 내 영을 모든 육체에 부어 주리니
너희의 자녀들은 예언할 것이요 너희의 젊은이들은 환상을 보고
너희의 늙은이들은 꿈을 꾸리라 그때에 내가 내 영을 내 남종과 여종들에게 부어 주리니
그들이 예언할 것이요

사도행전 2장 14~18절

초대교회는 성령이 잉태하고 양육하고 이끌어 가신 성령의 공동체이다. 성령을 빼면 교회가 존재할 수 없다. 아무것도 없어도 성령이 운행하고 역사하신다면 그곳이 교회다운 교회이다. 또한 성령이 임하셔야 그리스도인답게 살아갈 수 있다. 성령이 임하시지 않은 삶은 텅 빈 그림자 같은 인생이다.

비정상인으로 출발하다

세상에는 두 종류의 사람이 있습니다. 하나님께 미치든지, 세상에 미치든지 둘 중 하나입니다. 좌우지간 어디에 미쳐도 미쳐야 합니다. 이전에 지금은 고인이 되신 옥한흠 목사님의 제자훈련 강의를 들을 때 가장 인상적인 것은 광인론이었습니다. 미치지 않으면 제자훈련이 안 된다는 것을 가르치신 것입니다.

요즘 어디에든 미치지 않고는 될 것이 하나도 없습니다. 미친다는 것은 어떻게 보면 제3자의 입장에서 보면 정상적인 모습으로 보이지 않는 것입니다. 초대교회에 일어난 성령 사건으로 제자들이 미쳐 버렸습니다. 예수님의 제자로 따라 다닐 때는 미치지 못했습니다. 세상 사람들의 눈에 지극히 정상인으로 산 것입니다.

가만히 보면 안 미친 것이 문제였습니다. 맹숭맹숭한 정신으로 주님을 따라다니다 보니 사고만 친 것입니다. 오순절 성령 충만은 제자들을 완전히 딴 사람들로 만들어 놓았습니다. 그야말로 동명이인이 된 것입니다. 미친 것입니다. 아니, 미치게 되고 말았습니다. 예수에게 미치고 복음에 사로잡히고 하나님의 나라의 환영에 완전히 걸려든 것입니다. 정상인들이 아닙니다. 사도행전의 역사는 그렇게 시작됩니다.

새 술에 취하라

사도행전 2장은 성령이 임하실 때 일어나는 변화상을 잘 보여 줍니다. 성령이 임하자 사람들이 난 곳 방언을 말합니다. 놀랍게도 120명에게 성령이 바람처럼 불처럼 임하신 것입니다. 제자들은 성령을 받은 전후가 확연하게 대조됩니다. 초대교회에 일어난 현상을 잘 보아야 합니다.

처음에 사람들은 그들이 이상하다고 생각했을 것입니다. 조롱하는 사람들은 이들이 술에 취했다고도 생각했습니다. 그런데 베드로는 이 말을 부인합니다. 그는 술 취한 것이 아니라 새로운 술에 취했다고 말합니다.

바울은 술 취함과 성령의 충만함의 유사점과 차이점을 말했습니다. "술 취하지 말라 이는 방탕한 것이니 오직 성령으로 충만함을 받으라"(엡 5:18). 술 취함과 성령 충만함의 유사점은 바로 '사로잡힘'입니다. 내 마음대로 움직일 수 없는 상황을 맞는 것입니다. 술을 마셔 본 분들은 잘 아실 것이라고 생각합니다. 나는 저 길로 가려고 하는데 다른 길로 가게 됩니다. 또 계단이 높아 보여서 디뎠는데 확 꺼지는 통에 넘어지기도 합니다. 몸을 내가 가누지 못하는 현상이 일어납니다.

성령이 충만해도 이런 일이 벌어집니다. 내 마음대로 어찌할 수 없는 상태 자체는 동일합니다. 그런데 다른 점이 있습니다. 마틴 로이드 존스(Martyn Lloyd Jones) 목사님은 이 부분을 이렇게 해석했습니다. 먼저 술에 취하면 일반적으로 지각 기능이 마비됩니다. 판단력, 이해력, 분별력이 현저히 떨어지는 것입니다. 반면 성령 충만은 각성의 상태가 됩니다. 정신, 의지, 지성, 마음, 생각에서 죄에 눌렸던 부분이 일제히 풀어집니다. 이처럼 술은 억제시키지만 성령의 충만함은 이성과 지각과 마음과 생각을 활성화시킵니다. 동시에 죄성이 짓눌려집니다.

더욱이 지각이 제대로 작동될 뿐 아니라 가장 극대화됩니다. 그래서 이전에는 생각하지 못했던 것들을 생각하고, 이전에 행할 수 없었던 것들을 행하며, 이전에 상상하지 못했던 것들이 떠오릅니다. 내 마음을 흥분시키고 감동시키고 움직이는 역사가 활성화된다고 하겠습니다. 분명한 것은 전혀 다른 삶입니다. 비슷한 삶이 아니라 별난 인생이 되는 것입니다. 위로부터 임하신 성령은 우리를 그렇게 만들고도 남습니다.

중독으로부터의 해방

성령 충만은 사로잡힘입니다. 지배를 당하는 것입니다. 내가 저항할 도리가 없어집니다. 성령이 나를 전인격적으로 사로잡으심으로 무얼 하든 내가 하는 것이 아니라 그분이 주도하시는 일이 곧 성령 충만입니다. 말하자면 강력한 이끌림입니다. 강한 빨려 들어감의 현상이 일어납니다. 이런 증세가 일어나야 정상적인 신앙인이 되는 것입니다. 완전히 사로잡힘이 아니면 자꾸 딴 짓을 하게 됩니다. 엉뚱한 것으로 빠지게 되어 있습니다. 우리는 어디엔가 센 것에 빨려 가게 되어 있습니다.

교회를 다녀도 성령 충만하지 않으면 다른 무언가에 홀려서 살게 됩니다. 오늘날 돈에 미친 사람들이 얼마나 많습니까? 하도 "돈, 돈!" 하다 보니 돕니다. 심지어 어떤 분은 자기 전에 심야 주식 동향을 살펴야 잠이 온다고 합니다. 궁금해서 잠들지도 못하는 겁니다.

어떤 사람은 명예욕이나 권력욕에 사로잡혀 정신을 못 차립니다. 이외에도 도박에 미친 사람, 각종 취미에 목숨을 건 사람까지 그 종류와 수를 헤아릴 수 없을 정도입니다.

제가 사역했던 호주 시드니에 큰 카지노가 있었습니다. 그 규모가 대단하고 성업 중입니다. 한국에서 워킹 홀리데이 비자를 받고 온 청년들 가운데 거기서 살다시피 하는 사람이 있다고 합니다. 심지어는 여권을 맡겨 놓고 돈을 빌리다가 인질이 되기도 합니다. 어떤 분의 남편은 저녁에 밥 먹다 사라져서 이틀을 들어오지 않았다고 합니다. 보통 이틀 정도라면 십중팔구 도박하러 갔다 온 것입니다. 이 정도면 완전히 미쳐 버린 것입니다. 재산도 다 날립니다. 멀쩡한 사람이 한순간에 그렇게 됩니다. 술에 빠지고, 마약에 빠지고, 여자에 빠지고, 돈에 빠져 삽니다.

미쳤다는 말이 지나쳐 보이겠지만, 그 상태를 달리 표현할 적당한 말을 찾기가 어렵습니다. 자기 힘으로 벗어날 수 없는 상태에 완전히 함몰되어 있는 것입니다. 요즘은 이것을 '중독'(addiction)이라고 하기도 하는데, 이런저런 중독자들이 너무나 많습니다. 오늘날은 중독 사회라고 할 수 있습니다. 우리 주변을 보십시오. 수준의 차이는 있지만 중독 현상에 빠지지 않은 사람이 거의 없을 정도입니다. 모두가 어딘가에 미치고 사로잡힌 채 살아갑니다. 인터넷, 채팅, 게임, 쇼핑 등에 빠져들어 정신을 차리지 못합니다. 크게 삶을 해치지 않은 것이 있는가 하면, 치명적인 것이 있습니다. 모두가 어딘가에 매여 살고 있습니다.

신자는 한곳에만 빠져야 합니다. 성령 충만입니다. 성령에게 매이고 사로잡히는 것입니다. 결국 어디에 빠지고 사로잡히느냐의 치열한 싸움입니다. 한 분에게 온전히 사로잡히면 다른 모든 것으로부터 자유를 얻을 수 있습니다. 할렐루야.

신바람이 나야 정상이다

성령에게 사로잡히고 그분에게 미치면 모든 것에 자유롭게 된다니, 약간 이상한 표현이라고 생각할지 모르겠습니다. 사로잡힘이 곧 자유롭게 되는 것이라고 말하고 있으니까요. 이 말이 모순 같겠지만 사실입니다. 너무 너무 자유로워집니다. 물론 믿지 않는 분들의 눈에는 이상해 보일 수도 있습니다. 그들은 도무지 이해하지 못할 놀라운 경험이라 설명하기 어렵습니다. 어떤 남편은 아내에게 예수를 믿더라도 너무 빠지지 말라고 당부합니다. 부인이 열심히 믿으면 "당신 일주일에 한 번만 가지, 뭐 하러 새벽까지 다녀? 광신자 아니야?" 합니다. 그러나 잘못 알고 그러는 것입니다. 이처럼 푹 빠지지 않고 신앙생활 하는 것은 제대로 된 신앙생활이 아닙니다. 이것도 아니고 저것도 아닙니다.

오순절 성령 강림 사건 이전, 제자들의 모습을 생각해 보십시오. 그들은 주님으로부터 직접 제자 훈련을 받았음에도 늘 사고만 쳤습니다. 제자인데 전혀 제자답지 않았습니다. 배반하고, 도망가고, 변명하고, 그야말로 낙제들입니다. 평균치도 미치지 못했습니다. 오늘날에도 마찬가지입니다. 교회에 다니고, 직분이 있어도 수준 미달이 얼마든지 있습니다. 신앙의 적당주의가 찾아왔습니다. 신앙생활을 건들건들하는 사람들이 문제입니다. 유사 그리스도인들이 많아졌습니다. 가짜, 짝퉁에 주의해야 합니다.

성령의 이끌림, 사로잡힘, 임하심, 충만이란 단어는 얼마나 중요한지 모릅니다. 이런 상태가 아니면 우리는 세상의 노예가 되기 십상입니다. 무당에도 두 종류가 있습니다. 신이 내려 신접한 무당이 있는가 하면, 연습을 해서 훈련된 학습 무당이 있습니다. 신접한 무당은 밤을 새워 대나무를 흔들어 댑니다. 자기 힘이 아닌 신기로 하는 것입니다. 반면 학습 무당은 배워서 자기 힘으로 대를 흔듭니다. 그러니 얼마나 힘들겠습니까? 이런 무당은 굿은 관심이 없고 눈앞에 놓인 돈을 보면서 간신히 버텨 낸다고 합니다.

교회도 마찬가지입니다. 성령의 경험, 성령의 취함, 성령의 사로잡힘의 은혜를 경험하지 못하면 학습 교인이 됩니다. 그냥 눈치껏 신앙생활을 하는 것입니다. 가장 재미없게 사는 부류가 어떤 사람입니까? 무엇을 하든 그냥 대충 하는 사람입니다. 할까 말까 고민하고 갈등하는 사람입니다. 보는 사람도 속이 터질 지경인데, 본인이야 얼마나 피곤하겠습니까?

새벽 기도회를 다니거나 철야 기도회를 나와도 성령에 취해서 나오는 사람이 있습니다. 그들은 피곤해 하지 않습니다. 365일도 능히 할 수 있을 것 같아 보입니다. 말씀을 들을 때면 꿀송이처럼 달아 시간 가는 줄 모르고, 기도할 때도 한 시간을 십 분처럼 간구하고 부르짖습니다. 이 모두가 성령에 취해야 가능한 일입니다. 취하지 않으면 기도를 해도 시간이 가지 않아 지루하고, 그냥 습관처럼 교회에 다니기란 이처럼 재미없는 일입니다.

저는 개인적으로 무엇이든 신바람 나게 하는 것을 좋아합니다. 하나님과 관련된 일은 무엇이든 즐겁습니다. 밤을 새우라면 새울 마음이 늘 있습니다. 지금까지 사역을 해 오는 동안에도 늘 즐겁게 해 왔습니다. 돌아보면 항상 행복한 사역을 해 왔습니다. 억지로 해 본 적이 없는 것 같습니다.

무엇을 하든지 억지로 할 이유가 없습니다. 밥을 먹어도 맛있게 먹는 사람과 같이 먹으면 신이 납니다. 깨작깨작 먹는 사람과 먹으면 같이 그렇게 됩니다. 예수 믿는 것도 마찬가지입니다. 신바람이 나서 홍조를 띠고 교회에 오시는 분들과 동역할 때 신바람이 나고 흥겹습니다. 교회에 올 때 신나고 주의 일을 할 때 얼굴에 '좋아 죽겠다'고 써 놓으시기 바랍니다. 그러면 다른 사람들도 그 흥에 매료되어 따라오지 않겠습니까?

저는 호주에서 재미있는 일을 경험했습니다. 특별 새벽 기도회를 하면 많은 성도들이 나왔습니다. 대부분의 성도들이 차를 타고 오는데, 새벽부터 주차장으로 밀려들어 오는 광경에 휩쓸려 호주 현지인들까지 덩달아 따라 들어온 일이 있었습니다. 어떻습니까? 재미있고 따뜻한 일화 아닙니까? 우리의 신앙에도 이러한 일이 일어나기를 바랍니다.

몰입의 경험

사로잡힌 상태, 미쳐 있는 상태를 다른 말로 '몰입'(flow)이라고 표현합니다. 이 말은 원래 물이 강력하게 흐를 때 한곳으로 빨려 들어가는 상태를 가리키는 말입니다. 가령 바닷가에서 아이들이 엉덩이를 반쯤 드러내고 코를 흘리며 모래 장난을 하지 않습니까? 그것이 바로 몰입 상태입니다. 날씨가 아무리 춥고 바람이 불어도 아이는 이때가 가장 행복한 순간입니다.

우리의 신앙생활도 마찬가지입니다. 가장 행복한 때가 언제냐고 묻는다면 몰입된 상태라 답할 것입니다. 그것이 바로 '충만'한 상태요, '사로잡힌 상태'입니다. 그래야 진짜 예수를 믿는다고 말할 수 있습니다. 엉거주춤 엉덩이만 걸쳐 놓은 것은 예수를 믿는 태도가 아닙니다. 신바람 나게 신앙생활하는 것, 그것이 바로 몰입된 신앙입니다. 무엇인가를 이루어 낸 역사의 현장을 가보면 몰입의 역사가 있습니다. 혁명적인 역사들이 일어난 곳은, 그 일에 미친 사람들, 완전히 몰입되어 나와 세상은 간 곳이 없는 강력한 상태에서 하나님의 일들이 일어나는 것입니다. 몰입된 상태에서 하는 일들은 완성도가 높아집니다. 하는 일들에 신비로운 역사들이 일어나게 됩니다. 내가 아직 몰입되지 않았다면 내가 할 일이 아닌지도 모릅니다.

믿음의 세계에서도 그런 상태로 들어가야 최상의 경험을 맛볼 수 있습니다. 내 의지로 노력하는 것에는 한계가 있습니다. 언제든지 다른 방해물들에 지배를 받고 도중하차할 가능성이 높아집니다. 성령께 이끌려야 제대로 된 신앙생활을 할 수 있습니다. 성령 충만은 선택이 아닙니다. 이전의 상태로 돌아가지 않으려면 반드시 성령 충만을 구해야 합니다.

누구든지 새로운 시대를 열 수 있습니다

성령 충만함은 그 어떤 자격 제한이나, 직분 제한이나, 나이 혹은 성별 제한을 두지 않습니다. 특정한 사람에게만이 아니라 모든 육체에 부어 주겠다고 말씀하십니다. "말세에 내가 내 영을 모든 육체에 부어 주리니 너희의 자녀들은 예언할 것이요 너희의 젊은이들은 환상을 보고 너희의 늙은이들은 꿈을 꾸리라"(행 2:17). 연령 제한이 없습니다. 사람을 차별하지 않습니다. 남종과 여종에게 부어 주시겠다고 했습니다. 사제주의를 찾아볼 수 없습니다. 직분의 개념도 아닙니다.

구약에서는 특정한 사람이 특별한 임무를 수행하도록 일시적으로 성령을 부어 주셨습니다. 그러나 신약에서는 달라졌습니다. 새로운 시대가 열렸습니다. 모든 육체에게 성령을 부어 주십니다. 마가의 다락방에 모였던 120명은 사도들만이 아닌 일반인들도 있었습니다. 그런 그들이 단 한 명의 예외 없이 성령을 체험했습니다. 하나님은 마지막 시대에 모든 이들을 들어 사용하고 싶어 하십니다. 때가 급합니다. 영적으로 열려 적극적으로 반응하면 하나님은 우리에게 성령을 부어 주십니다.

영을 따르는 자는 영의 일을

초등학생이라도 성령을 받으면 너무나 놀랍습니다. 그런 아이들은 어려서부터도 다른 삶을 살게 됩니다. 태도가 달라집니다. 어려도 영적 권위를 드러냅니다. 선생님들도 아이라고 만만하게 보지 못합니다. 성령 받으면 그들에게도 그리스도인의 기품이 넘칩니다. 사실 성령이 임하지 않으면 그 어떤 직분도 아무런 쓸모가 없습니다. 성령의 임재나 사로잡힘의 역사가 없으면 아무것도 할 수 없습니다.

우리는 자신의 힘으론 아무것도 이룰 수 없는 사람들입니다. 이 사실을 빨리 인정해야 합니다. 안 되는데 자기의 힘만 믿고 몸부림치는 것은 시간 낭비일 뿐입니다.

성령을 사모하고, 성령을 구하고, 성령이 임하시면 육신의 생각에만 갇혀 있던 내 영혼이, 박약한 의지만 믿고 살던 내 삶이 깨끗하게 청산됩니다. 얼마 되지 않는 자신의 경험에 근거한 모든 판단과 지식의 울타리를 벗어나 새로운 역사를 체험하게 됩니다.

이때 놀라운 사실은, 내가 원하고 기대하던 길이 아니라 전혀 생각지도 못했던 다른 길을 열어 주신다는 것입니다. 이를 두고 '강권하심'이라 부릅니다. 나 자신의 판단에 의해서가 아니라 성령이 주도하시기에 그분이 나를 사로잡으시면 이전엔 경험해 보지 않았던 세계로 이끌리는 것입니다.

"육신을 따르는 자는 육신의 일을, 영을 따르는 자는 영의 일을 생각하나니"(롬 8:5). 영의 일에 이끌림을 받아야 합니다. 육신의 생각이 죽고 영의 생각이 주도하도록 나를 맡겨야 합니다. 생각을 내가 주도하는 것이 아니라 성령이 주도하시도록 매 순간 나의 생각을 올려드려야 합니다. 내 안에서 생각의 혁명이 일어나면 신나는 영적 체험을 할 수 있습니다. 영적 변화는 생각의 변화이고 가치관의 변화이고, 세계관의 변화입니다.

성령은 우리의 생각을 다루신다

성경은 "육신의 생각은 사망이요 영의 생각은 생명과 평안이니라"(롬 8:6)고 말씀합니다. 육신의 생각이 사망이라는 말은 행동이 아니라 생각만으로도 사망에 이를 수 있다는 뜻입니다. 이처럼 생각이 얼마나 중요한지 모릅니다. 내가 지금 어떤 생각을 하고 있느냐는 너무도 중요합니다. 생각이 결국은 행동까지 하게 만듭니다. 생각을 그대로 두는 것은 미련한 일입니다. '생각쯤이야' 하는 분이 있다면 마음을 고쳐먹어야 합니다. 생각이 내 인생을 결정합니다. 하나님의 사람들은 생각을 그냥 방치하지 않습니다. 스쳐가는 아주 작은 생각이라 할지라도 민감하게 점검할 줄 알아야 성령의 사람이 될 수 있습니다. 생각이란 내가 마음대로 조절할 수 없는 부분입니다. 온갖 잡념과 두려움과 고민이 밀려들면 물리칠 방도가 없지 않습니까? 그러나 성령이 임하시면 평강과 생명의 길로 우리를 이끌어 가시기 때문에 외부 환경에 전혀 지배받지 않는 기가 막힌 상태가 가능해집니다. 성령 충만이란 곧 내 생각을 지배하는 상태를 말씀합니다. 내 생각까지도 다스리는 역사가 일어나면 놀라운 일이 일어납니다.

요즘에는 육체는 건강하나 정신은 심약한 사람이 너무 많습니다. 마음이 깨어진 사람이 한두 명이 아닙니다. 우울증과 정신 질환들이 많습니다. 그런 사람에게 성령 충만이 임하면 그 마음과 의지와 생각을 사로잡는 역사, 치유의 역사가 일어날 수 있습니다. 성령 충만을 구하시기 바랍니다. 지금 내 안에 있는 어두움들이 성령의 빛 안에서 사라지는 역사가 일어나기 바랍니다.

성령의 감동에 반응하면 틀림없다

어느 날 선교 집회에서 은혜를 받고는, 그 감동을 견딜 수 없어 벌떡 일어나 선교사로 살기로 헌신합니다. 그러고는 이내 후회막급입니다. '아이구, 내가 미쳤지. 지금 직장에서 잘나가는데 어쩌자고 아프리카를 간다고 일어섰을까?' 이때는 자기 생각으로 돌아온 것이지만, 헌신하기로 작정할 때는 성령께서 그를 이끄신 것입니다. 둘 중 언제가 정상일까요? 바로 헌신하기로 작정한 때일 가능성이 높습니다. 우리는 은혜에서 깨어나자마자 순식간에 세상적으로 돌아갑니다. 벌떡 일어났을 때는 성령에 사로잡혔기에 따질 것이 없었습니다. 그러나 성령의 생각에서 조금이라도 벗어나면 계산기를 두드리느라 정신이 없습니다. 돈은 얼마나 드나, 얼마나 위험한가 하고 자꾸만 따지게 됩니다.

주님의 일을 하다 보면 내 안에 감동을 주실 때가 있습니다. 그래서 생각지도 못한 행동에 나서기도 합니다. 짐짓 두렵고 떨려 포기하고픈 마음이 들지도 모릅니다. 혹은 순간의 분위기에 휩쓸려서 함부로 판단했다고 돌이키고 싶어질 것입니다. 그러나 내 안에 찾아온 이 순수한 열정을 절대로 사라지게 하지 마십시오. 그 마음을 의심하지 마시길 바랍니다. 그때가 바로 성령이 이끄시는 순간이라고 할 수 있습니다. 말씀을 듣고 기도하는 가운데 떠오르는 생각을 무시하지 말아야 합니다. 성령이 주신 생각이라면 그때 그대로 순종하면 축복이 됩니다. 그런데 돌아와서 '아닐거야, 내 착각일

거야' 하고 생각하면 육체를 따라 살아가게 되는 것입니다.

선교 오지에 가서 선교사님들을 만나 보면, 세상적으로도 얼마든지 성공할 만한 분들이 참으로 많습니다. 오지로 선교 가신 분들이 원래부터 그곳을 꿈꾸었을까요? 다른 곳에선 할 일을 찾지 못했을까요? 등 떠밀려 왔다고 불평불만에 휩싸여 있을까요? 전혀 아닙니다. 성령의 감동으로 기꺼이 가신 것입니다. 누가 돈을 쌓아 준다고 그곳까지 가겠습니까? 불가능한 일입니다. 보통 사람들은 하루도 있기 힘든 그곳까지 등 떠밀려서, 누가 돈을 준다고 해서, 명예를 준다고 해서, 권력이 탐나서 가겠습니까?

성령이 사로잡아 감동케 하시니 그대로 순종한 것입니다. 억지로는 하지 못할 일입니다. 그렇다고 내가 지금 마음에 어떤 부담을 가지거나 두려워할 필요는 없습니다. 성령에게 사로잡히면 평소에 내가 하지 못할 일도 자연히 다 감당하게 하십니다. 담력을 주시고 즐거이 헌신하게 만들어 주십니다.

사도행전을 계속해서 읽다 보면, 본문 이후에 놀라운 일이 일어납니다. 바로, 아무도 자기 것을 자기 것이라고 한 사람이 없었습니다. 세상 사람들이 보면, 이건 미친 짓입니다. 자기 재산을 팔아 사도들의 발 앞에 두어 가난한 자들에게 나누어 주고, 서로 똑같이 나눠 가짐으로써 그들 사이에 가난한 자와 핍절한 자가 없게 했습니다. 사실 공산주의가 이 구절에 영감을 얻어 탄생했습니다. 그러나 복음과 성령의 능력을 무시하고 인간이 인위적으로 만들려고 하다가 엉망진창이 되어 결국 70년 만에 막을 내리고 말았습니다.

샬롬의 공동체

중요한 것은 성령께서 사람들의 마음을 움직이셨다는 것입니다. 성령의 새로운 공동체는 마음의 변화로부터 시작됩니다. 내적인 변화가 없다면 아무것도 바뀐 것이 아닙니다. 내적인 변화 중에 가장 뚜렷한 것은 이기심의 해체입니다. 어떻게 자기 재산을 팔아 가난한 자들에게 다 나누어 줍니까? 자기 것을 포기하게 만든 힘의 근원이 무엇일까요? 인간의 이기심은 쉽게 해체되지 않습니다. 죄성으로 다져진 인간의 이기심은 우리가 생각하는 것보다 뿌리가 깊습니다. 그런데 그것이 무너진 것입니다. 이기심의 문제가 해결되면 샬롬의 공동체가 이루어지게 됩니다. 이기심과 탐욕이 아니라 사랑의 힘이 지배하는 공동체는 우리가 꿈꾸는 공동체입니다. 2000년 전에 이런 공동체가 지상에 세워졌던 때가 있었습니다. 그렇다면 지금도 얼마든지 가능합니다. 성령이 임하시면 됩니다.

성령께서 사람들의 생각과 마음 안에 밀고 들어가시자 사람들은 더 이상 저항할 수 없었습니다. 물질에 대한 탐욕이 눈 녹듯 녹아져 버렸습니다. 이것은 인간의 힘으로는 불가능한 것입니다. 아나니아와 삽비라 부부는 성령의 충만함 없이 허영심으로 남을 흉내 내다가 죽음에 이르렀습니다. 산상수훈을 생각해 보십시오. '오른뺨을 맞으면 왼뺨을 돌려 대라, 원수를 사랑하라, 오 리를 가자고 하거든 십 리를 가라.' 전혀 다른 삶입니다. 천국의 생활입니다. 이 일이 어떻게 가능하겠습니까? 성령이 이끄시면 가능해집니다. 성령에 사로잡히면 얼마든지 우리에게도 일어날 수 있습니다. 천상의 삶을 이미 지상에서 맛보며 사는 것입니다.

계속적으로 쓰임받는 교회

어느 교회를 가든지 그곳에 가보면 어떤 영적 분위기를 느낄 수 있습니다. 교회마다 특징이 있습니다. 그 교회를 움직여 가고 있는 어떤 힘을 볼 수 있습니다. 좋은 공동체는 어떤 곳일까요? 사람들의 생각이나 소리가 아니라, 인간이 만든 기준이나 전통이 아니라, 성령님이 이끄시는 대로 따라가는 교회입니다. 누가 보아도 이곳은 성령이 주도하고 계신다는 느낌이 들 수 있다면 좋은 공동체입니다. 사람의 소리가 아니고 지금까지 세워 왔던 전통이나 제도가 아니라 성령의 음성에 귀를 기울일 수 있는 겸손한 태도가 공동체 전체를 지배하는 분위기여야 합니다.

오늘 이 시간, 지금 우리에게 성령이 말씀하시는 것이 무엇인지에 귀를 기울여야 성령 공동체로 나아갈 수 있습니다. 인간의 생각과 논리로 무엇을 규정하는 것에 대해 항상 조심해야 합니다. 성령에 민감한 태도가 필요합니다. 하나님은 그런 교회를 사용하십니다. 얼마나 많은 교회들이 역사가 만든 전통의 힘에 짓눌려 역사 속으로 사라졌습니까? 교회의 전통이 한때는 축복이었지만, 성령이 임하시지 않으면 오히려 그것이 교회를 짓누르는 또 하나의 율법이 되기도 합니다. 이처럼 신앙의 기본을 거스르고 겸손한 태도를 유지하지 못하면 결국 우리는 전통의 수혜자이면서 동시에 전통의 피해자가 될 수 있습니다. 영국에 가본 적이 있습니다. 한때 영국은 엄청난 부흥을 맛본 곳입니다. 그러나 지금은 쇠퇴의 길에 들어선 모습을 보았습니다. 이유를 분석하는 것 중에 하나는 "런던도 변하고, 사람들도 변했다. 그러나 교회는 변하지 않았다"는 것입니다. 성령의 이끄심을 민감하게 반응하지 않으면 결국 쇠퇴할 수 있다는 교훈입니다. 성령이 이끄시는 대로 춤추는 공동체가 될 때 역사 속에 계속 쓰임을 받을 수 있습니다.

베드로는 요엘 선지자의 말을 인용해 말했습니다. "말세에 내가 내 영을 모든 육체에 부어 주리니"(행 2:17). 지금이 말세입니다. 말세이기 때문에 모든 육체에게 영을 부어 주실 것입니다. 지금은 말세입니다. 깨어 있어야 할 때입니다. 성령의 이끄심에 민감하게 반응하는 사람이나 교회를 사용하십니다.

부흥의 파도가 밀려온다

성령 안에서 깨어 있을 때 부흥에 대한 감지를 할 수 있다. 그리스도인이라면 언제나 부흥에 대한 기대와 믿음을 가져야 합니다. 우리는 어느 때보다 부흥이 필요한 시대를 살고 있습니다. 사도행전의 역사가 이 땅 가운데 일어나기를 갈망합니다. 하나님은 깨어 있는 사람들을 일으켜 마지막 시대의 강력한 도구로 사용하기를 원하십니다. 지금은 선명한 태도를 견지할 필요가 있습니다. 제대로 믿을 것인지 아닌지를 결단해야 합니다. 어디에 사로잡혀 살 것인지를 결단해야 합니다. 명목상의 그리스도인으로 살 것인지 아니면 전적으로 헌신된 삶을 살 것인지를 결단해야 합니다. 우리는 독특한 시대를 살고 있습니다.

최근 국내외 많은 분들이 여기저기에서 부산 지역에 전례 없는 부흥이 임할 것이라는 이야기를 하는 것을 여러 번 들은 적이 있습니다. 사실 유무와 상관없이 너무 반가운 소식이었습니다. 사실 하나님은 온 땅 가운데 부흥을 원하십니다. 특정한 지역이나 나라만이 아니라 열방 가운데서 부흥이 일어나는 것이 하나님의 마음일 것입니다. 성령을 모시고 살면 기대감이 생깁니다. 무엇인가 새로운 일들이 일어날 것 같은 소망이 일어납니다.

부산 땅에 부흥의 파도가 일어나기를 소원합니다. 우리는 부산 땅에 부흥의 바람이 불도록 기도해야 합니다. 부산은 선교지 같은 곳입니다. 전국에서도 복음화율이 아주 낮은 척박하기 이를 데 없는 곳입니다. 한국의 두 번째 도시, 그러나 모든 면에서 열악한 환경입니다. 우상 숭배와 유흥 문화로 가득한 도시입니다. 아직 부흥을 한 번도 경험해 보지 못한 땅입니다. 부산이 영적으로 살면 이 민족의 교회가 살 수 있을 것이라 믿습니다. 오늘 많은 교회 안에는 영적 패배주의가 기승을 부리고 사람들은 심각한 영적 무기력 중세에 시달리고 있습니다. 우리는 이런 영적 패배주의를 걷어 내야 합니다. 소망의 하나님을 붙들어야 합니다.

기독교 역사를 통해 확인하는 것은 복음의 능력은 열악한 환경일수록 더 강력하게 불꽃처럼 일어났습니다. 복음은 상황에 위축되지 않고 뻗어 나가는 폭발력을 가지고 있습니다.

우리는 오늘 요엘 선지자의 예언을 믿음으로 받아들여야 합니다. 말세에 대한 예언입니다. 남종과 여종에게 부으시는 역사들을 갈망해야 합니다. 힘들고 어려운 시대일수록 부흥에 대한 목마름이 더 깊어져야 합니다.

지금 시계가 아주 빠르게 돌아가고 있습니다. 하나님의 섭리의 손길이 바쁘게 움직이고 있습니다. 앞으로 향후 10년 안에 우리의 삶에 어떤 일이 일어날지 흥분이 됩니다. 우리에 대한 기대가 아니라 하나님에 대한 기대 때문입니다.

지금까지 한 번도 경험해 보지 않았던 전무후무한 부흥의 바람이 거세게 부산 땅에 불어 복음의 북진과 통일 한국은 물론 마지막 시대 주님의 재림을 앞당기는 선교 한국의 비전이 이루어지기를 기도해야 하겠습니다.

　마지막 때에 하나님께서 쓰시는 사람들, 성령에 사로잡힌 사람들이 어떤 사람입니까? 자기의 것을 온전히 내려놓은 사람들입니다. 자기를 부인하고, 세상의 성공과 야망을 내려놓고 온전히 하나님의 뜻에 생명을 거는 순교적 영성을 가진 사람들이 필요합니다. 우리가 복음을 위해 생명을 걸면 그것보다 영광스러운 삶은 없을 것입니다.

에필로그

한국 교회는 희망이 있다

아들이 축구를 매우 좋아합니다. 호주에 있을 때 토요일 아침마다 둘째 아들이 뛰는 축구 경기를 보는 것은 월드컵 경기를 보는 것보다 더 가슴을 졸이게 하는 즐거움이었습니다. 자주 가지는 못했지만, 가끔 마음을 먹고 경기에 응원하러 가는 날이면 그날에는 게임에 질 때가 많았습니다. 스트라이커로서 평소 실력을 인정 받는 아이가 유독 그날에는 실수를 터트렸습니다. 안타깝게도, 아빠에게 멋진 슛을 보여 주려는 욕심 때문에 너무 힘을 주다 보니 평소 실력보다 못한 경기를 보였던 것입니다.

하기야 유럽의 강호 프로 축구팀에 속해 있는 세계적인 스타들이 천문학적 연봉을 받으며 포진해 있어도 한 게임에 골 한 번 넣지 못하고 끝날 때가 있는 것을 보면 축구 역시 인생의 한 단면을 축소해 놓은 것 같다는 생각이 듭니다.

축구란 무조건 열심히 뛴다고 되는 것은 아닙니다. 동네 축구의 특징은 열심히 뛰다가 제 풀에 자기가 넘어지는 것입니다. 공이 가는 대로 우르르

몰려다니기만 하다가 골을 도로 먹고 맙니다. 선진 축구의 특징은 공간을 넓게 만든다고 합니다. 무조건 뛰는 것보다 더 중요한 것은 여유를 가지고 운동장을 넓게 사용하는 것입니다. 체력을 아낄 때는 아끼고 몰아붙일 때는 파죽지세를 펼칩니다. 정돈되지 않은 힘보다 힘의 완급 조절을 할 수 있을 때 볼 찬스를 살릴 수 있게 되는 것입니다. 슛의 횟수가 중요한 것이 아니라 결정적인 순간을 놓치지 않는 바늘 끝 같은 집중력이 더 중요합니다.

슛에 대한 의욕이 너무 강해 화를 불러들일 때가 많습니다. 맨유의 리저브 팀 감독이었던 올레 군나르(Ole Gunnar)는 영국 축구의 명가 맨체스터 유나이티드의 전설로 알려진 인물입니다. 그가 한번은 박지성 선수에게 이렇게 훈수를 했다고 합니다. "슛은 킥이 아니라 터치다!"

슛은 내 힘으로 차 넣는 것이 아니라 찾아오는 순간을 포착하여 발을 갖다 대는 순발력이라는 것입니다. 이것은 하루아침에 만들어지는 요행이 아니라 수없는 훈련을 통해 감각이 따라줄 때 가능한 일입니다.

어디 축구만 그런가요? 우리의 운명을 가르는 결정적인 순간들이 바람처럼 우리의 삶을 스쳐 지나갈 때 그것을 감지하는 능력, 그 순간을 알아차리며 마음은 비우되 휘몰아치듯 반응할 줄 아는 사람에게 삶의 새로운 지평이 열립니다. 과도한 욕망과 자기 열심은 오히려 발과 볼이 엇갈리도록 만들어 소중한 기회를 자신의 운명에서 멀리 비껴가게 합니다. 슛은 킥이 아니라 터치입니다. 힘을 주는 것이 아니라 힘을 빼는 것입니다. 힘을 주는 것은 아무나 할 수 있습니다. 힘을 빼는 것은 고수들만이 할 수 있는 고난도의 기량입니다. 그것은 득도의 경지에서나 터득하는 일입니다.

탈진은 대부분 자신의 힘을 의존하는 과도하고도 헛된 열심에서 일어납니다. 축복된 인생을 산다는 것은 삶을 탈진하게 하는 허공을 치는 킥을 그치고 나를 향해 가슴 뛰게 하는 기회를 제공하시는 하나님의 어시스트를 고감도로 받아 내는 영적 반응을 익혀 가는 것입니다.

그물을 출렁이며 탄성이 터지게 하는 슛! 그것을 할 수 있는 순간을 감지할 수 있는 여유란, 내 인생은 내 힘이 아닌 하나님이 밀어 주시는 은총에 대한 반응인 것을 알아차리는 경험을 지속적으로 터득해 가는 것이며, 이 경험을 통해 인생의 비밀 커튼이 열리게 됩니다.

신앙생활은 나의 열심만으로는 안 됩니다. 그런 면에서 신앙은 수동태입니다. 위에서 부으시는 은혜가 없으면 우리는 막대기에 불과합니다. 우리의 방법과 재주로는 안 됩니다. 우리의 모든 수고의 땀이 헛되지 않도록 하기 위해서는 그동안 나의 힘을 의지하며 살았던 방식을 내려놓아야 합니다. 다시 기본으로 돌아가는 길이 해법입니다.

우리 모두는 주님 앞에 서는 날을 맞게 됩니다. 무엇보다 하나님 앞에서의 평가가 중요합니다. 우리를 둘러싼 모든 겉치레들을 버리고, 영적 허영에 빠져 자신이 부자라고 착각했던 라오디게아 교회의 실패를 반복하지 않도록 깨어 있어야 합니다. 심령이 가난한 자, 애통한 자의 영성으로 좀 더 깊이 하나님의 보좌 앞으로 나아가 주님의 음성에 귀를 기울이고 하나님의 임재 안에서 온전한 예배자로 서는 훈련부터 시작한다면 우리에게 소망이 있습니다.

신앙생활이란 세월이 흐를수록 더 깊어져야 하고 더 풍성해져야 정상입니다. '좀 더'를 외쳐야 합니다.